本书系天津市哲学社会科学规划课题"城乡学校文化一体化发展与机制创新研究"（TJJX15021）的成果。

我国农村学校文化转型论

纪德奎 等◎著

中国社会科学出版社

图书在版编目（CIP）数据

我国农村学校文化转型论／纪德奎等著．—北京：中国社会科学出版社，
2017.12

　ISBN 978 - 7 - 5203 - 1293 - 6

　Ⅰ.①我…　Ⅱ.①纪…　Ⅲ.①农村学校—中小学—校园文化—建设—
中国　Ⅳ.①G637

中国版本图书馆 CIP 数据核字（2017）第 267240 号

出 版 人　赵剑英
责任编辑　马　明
责任校对　胡新芳
责任印制　王　超

出　　　版　中国社会科学出版社
社　　　址　北京鼓楼西大街甲 158 号
邮　　　编　100720
网　　　址　http://www.csspw.cn
发 行 部　010 - 84083685
门 市 部　010 - 84029450
经　　　销　新华书店及其他书店

印　　　刷　北京明恒达印务有限公司
装　　　订　廊坊市广阳区广增装订厂
版　　　次　2017 年 12 月第 1 版
印　　　次　2017 年 12 月第 1 次印刷

开　　　本　710×1000　1/16
印　　　张　17
插　　　页　2
字　　　数　262 千字
定　　　价　69.00 元

目　录

第 一 章

我国农村学校文化转型：背景与基础

任何文化的转型与发展都不是凭空产生的，它都深深镶嵌在特定的时代背景中，需要一定的支持系统来达成。当前，我国城乡教育一体化的推进和学术文化机制革新的趋势为农村学校文化转型提供了前所未有的时代契机与前提基础。

第一节　城乡教育一体化：农村学校
文化转型的时代背景

一　城乡一体化与城乡教育一体化

（一）城乡一体化的思想溯源与理论形成

"城乡教育一体化"不是一个孤立概念，它是从"城乡一体化"概念衍生而来。追根溯源，城乡一体化思想最早可追溯到空想社会主义者的"城乡无差别"设想。早在 16 世纪，英国空想社会主义开拓者和奠基人托马斯·莫尔在其《乌托邦》一书中，设计了一个极具理想色彩的没有城乡差别的"乌托邦"社会。在这个城乡一体的社会中，农村没有固定的居民，而是由城市居民轮流种地。农村中到处都是间隔适宜的农场住宅，配有足够的农具。城乡物资是交流的，农村无法得到的工业品就到城市去取。农村和城市都一样洁净秀丽。乌托邦里所有的儿童，不分男女，都接受社会教育，既包括书本学习，也包括实际工作——手工业和农业的学习。① "乌托邦"的设想实质上是城乡一体化思想的最初萌芽。

---

① ［英］托马斯·莫尔：《乌托邦》，戴镏龄译，商务印书馆 2008 年版。

进入19世纪，西方工业革命迅猛发展使城市创造了前所未有的财富，但也导致了城乡阶级矛盾日益尖锐和激化。此时的空想社会主义者认为和谐社会中是没有城乡差别和城乡对立的，他们分别提出了实现"城乡一体发展"的各种设想，最为典型的是法国空想社会主义者夏尔·傅立叶（Charles Fourier），他设计了一个理想的"和谐制度"，即工农结合，没有城乡差别、脑力劳动和体力劳动的差别。这些理想设计旨在消灭城乡对立，主张把城市和乡村、工业和农业、脑力劳动与体力劳动结合起来，强调城乡平等与和谐发展。虽然这些设想超越了历史现实和当时的生产力，成为改良城乡结构的良好愿望，但提出的消解城乡差别的设想，成为后来城乡一体化发展的原始思想。

将城乡关系的论断推向科学高度的当数马克思与恩格斯，他们没有停留在空想社会主义者对未来城乡社会的美好构想，而是运用了历史唯物主义观点，科学地论证了城乡融合的必然发展趋势。马克思、恩格斯指出，在人类发展进程中，城市与乡村的相互关系要经历三个阶段：第一阶段：城育于乡，城乡无差别；第二阶段，城乡分离，出现对立；第三阶段：城乡融合，走向一体化发展。马克思、恩格斯第一次科学地论证了城乡发展演变的历史规律，并揭示了消除城乡对立、实现城乡融合的条件。恩格斯在《共产主义原理》中提出：通过消除旧的分工，进行生产教育，变换工种共同享受大家创造出来的福利，以及城乡的融合，使社会全体成员的才能得到全面的发展。强调了消灭私有制是实现城乡融合的先决条件。恩格斯在《反杜林论》中又说道，城市和乡村的对立的消灭不仅是可能的，而且它已经成为工业生产本身的直接需要，正如它已经成为农业生产和公共卫生事业的需要一样。只有用融合城市和乡村的办法，才能排除现在的空气、水及土地的污染，只有通过这样的融合，现在病弱的城市居民，才能改变所处的环境，使他们的粪便不是生长疾病，而是用来生长农作物。① 恩格斯不仅进一步阐释了城乡融合的重要意义，也将城乡关系由合理性诉求上升到社会发展的整体目标。

列宁、斯大林继承和发展了马克思、恩格斯的城市发展理论，提出

---

① 中共中央马克思、恩格斯、列宁、斯大林著作编译局：《马克思恩格斯选集》第2卷，人民出版社1995年版，第646—647页。

了城乡结合理论，指明了城乡融合后的发展形态。列宁指出，要实现城乡融合，绝不是要毁灭城市、中断城市文明以至强制拉平城乡区别、达到城乡之间无差别的绝对同一，而是在"扬弃"的基础上实现城乡之间"更高级的综合"①。斯大林也认为，城乡对立消灭以后，"不仅大城市不会毁灭，并且还要出现新的大城市，它们是文化最发达的中心，它们不仅是大工业的中心，而且是农产品加工和一切食品工业部门强大发展的中心。这种情况将促进全国文化的繁荣，将使城市和乡村有同等的生活条件"②。可见，把"城市和乡村有同等的生活条件"作为实现城乡一体化的一个重要标志③，为城乡一体化建设提供了方法论上的指导。

随着工业化和城市化在全球的兴起，城乡关系的研究不断发展与深化，发展经济学家刘易斯于1954年提出，要以城市为基础的工业化导向战略来吸纳农村剩余劳动力并带动农村经济发展的二元经济模式。与刘易斯相反，斯多尔和泰勒等则提出为了达到公平发展，必须推动城市工业化和乡村工业化相结合的城乡一体化发展。④ 20世纪80年代中期，加拿大学者麦基（T. G. McGee）教授通过对印尼爪哇、泰国、印度等亚洲许多国家和地区的调查研究发现，城乡之间的传统差别和城乡之间的地域界线日渐模糊，城乡之间在地域组织结构上出现了一种趋向城乡融合的地域组织结构——Desakota，在印度尼西亚语中"desa"指村庄，"kota"指城市，Desakota即城乡一体化，强调建立在区域综合发展基础上的城市化，其实质是城乡之间的统筹协调和一体化发展。该模式是对亚洲发展中地区城市与乡村两种空间类型在经济发展过程中的相互作用做出的理论总结，也揭示了城乡之间相互依赖、相互影响的双向交流引起的地域空间变化，为城乡一体化研究提供了新的思路。正是对城乡关系认识和研究的不断深化与拓展，在此基础上，逐步形成和发展了城乡一体

---

① 中共中央马克思、恩格斯、列宁、斯大林著作编译局：《列宁全集》第4卷，人民出版社1975年版，第130页。

② 中共中央马克思、恩格斯、列宁、斯大林著作编译局：《斯大林选集》下卷，人民出版社1979年版，第558页。

③ 全国教育科学"十五"规划FFBO11148课题成都子课题组：《"成都市构建城乡教育一体化发展模式研究"的研究报告》（摘要），《成都教育学院学报》2006年第7期。

④ 黄阳平、詹志华：《城乡一体化：理论思考与政策建议》，《改革与战略》2008年第1期。

化的发展理论。

当前对"城乡一体化"（urban – rural integration）的认识基本达成共识：在一定区域范围内，充分发挥城市和农村各自的优势，使城乡市场、资源、资金、技术和劳动力等生产要素在城乡整体范围内进行有效配置和合理流动，使城市和农村在经济、教育、文化、生态与环境等方面深入融合，形成互为依托、优势互补，以城带乡、以乡促城、共同发展的城乡一体关系，最终形成城乡的全面融合、协调发展。

（二）我国城乡一体化与城乡教育一体化的提出

城市化进程为城乡一体化发展带来了有利契机，反过来，城乡一体化也推动着城市化的进程，易言之，城乡一体化是城市化发展进程中的一个新阶段。国际经验表明，一个国家或地区的城市化水平超过 50% 后，区域社会开始向城乡融合即城乡一体化方向迈进。一些发达国家，美国、法国、日本、韩国在 20 世纪中叶便从高度城市化转向城乡一体化。我国近年来已经不失时机地走上了城乡一体化道路。根据国家统计局的统计数据，到 2012 年底，我国的城镇化率已达 50%，已基本具备了城乡一体化的条件。其实，早在 2003 年，胡锦涛总书记在中央农村工作会议上就正式提出了"城乡一体化"。他指出：统筹城乡经济社会发展，就是要充分发挥城市对农村的带动作用和农村对城市的促进作用，实现城乡一体化发展。此后，他在党的十七大报告和党的十七届三中全会再一次明确提出，要建立以工促农、以城带乡长效机制，形成城乡经济社会发展一体化新格局；要建设社会主义新农村，形成城乡经济社会发展一体化新格局，必须扩大公共财政覆盖农村范围，发展农村公共事业。

我国在国家政策层面确立城乡一体化的发展目标始自 2007 年中国共产党第十七次全国代表大会。胡锦涛总书记在这次代表大会上所做的题为"高举中国特色社会主义伟大旗帜 为夺取全面建设小康社会新胜利而奋斗"的报告中首次明确提出形成城乡经济社会发展一体化新格局的目标。十七大报告提出这一目标，又是基于统筹城乡发展，推进社会主义新农村建设的需要。正如《报告》指出："解决好农业、农村、农民问题，事关全面建设小康社会大局，必须始终作为全党工作的重中之重。要加强农业基础地位，走中国特色农业现代化道路，建立以工促农、以城带乡长效机制，形成城乡经济社会发展一体化新格局。"

2008 年 10 月，党的十七届三中全会全面分析了我国经济社会发展的新形势，审议通过《中共中央关于推进农村改革发展若干重大问题的决定》①，提出"我国总体上已进入以工促农、以城带乡的发展阶段，进入加快改造传统农业、走中国特色农业现代化道路的关键时刻，进入着力破除城乡二元结构、形成城乡经济社会发展一体化新格局的重要时期"，"加快形成城乡经济社会一体化新格局"，"建立促进城乡经济社会一体化制度"，并提出把基本建立城乡经济社会发展一体化体制机制作为 2020 年前农村改革发展的重要目标与任务。从而把城乡一体化作为国家发展战略。城乡教育一体化是城乡一体化的重要组成部分，是保障城乡教育均衡发展、促进教育公平的必然要求。在 2009 年和 2010 年两个中央一号文件中，均进一步把推进城乡经济社会发展一体化和努力形成城乡经济社会一体化新格局作为加大统筹城乡发展力度，促进农业农村稳定持续发展的重要要求。2011 年 3 月，《中华人民共和国国民经济和社会发展第十二个五年规划纲要》予以颁布。在《规划纲要》的第二篇"强农惠农加快社会主义新农村建设"中，继续强调"建立健全城乡发展一体化制度"②。2012 年党的十八大再次强调"城乡发展一体化"。2013 年 11 月召开的十八届三中全会明确指出：城乡二元结构是制约城乡发展一体化的主要障碍，必须建立城乡一体的新型工农城乡关系。可以预见，城乡一体化是我国今后一段时期内的一个战略方向和发展方式。

通过对我国城乡一体化政策的回顾，我们可以看出，我国提出建立城乡发展一体化制度，努力形成城乡一体化发展新格局的目标。这一目标的提出，从整体上看，是着眼于农业农村的发展，着眼于推进社会主义新农村建设而提出的重大战略举措。

作为对"城乡一体化"这一宏观政策的积极回应，2010 年 7 月，国务院颁布《国家中长期教育改革和发展规划纲要（2010—2020 年）》③，

---

① 《中共中央关于推进农村改革发展若干重大问题的决定》，2014 年 4 月 5 日，中华人民共和国政府网（http：//www. gov. cn/jrzg/2008 - 10/19/content_1125094. htm）。
② 《中华人民共和国国民经济和社会发展第十二个五年规划纲要》（2011 年 3 月 14 日），2011 年 03 月 16 日，中央政府门户网站（http：//www. gov. cn/2011lh/content_1825838. htm）。
③ 《国家中长期教育改革和发展规划纲要（2010—2020 年）》，2014 年 4 月 5 日，中华人民共和国政府网（http：//www. gov. cn/jrzg/2010 - 07/29/content_1667143. htm）。

其中明确指出：加快缩小城乡差距，建立城乡一体化义务教育发展机制，在财政拨款、学校建设、教师配置等方面向农村倾斜。率先在县（区）域内实现城乡均衡发展，逐步在更大范围内推进。至此，旨在加强农村地区教育发展，实现教育均衡发展和教育公平的"城乡教育一体化"成为理论和实践研究的一个重要课题。

城乡教育一体化的提出有着重要的现实意义，在城乡一体化的背景下，教育系统作为社会系统的一个重要组成部分，我国城乡经济社会一体化的目标决定了城乡教育一体化的目标。由于城乡经济社会一体化是紧紧指向于农业农村的现代化发展，指向推进社会主义新农村建设，城乡教育的一体化因而也是紧紧指向农村教育的新发展，或指向农村教育的更好发展。提出城乡教育的一体化，其基本要求依然是进一步缩小城乡教育发展的差距，加大城乡教育统筹发展的力度，促进城乡教育的均衡发展与公平发展。实现城乡教育的一体化，又意味着需要通过破除城乡二元结构，包括破除城乡二元教育结构，从根本上消解导致城乡教育发展不公平的制度阻力与障碍，从而为农村教育的发展，同时也为城乡教育的共同繁荣与发展营造更为良好的、更趋于公平公正的制度环境。

城乡教育一体化作为新时期我国教育发展的新的目标与追求，为今后农村教育的发展，同时也为城乡教育的共同发展指明了方向。它基于城乡一体化的总体目标，进一步缩小城乡教育差距，逐步实现城乡教育共同发展。从这一角度来讲，城乡教育一体化是对"城乡一体化"的丰富与发展，是对其内涵中教育内容的具体描绘。城乡教育一体化是重新认识城乡教育关系和发展乡村学校教育的一种理念变革与制度创新，对今后我国农村基础教育发展会产生深远影响，在我国基础教育改革历程中具有里程碑意义。

二　我国城乡教育一体化的历史演进与实践走向

（一）我国城乡教育一体化的历史演进

考察我国城乡教育一体化的演进历程，不难看出，它是随着城乡一体化的出现而提出的，并随着城乡关系的变化而发展，经历着不断成熟的发展阶段。与城乡关系的演进历程相适应，我国城乡教育一体化的历史演进大致经历了如下几个阶段：

第一阶段（1949—1977 年），城市教育优先发展阶段。这一阶段主要受社会发展阶段和经济发展水平的制约，也受制于国家处理城乡关系的总体政策安排，形成了城乡二元结构的教育体制，对我国后来城乡教育关系影响极大。新中国成立之初，由于我国各个地区在经济和文化上发展不平衡，各种资源异常短缺的条件下，党中央确立了集中力量优先发展城市的发展战略。在教育发展方面，初步形成了"城市教育优先"的发展取向。1953 年 11 月，政务院首次政务会议通过《政务院关于整顿和改进小学教育的指示》，国家明确了在工矿区、城市特别是大城市，公立小学应做适当发展，在农村，对乡村公立小学，除在学校较少的少数民族地区和老革命根据地应做适当发展外，其他地区均以整顿和提高为主，一般不做发展。随后《关于教育事业管理权力下放问题的规定》出台，提出建立中央和地方两级管理的教育制度，加强了地方对教育事业的领导，将农村全部中小学下放给公社领导管理。这种"城市教育靠国家、农村教育靠集体"的教育资源配置方式直接导致教育投入不均衡，农村学校经费投入明显低于城市学校。城乡教育有别的指导思路和城市学校资源优先配给的规则，直接导致城乡教育差距明显加大。

第二阶段（1978—2002 年），城乡教育梯度发展阶段。这一阶段主要受改革开放思想影响，受"让一部分人先富起来"经济政策的影响，教育领域也开始贯彻"效率优先，梯度发展"的指导方针。1978 年国家出台《关于办好一批重点中小学试行方案》，鼓励各地倾斜优势资源创办重点学校，并陆续出台了系列创办重点学校的文件和梯度发展的政策。例如，1980 年《关于分期分批办好重点中学的决定》，1983 年《关于进一步提高普通中学教育质量的几点意见》，1985 年《中共中央关于教育体制改革的决定》，其中指出，"必须鼓励一部分地区优先发展起来，同时鼓励先发展起来的地区帮助后进地区，达到共同的提高"；1986 年颁布的《义务教育法》及其随后的实施细则，以法律的形式明确了"分地区、有步骤地普及义务教育"的层级安排。这些文件和政策的出台，意味着国家对城乡教育差距的认可和允许，客观上加剧了中国城乡教育差距，使农村学校教育的办学困境不断加重，城乡办学条件和资源配给的距离持续增大。

第三阶段（2003—2010 年），城乡教育均衡发展阶段。在这一阶段，随着国家综合实力的不断增强，广大人民群众对教育公平的诉求和优质教育的需求日益高涨，国家开始积极推行教育均衡发展，出台系列文件，实施了一系列支持农村教育发展的倾斜性政策，旨在缩小城乡教育差距。2003 年 9 月 20 日《国务院关于进一步加强农村教育工作的决定》中明确写出"省级政府要切实均衡本行政区域内各县财力，逐县核定并加大对财政困难县的转移支付力度"①。"均衡"这一概念开始出现。2005 年 5 月 25 日《教育部关于进一步推进义务教育均衡发展的若干意见》正式将"教育均衡发展"上升到政策层面，将支持和发展农村教育、促进城乡教育均衡发展列为义务教育发展重要指向。2006 年 6 月 29 日新修订的《中华人民共和国义务教育法》，全文有六处强调"教育均衡"，这标志着"教育均衡"在法律层面得到了确认。2010 年教育部《关于贯彻落实科学发展观，进一步推进义务教育均衡发展的意见》，将实现城乡教育均衡发展列为今后一段时期义务教育发展的重点，并明确提出了"2012 年实现义务教育区域内初步均衡，2020 年实现区域内基本均衡"的路线图。与此相适应，国家实施了一系列支持农村教育发展的倾斜性政策，切实改善农村学校办学条件。例如，在 2001 年，国家实施了"农村中小学危房改造工程"；在 2003 年，国家实行"东部地区学校对口支援西部贫困学校工程"，"大中城市学校对口支援本地贫困地区学校工程"，"高校毕业生到农村基层从事支教、支农、支医和扶贫工作（简称'三支一扶'计划）"；在 2004 年，国家实施了"农村学校教育硕士师资培养计划"；在 2006 年，国家实施了"农村义务教育阶段学校教师特设岗位计划"，"城镇教师支援农村教育工作"；在 2007 年，国家实行"引导毕业生到农村任教的师范生免费政策"。这一系列支持农村教育发展的倾斜性政策，提升了农村学校的办学实力，强化了"城乡教育均衡"发展理念。

第四阶段（2010 年至今），城乡教育一体化发展阶段。在这一阶段，随着城市化进程的强力推进，消解城乡二元教育结构体制的遗留问题，实现城乡教育一体发展成为国家战略思考的新课题。2010 年 7 月国务院颁布实施了《国家中长期教育改革和发展规划纲要（2010—2020 年）》，《纲要》中提出要"建成覆盖城乡的基本公共教育服务体系，逐步实现基

---

① 《国务院关于进一步加强农村教育工作的决定》，《人民日报》2003 年 9 月 21 日要闻版。

本公共教育服务均等化，缩小区域差距"，明确要求"建立城乡一体化义务教育发展机制"。2011 年 1 月国务院办公厅公布了《关于开展国家教育体制改革试点的通知》，其中明确提出"推进义务教育学校标准化建设，探索城乡教育一体化发展的有效途径"①。可见，"城乡教育一体化"已上升到国家政策层面，是国家意志在教育领域里的体现，它明示着国家在不同发展阶段对城乡教育问题的科学研判和制度回应。

（二）我国城乡教育一体化的实践走向

我国城乡教育一体化主要体现为城市与郊区、县镇与乡村教育的一体发展方面。由于我国东西部地区之间、城乡间、县际教育与经济发展存在不均衡，因此，在城乡教育一体化实践探索和研究取向上，也是标准不一，呈现多元化模式走向。

1. 上海："保城强郊"模式走向

近几年，随着城市化进程步伐的加快和农民工子女人数的增加，上海郊区常住人口和适龄儿童少年呈逐步增长之势，郊区人口与教育事业规模在全市的占比已超过城区。为满足郊区人口子女的入学需求，加快推进郊区教育事业发展，促进城乡教育一体化发展，上海市采取了以下七项措施：（1）加大对郊区学校建设的投入力度；（2）加强配套商品房基地学校和幼儿园建设；（3）进一步推进农民工子女学校纳入民办教育管理工作；（4）推进中等职业教育服务郊区建设；（5）扩大郊区优质教育资源；（6）加强郊区师资队伍建设；（7）大力推进优质教育资源向郊区辐射。②

2. 长沙："优先倾斜农村学校"模式走向

针对农村学校"空壳化"、农村骨干教师流失严重，城市学校"大班额"情况突出，优质教育资源过于集中现象，为了缩小城乡教育差距和促进城乡教育一体化发展，长沙市采取如下措施：（1）办学经费向农村倾斜。近年来，长沙的城乡义务教育公用经费标准逐年提高并向农村倾

---

① 《国务院办公厅关于开展国家教育体制改革试点的通知》，2011 年 1 月 12 日（http://www.gov.cn/zwgk/2011 - 01/12/content_1783332. htm）。

② 佚名：《上海市启动促进城乡教育一体化发展的七项举措》，2014 年 4 月 12 日（http://www.jyb.cn/china/gnxw/200902/t20090211_339778）。

斜。2012 年长沙农村义务教育学校生均公用经费小学 500 元、初中 700 元，城市小学 421.4 元、初中 581.5 元，农村比城市分别高出 19% 和 20%。（2）义务教育城乡学生实现免试就近入学。长沙还开展义务教育均衡发展督导评估，全面实现城乡义务教育阶段学生免试就近入学。2012 年全市接收进城务工人员随迁子女 88503 人，农民工子女 100% 在公办学校就读。（3）在城市近郊、中心镇建设优质幼儿园、小学和初中。改善城乡特别是农村办学条件，调整农村义务教育学校布局，在城市近郊、中心镇和特色镇配套建设优质幼儿园、小学和初中；在偏远地区建设教学点，实行名优老师、紧缺学科教师教学点巡回教学制。长沙在推进城乡教育一体化发展上进行了一些成功的探索，具有较好的基础。①

3. 成都武侯区："捆绑发展" 模式走向

从 2003 年开始，成都武侯区实施 "捆绑发展" 模式，促使城乡学校一体化发展。该区将原属各乡（镇）管理的 18 所中小学划归区教育局直管，将农村学校与城区学校——"结对""连体"，实行 "两个法人单位、一个法定代表人、一套领导班子，独立核算、独立核编" 的办法，进行统一管理，并采取加大投入、人力支援、强化指导、统一考评等措施，初步构建起城乡学校协同发展的长效机制。具体实施了如下八大措施：（1）实施农村中小学标准化建设工程，促进城乡学校硬件资源均衡配置；（2）实施农村中小学现代远程教育工程，让城乡学生共享优质教育资源；（3）实施农村教师专业素质提升工程，促进城乡教育人力资源均衡分布；（4）推进免费义务教育工程，让农村孩子享受政府的阳光关怀；（5）实施帮困助学工程，切实保障弱势群体接受教育的权利；（6）开展城乡学校结对子、百万学生手拉手活动，促进城乡师生共同进步；（7）实施教育强乡（镇）工程，推动镇域内教育与经济社会良性互动；（8）实施农民教育与培训工程，发挥教育在社会主义新农村建设中的基础作用。

可见，成都武侯区将教育工作重点放在了推进义务教育均衡发展方

---

① 舒薇：《把长沙列为城乡教育一体化试点城市》，《长沙晚报》2013 年 3 月 8 日第 A01 版。

面，始终坚持以人为本，全面推进城乡教育一体化。①

4. 浙江嘉兴："同步谋划同步改造"模式走向

近年来，嘉兴市委、市政府坚持以科学发展观统领全局，认真落实教育优先发展战略，加大城乡统筹力度，努力实现教育均衡发展，提升城乡教育一体化水平。

（1）同步谋划城乡教育规划，一体化配置城乡教育资源。制定教育城乡一体化发展规划，努力做到城乡基础教育的普及程度基本一致，生均占有校舍资源、教学设备、图文信息资源、公用经费基本一致，教师的文化、业务水平大致相当，学校管理水平同步提高，同类学校教育教学质量基本接近。建立农村义务教育考核督导机制，将农村义务教育发展情况列入"强镇扩权"考核指标体系，适当加大权重。统一城乡优质教育资源管理，推行义务教育"零择校"。探索城乡优质教育资源共享、优势互补机制，加速推进城乡教育现代化，逐步让农村学生享受城市学生同样的优质教育，全面提高教育质量。

（2）同步改造基础设施，一体化改善城乡办学条件。严格实施学校的标准化建设，提倡规模办学，明确要求中心城区、镇区新建或扩建的小学及初中规模必须24班以上，达到Ⅰ类标准，集镇新建或扩建的小学规模必须18班以上，达到Ⅱ类标准，形成了相对完善、层次分明的城乡基础教育网络体系。

（3）同步培养师资队伍，一体化提升城乡教师素质。建立城乡师资"梯形"培养机制。大力推进农村教师素质提升工程和"领雁"工程，持续实施名师、名校长工程，逐步形成"普通教师—学科带头人—名师—特级教师"四级教师成长培训体系；实行职称评审向农村学校合理倾斜；建立城镇教师支教农村学校机制，城镇教师支教农村学校达到城镇学校教师总数的10%，选派市区学校优秀校长到农村薄弱学校任职，实现城乡教师水平同步提高。

（4）同等支持各类教育，一体化推进终身教育。逐步提高15年教育质量。大力推进乡镇中心幼儿园等级建设，"农村幼儿园'三级管理'模

① 周波：《八大措施推进城乡教育均衡发展——我市大力推进城乡教育一体化进程》，《成都日报》2006年6月12日第A05版。

式"被省教育厅作为基础教育成果向教育部推荐。落实义务教育免除学杂费政策；大力发展具有嘉兴特色、符合先进制造业基地和产业长远发展对人才需求的职业教育；积极构建社区教育体系。构建"城市大学—社区学院—乡镇社区教育中心"三级成人教育网络。[①]

5. 山东平原县："离村进城"模式走向

山东省平原县针对农村中小学特别是乡镇中学生源严重不足和农村基础教育多年投入不足，中小学办学条件普遍较差、学科配套失衡等问题，实施"初中进城"，3 年来，全县教育总投资达 2.3 亿元，对原有城区中学进行改造升级，对教师实行公开选招制度，连续 3 年在县内外选招 525 名初中教师，从 18 所撤并乡镇中学调整教育教学仪器、图书到城区初中学校；制定贫困生救助制度，避免农村学生因家庭困难而辍学。至 2008 年，2 万名农村中学生全部实现了进城读书。[②]

三 城乡教育一体化与农村学校文化发展

在城乡教育一体化发展的背景下，农村学校教育虽然取得了一定的成果，但城乡教育仍然存在不小的差距，有许多问题没有得到彻底解决，其中一个不容忽视的原因就是农村学校文化的边缘化成为制约农村教育发展的一个重要内隐性因素，严重影响了城乡教育一体化的进程。因为，学校文化与社会转型及教育改革息息相关，社会转型与教育变革的信息与特征最容易从学校文化中反映出来，学校文化往往起着超前的引领和导向作用，有助于教育改革的顺利进行。然而。我国农村学校文化的被边缘化是一个历史问题，也有一个从中心地位逐渐受到忽视，经历了阶段变迁而逐步走向边缘化的过程。

第一阶段：封建社会以来农村文化中心地位的确立。在进入近代以前，农村文化在我国传统文化中一直占有重要地位。这是由以下几个原因决定的：第一，我国作为一个幅员辽阔的封建社会国家，在经济上农业占主导地位，农村人口占绝大比例，因此国家特别重视对广大乡村进

---

① 汤翠娥等：《城乡教育一体化的嘉兴实践》，《今日浙江》2008 年第 19 期。

② 郭平波：《政协建议 3 年成现实——山东平原县两万农村学生进城上学》，《人民政协报》2008 年 10 月 24 日第 2 版。

行文化治理。不论是董仲舒的"罢黜百家，独尊儒术"，还是宋明时期的程朱理学，都强调对广大农村百姓的思想文化教育。第二，传统中国社会并没有城市与农村的明显分界，有许多资料表明乡间普遍存在着学校。学校一般分为官学和私学两种，乡村私学的形式是多种多样的，包括蒙学、村学、社学、乡学、私塾、学堂等。许多乡村知识分子设馆授徒、教化乡里，其中不乏学问高深之人。第三，封建社会中的许多士大夫和官员，在安土重迁的观念支配下，在晚年都重返故里，落叶归根，将文化带回乡村。因此，乡村是传统中国文化的主要据点，中国文化基本上是以乡村为特征的。[1]

第二阶段：19 世纪末教育变革与农村学校文化地位的动摇。清末进入近代社会以后，我国文化教育的近代转型主要体现于科举制的废除和一系列新式学堂的创立，如清政府 1862 年设立了第一个新式学堂，即京师同文馆；1898 年设京师大学堂，传授西式知识。这些新式学堂的设立实际上在教育领域表现出了一定的现代性和先进性。然而事实上，在此转型过程中，广大的乡村成了被遗忘的角落。科举制的废除，乡村学子仕途之路被阻断。由于新式学堂的冲击，传统乡村私塾教育基本处于瘫痪，而所谓的新式学堂"不仅没有很快取代私塾成为乡村的主导教育模式，而且长期难以得到乡村社会的认同，各种形式的教育冲突也随之频频发生"[2]。这样的结果说明新式教育一时无法在乡村立足，但导致的严重后果是传统农村教育亦处于失常状态，农村学校文化的创造与传承受到影响，并开始处于某种危机中。可以说，在中国早期教育变革过程中农村学校文化的重要地位开始产生动摇。

第三阶段：20 世纪初教育改革走势与农村学校文化城市化取向。在 20 世纪二三十年代，由于受西方新教育思潮的影响，我国的教育改革方式均是借鉴西方发达工业国家的模式，这种对教育体制的移植出现了许多弊端，在中国农村社会之中反应尤为强烈，也导致农村和城镇之间的差异更为明显。中等以上的学校主要集中在城市，农村学校一般只设立

---

[1]　崔玉婷：《近代中国乡村教育的不同路向——邹平教育模式与延安教育模式比较研究》，教育科学出版社 2011 年版，第 11 页。

[2]　田正平：《清末毁学风潮与乡村教育早期现代化的受挫》，《教育研究》2007 年第 5 期。

小学，农村受教育的机会受到严重限制。在国内，以陈独秀、李大钊等为代表的先进知识分子以《新青年》为阵地，举起"民主与科学"两面大旗，对传统教育进行了全面而又彻底的批判，强烈要求破除传统的教育内容，学习先进文化理念，从根本上动摇和批判了儒家思想的统治地位，触及了传统文化教育的核心所在。"不到十年的时间里，西学从文化精神层面上全面、彻底地摧毁了儒家文化教育传统。"① 这种办学条件上的巨大差异性以及对传统儒家文化教育彻底批判的趋势也就导致以此为基础的农村学校文化中心地位的改变，学校文化出现了城市化的发展倾向。

　　第四阶段：20 世纪中后期以来的教育现代化探索与农村学校文化的边缘化倾向。新中国成立之后，国家对教育现代化的发展进一步重视，并开始进行中国特色的社会主义教育现代化探索。经历了全面苏化、封闭探索，1978 年改革开放以后，我国教育现代化水平开始飞速发展。然而面对我国人口多、工业化水平较低、资源有限的国情，我国农村教育现代化的推进实际上坚持的是一种"以城市为中心、先城市后农村"的城本主义价值取向。国家有意识地将更多的教育文化资源投入城市，促使乡村学校文化不得不更加依附于城市的教育现代化发展方向。正是教育对政治、经济的依附性，使城乡二元分割的结构很容易被带入到教育系统内部的城乡教育关系中，从而也就造成了农村教育的边缘化。② 不仅如此，随着城镇化进程的加速，大批农民和知识精英纷纷从农村涌入城市，农村的文化教育资源日趋减少。加之许多乡村学校在课程设置和教学内容选择上，盲目追求所谓的城市化，脱离农村实际需求和本地实际情况，导致农村学校文化发展过程中上缺少话语权和自身特色，使得农村学校的文化缺少生存土壤、空间与根基，陷入一种被忽视和边缘化的尴尬境地。

　　综上，正是由于农村学校文化的被边缘化，导致其没能很好地进行

---

① 邬志辉：《中国百年教育现代化演进的线索与命题》，《中国地质大学学报》（社会科学版）2002 年第 12 期。

② 邬志辉、马青：《中国农村教育现代化的价值取向与道路选择》，《中国地质大学学报》（社会科学版）2008 年第 11 期。

文化传承与更新，没能发挥文化的超前导向作用。在某种程度上说，农村学校文化的一些落后的传统意识和观念在城乡教育一体化进程中起着阻碍作用。我国城乡教育一体化进程中，必然经历着现代文化与传统文化的冲突、城市文化对乡村文化的冲击、学校文化与本土文化的隔离，使乡村学校面临着复杂的文化抉择困境。这就意味着面对着城乡教育一体化的到来，长期处于文化边缘化的乡村学校没有做好文化的选择、调适和转型的准备。即使教育条件达到了一体化，教育观念还没有一体化，甚至出现教育条件一体化先于教育观念一体化，或以教育条件一体化来代替教育观念一体化的误区。因此，重建农村学校文化是城乡教育一体化进程中不可回避的重大课题，农村学校文化的持续发展与进步又能加速城乡教育一体化进程。

第二节　学术文化机制革新：农村学校文化转型的前提基础

在城乡教育一体化这一宏观背景下，农村学校文化要顺利实现转型，需要诸多支持条件和有利因素，其中不可忽视的一个因素就是要做好文化转型的理论铺垫。从文化主体角度而言，农村学校文化转型需要其主体具有转型意识和相应的更新能力，文化主体不仅包括农村学校的全体师生和学校领导，还包括进行理论指导的专业研究人员，而后者对文化转型的理论指导往往起到关键性的影响作用。从文化转型内容而言，农村学校文化主要包括教师文化或教学文化、学生文化、课程文化等，从学科归属来看，都属于课程与教学论这一学科研究领域。这就涉及教学论专业研究人员如何认识本学科领域的基本问题，如何做到文化机制革新，进而为农村学校文化转型提供更加贴切的理论指导。

一　学与术：教学论是理论学科中的学，亦是应用学科中的术

关于教学论是一门理论学科还是一门应用学科在教学理论界展开过激烈的论争。持应用学科观点的一方认为，教学论是关于教学设计、教学方法与教学技术的一门学科，侧重教学实践应用。因为教育史上第一

个倡导教学论的是法国学者拉特克，他称自己新的教学技术为"教学论"①；不仅如此，具有教学论学科里程碑意义的《大教学论》扉页中开宗明义地提出"将一切事物教给一切人的全部艺术"，该书的宗旨就是"寻求并找出一种教学的方法，使教员因此可以少教，但是学生可以多学……"②，可见，夸美纽斯将教学论视为一门艺术或技术。西方大量的教学理论实践以及各种关于教学模式和教学策略的教学译著的涌现，便证明了这一观点。持理论学科观点的一方则认为，教学论的研究重在理论体系的建设与完善，追求教学论学科发展的科学化轨道。"在许多年中，教学论往往与教学法、教学经验等同起来。一些基础理论问题未得到研究，教学实践中许多重大问题也未得到理论上的探讨和说明。"因此，"教学论要探索教学现象较深层次的普遍的规律，要建立自己的科学范畴和理论体系，要为解决具体的教学问题，提供一般规律性的知识或科学的一般原理"③。苏联的教学论就其理论体系而言就是十分系统和完整的，属于基础理论学科。

从表面来看，二者围绕教学论究竟是理论建构还是问题解决来进行争辩，但其背后实质是对学与术二者关系的拷问。对学与术二者关系的论述，梁启超在1911年写了一篇文章《学与术》，其中说道："学也者，观察事物而发明其真理者也；术也者，取所发明之真理而致诸用者也。例如以石投水则沉，投以木则浮。观察此事实以证明水之有浮力，此物理也。应用此真理以驾驶船舶，则航海术也。研究人体之组织，辨别各器官之机能，此生理学也。应用此真理以疗治疾病，则医术也。学与术之区分及其相关系，凡百皆准此。"④ 梁启超的论述既区分了学与术二者的关系，同时也说明了二者的联系，即学与术不可分离，二者相辅相成，研究学问知识是为了应用，二者是统一体。时代的发展对研究的要求也不断提升，不学无术不行，有学无术也行不通，有学有术才能适应潮流，因此学术一词便不可分割。教学论是理论学科还是应用学科的争论其实

---

① ［日］佐藤正夫：《教学原理》，钟启泉译，教育科学出版社2001年版，第2页。

② ［捷］夸美纽斯：《大教学论》，傅任敢译，教育科学出版社1999年版，扉页。

③ 王策三：《教学论稿》，人民教育出版社1985年版，第57页。

④ 和飞：《学与术：大学理念的嬗变》，《高教探索》2005年第4期。

质割裂了学与术二者的关系，片面地认为理论学科注重的是"学"，应用学科追求的是"术"，人为割裂了学术一词的内在统一性，忽略了学以演术、术以证学的辩证关系，造成了学不足以应用于术，术不以学为基础的局面，形成了事实上的理论研究取向与应用研究取向相互脱节，使教学论研究缺乏合力，在一定程度上阻碍了教学论研究科学化发展进程。

从存在形态上来说，教学论学科是以理论的形态而存在，它是对教学实践的高度抽象，因而具有理论品性；从生成视角而言，教学论学科是从教学实践中走来，其理论形成又服务于教学实践，因此又具有实践性；从功能方面而论，教学论对实践要具有解释、规范和指导功能，而且三功能应该有机地结合在一起，高度统一，不可分离；从构成方式来看，教学论包容了根据不同教学情境而生成的各种不同理论，而每一种理论都有其特定的指向，有的理论指向研究本体，成为元研究的来源；有的理论指向自身，旨在完善理论体系；有的理论指向实践，成为指导和规范实践的原理。教学论成了这些具有不同指向的理论的集合体，这就决定了教学论必须坚持理论与应用的辩证统一。理论学科抑或应用学科的提法，割裂了教学论的完整意义，使教学论要么走理论研究之路，要么走实践应用之道，陷于非此即彼的二元路线。这就如同对"教学"概念的理解一样，从"教"或"学"两个方面来分别理解或简单的二者相加，都会忽视它的内在逻辑性和统一性。同样，教学论也是个完整的学科概念，它既有理论旨趣也兼顾实践诉求，它本身具有理论研究与应用研究、学与术的双重品性。

二　专业与学科：遵循专业的实用思维，不要降低学科的品位

在教学论两种研究取向的对立与博弈中，理论研究受到一定质疑与指责，而具有实践取向的研究在当前理论与实践关系不和谐的背景下，凸显时代性，具有一种"切中时弊"的历史合理性。于是，实践取向的教学论研究开始处处受到欢迎进而逐渐成为教学论研究的主流趋势，甚至掀起了实践取向的研究热潮。然而，对实践取向的过度推崇导致了对其的误读，将"实践"误解和泛化成"实用"，模糊了学科与专业的界限，使教学论研究不知不觉从学科的高度走向了专业的实用领域。我们知道，学科不同于专业，二者存在很大差异。从生产知识和学问研究的角度看，学科的含义是指学问的分支；从组织的角度看，学科的含义则是"学术的组织"，因此，学问的分支、学术的组织是学科的基本内涵。①它强调知识的创新和理论体系的建构，其基本特征是学术性，衡量学科发展的标准是学科发展的成熟度与发展潜力，即看学科的主干知识和基本结构体系是否完整，与其他学科知识间的兼容度以及对其他学科的影响度和辐射性等。而专业则不同，它是与专门职业相对应的知识专门化领域，重在满足实践的需求，其基本特征是实用性与应用性。学科与专业的区别表明二者之间的不可替代性，虽然二者之间相辅相成、相互依托，即专业以学科为依托，学科以专业为基础，但二者毕竟属于不同的层面，不可将二者的界域混淆，否则会大大降低学科的研究水准。

由于实践取向研究的泛化，导致了对其的误读，仅看到了学科与专业的联系，未能真正意识到二者的区别，简单认为教学论应该着重关注现实的教育教学生活，旨在解决教学领域中的具体问题。于是研究者开始忽视理论涵养的培育，甚至拒绝理论的解释与指导，专注于教学实践需求，将对知识的创新追求转向了实际问题的解决，由学术研究者走向了专门应用者，片面强调只有实践取向的研究才是当前教学论研究的唯一研究取向，才能切实解决实践领域中存在的问题，唯有如此，才能使教学论研究走出困境。于是，研究者开始简单地解释教学实践中的个别问题和具体现象，追逐层出不穷的热点，沉迷于实证与定量的考量中，迷茫在表面繁荣实则混乱繁杂的场景中，使教学论研究不知不觉步入实用主义误区。在"实用至上"情结的驱动下，研究者忙于不停地提出一个个处方式的模型与策略，盲目地进行着缺乏理论关照的教学实践，结果使研究成果日趋浮浅与零碎，理论视野日趋狭窄与近视，研究水平日趋下落，既缺少学科发展所必需的核心理论，也缺乏学科建构必不可少的系统材料，使学科发展在某种程度上呈现出泡沫化的现象，大大降低了教学论研究的学科品位。因此，对实践取向的教学论研究要有辩证的认识，既要肯定其合理性的一面，又要防止矫枉过正、转变过急所带来的另一极端走向。

---

① 郭石明：《基于学科的大学组织管理》，《中国高教研究》2004年第6期。

三　理论与实践：正视和化解内在冲突，不要人为形成二者陌路

实践取向的教学论研究在步入实用主义误区的同时，不仅降低了学科的研究标准，还大大削弱甚至停滞了教学论学科的自我更新和对实践的判断能力。加之对教学论学科性质缺乏全角的认识，导致对当前理论与实践的关系产生了误判：理论是与实践相脱离的，二者存在"两层皮"现象。不仅理论界这样认为，实践领域也是这样，教学论研究者到教学实践场域做不了研究，一线实践者排斥、不欢迎甚至拒绝合作，就是最有力的证明。一旦究其原因，几乎众口一词：理论苍白空洞，教学理论无法指导教学实践。众矢之的和饱受责难的往往是教学理论，认为它是罪魁祸首。但这又往往忽略了一个命题，"教学理论与教学实践之间是有一定距离的，而不是直接联系的，它对教学实践的指导和调节作用是通过其它中间环节而实现的"①。可见，理论与实践本身就存在着合理性距离，属于不同的两个层面。在这种合理性距离产生的张力作用下，二者在走向结盟时还会不可避免地产生一些冲突。

第一，理论本身的层次性与实践需求的选择性发生冲突。理论或理论成果本身存在层次性，有些理论是为教育决策者所需，有些是为学科自身建设和发展所用，有些是为一线实践者所备。可见，并非所有理论和理论成果都能够直接为实践领域服务，这就客观上要求一线实践者对理论和理论成果的需求是有选择性的，选择那些直接为实践而备的理论和理论成果，但这些可能只是理论成果中的一部分，而不是全部。在现实的情境中，要求所有的理论和理论成果都直接在实践领域中应用，并最好能立竿见影地发挥效果，显然是不现实的。面对不加选择的所有理论，一线实践者可能会眼花缭乱，不知所从。况且一旦盲目应用了本不是直接为实践准备的理论成果，造成了理论的不当应用，发挥效果不大甚至根本未发挥效用，一线实践者就会更加相信"理论无用论"，大大降低理论和理论成果的科学性和可信度。

第二，理论本身的长效性与实践要求的短效性存在冲突。教学理论具有长效性，注重长远质量，追求可持续发展，需要经过一定时间的努

---

① 王策三：《教学论稿》，人民教育出版社 1985 年版，第 58 页。

力在一定范围才会产生一定影响和作用。而实践领域更倾向于短效效应，要求教学理论的应用效果立竿见影。在实际应用中，往往是理论的长效特征与实践的短效需求发生了冲突，造成了理论与实践的不协调，理论研究者和实践者相互指责。

第三，理论自身的普适性与实践转化的情境性存在冲突。教学理论是从实践中抽象和概括出来的，具有一定的普适性，同时又兼具情境性，具有双重属性。然而，在实践领域应用的时候，人们往往仅依据其普适性，忽视其情境性，甚至偷换情境，即将其生成时和应用时的不同具体情境等同起来，简单地移植和复制，造成了普适性和情境性二者事实上的冲突。在一定程度上而言，理论来源于实践是绝对的，而理论应用于实践则是相对的，因为理论进入实践领域是需要一定条件的，需要结合具体情境进行本土化与校本化改造。

第四，理论自身的应然性与实践层面的实然性发生冲突。教学理论自身的应然性是指从规律的高度对教学发展趋势的一种科学预测和判断，旨在明示教学现象应该达到的发展状态；教学实践的实然性是指教学存在的现实状态。从辩证的观点来看，事物发展的应然性与实然性是统一的，应然性决定实然性，实然性体现应然性，事物发展的过程就是从应然到实然转化的过程。但事实是，教学理论的应然层面与教学实践的实然层面永远存在落差，二者从属不同的层境，追求统一的过程就是二者无限接近的过程，但永无重合可能，因而片面追求理论与实践的绝对统一等于登上了一列永无终点的列车。

因此我们不能笼统地批评理论与实践相脱离的现象，要从教学论学科的高度具体深刻地分析理论与实践本身固有的冲突，最大限度地调适与缩小这种冲突，正确认识二者的合理性距离存在的长期性，避免由于理性洞察力的削弱而人为加剧理论与实践的距离。

四 事业与职业：追求学术事业的卓越，不要崇尚职业的功利情结

职业与事业是两种完全不同的概念，职业是人维系生活和赖以生存的手段，功利性突出；事业是人所从事具有一定理想目标和对社会发展有积极影响的活动，它源于理性的需要与内在的自觉性，表现出很强的归属感。当前教学论研究中，对学科性质认识高度不够、学科研究品位

降低、实用主义的诱惑与误导、加之理论与实践关系的羁绊，研究者职业特有的功利情结凸显，而对学术事业的冲动与激情相对缺失，将研究仅仅视为一种谋生的职业而非实现理想的事业，久而久之使教学论研究逐渐陷入了一种尴尬境地：第一，说不上去，痛失学术话语权。主要反映在前沿知识不足、核心知识匮乏、理论涵养不够，缺乏原创性思想和可交流的有价值资源，在一些学术场合失去学术话语权。第二，做不下去，脱离实践场域。一方面研究者不愿走下去，靠书本构建理论，靠推理提供对策，靠想象设计愿景，不知实践者之所想、之所求和之所难；另一方面下去不会做研究，人为放大理论与实践的距离，或沉迷于实践场域不能自拔，不能发现教学领域的真正问题。第三，走不出去，没有国际影响力。许多研究者安于现状，满足国内发表论文，著书立说，安于圈内交流，乐于国内"走穴"，与国际接轨少、不愿也不能走出国门与国际高手过招，所出成果根本不能获得国际学术界认可或认可度不高。第四，返不回去，失去研究根基。主要表现在有些教学论研究者作风浮躁，自身发展方向迷失，失去自我，处于迷茫状态，不能正确定位。还有些研究者自认为学术高深，知识渊博，不尊重教学论研究规律，不相信教学实践者的首创精神和实践经验，不愿承认教学论研究尴尬境地的事实，依然迷恋制造成果泡沫，追求虚假荣誉。

　　一般而言，教学理论的来源有三：一是对我国传统教学思想或教学理论的批判；二是对国外教学理论的借鉴；三是对当前教学实践的改革与试验。这三方面正是教学理论永不枯竭的源头。教学论学科经过这三个源头的补给，其研究已有了长足进步，尤其经过近30年的发展出现了一定的繁荣气象。不可忽视的是，正是这个补给源，哺育和培养了一代又一代优秀的学者。当前教学论研究者要以此为根，摒弃职业的功利色彩，返璞归真，重新找回学术事业的激情，深刻挖掘我国传统思想的精髓，对国外理论进行扬弃与本土化改造，关注鲜活的教学实践，从选题方向、研究旨趣、学术规范到研究成果，都要紧跟世界一流水平，不仅研究成果日新月异，重大基础性理论也要有所突破，不仅仅满足国内，还要有全球化视野，保持着对学术事业的持续卓越追求。

五 体制与机制：期待学术体制改革来破解困局，倒不如革新文化机制来引水顺渠

以往教学论研究中，对存在种种问题的透析，尽管原因多元，但最终都能达成一个共同指向——学术文化体制和机制的问题，似乎这二者是万恶之源，对二者既无奈又有所期待。无奈的是二者具有稳定性和长期性，不能轻易改变；同时又期待着它们的改革，向人们期望的方向发展。但是，体制与机制是不同的两个概念，不能将学术文化体制和学术文化机制混为一谈和相互代替。简言之，学术文化体制是指学术文化机构与学术文化规范的集合体，规定着各要素的组织结构形态及其相互关系，属于制度层面。学术文化机制是指学术文化各要素的内在运行方式及其各种变化的相互联系，有方法论成分。在一定意义上而言，学术文化机制的革新比学术文化体制改革更现实些。对当前教学论研究中存在的诸多问题从机制更新的视角来尝试化解，不失为一个有效的路径。但学术文化机制的革新也同样需要一个过程，绝非一日之功，不能搞改革跃进，只能科学发展，要相信广大研究者的内在文化自觉性，形成学术文化机制的变革氛围。学术文化机制的革新需要处理好其内部各方面因素问题，使之和谐转变，不能顾此失彼。学术领域中，学界、学校、学者和学风是影响学术文化发展的重要因素，调适与准确定位它们的权责范围，发挥其各自优势，是学术文化机制革新的核心内容。

第一，学界要创造学术自由的文化空间。学术自由表现在两个方面：一是思想观点自由，二是研究取向自由。思想观点自由很重要，达尔文能在英国的基督教环境中提出与上帝造人说相冲突的进化论就是思想自由的产物，相反，天文学家哥白尼、布鲁诺历尽磨难就是当时学术思想不自由的结果。学术自由可以使教学论研究者对学科性质和研究取向提出自己的独特观点，对理论与实践误判的事实进行深刻分析与批判，激发自己的原创思想，相信自己的学术创新能力，创造出一流成果。研究取向自由对教学论研究者更为重要，因为教学理论是有层次的，有不同的服务对象，这就客观上要求教学论研究者开展分层研究。就研究目的而言，研究成果可为教育教学决策服务，或为完善和发展理论服务，或为指导和改善实践服务；就范式而言，允许存在文本研究范式，也可采用田野研究范式，或二者结合；从研究主体而言，既可有理论研究者，也可有实践研究者。只有这样，教学论研究才能实现各美其美。

第二，学校要提供宽松与自主的学术氛围。科学研究是学校的基本功能之一，学校要突出做学问的优势，要以一流的科研带动一流的教学，进而培养出一流的人才。提供较为宽松的文化环境让研究者有一定时间去做研究，剑桥大学在这一点上的做法很值得借鉴。在时间上允许学者按自己的步伐开展研究，而没有定时交成果的考核压力。不是让其马上出成果，而是让其有准备等上七到十年。当然，这期间学者也可能发表一些文章，但不是要求的结果，而是凭借自发的兴趣和自由。这也是剑桥大学学者先后获得 89 次诺贝尔奖的重要原因。相比之下，教学论研究更需要一个宽松和自主的学术文化氛围，因为有些教育教学改革实验需要一定的时间才能出成效，如我国教育改革家顾泠沅的"尝试指导，效果回授"教学改革试验，是经过了三年调查、一年筛选经验、三年实验和三年推广，前后共十年的时间才完成并问世的。

第三，学者要有学术价值追求和学术责任担当。教学论学者要有一定的学术价值追求，洞察全球一流研究水平，把握世界最新教育教学思想，使自己的研究成果能走出国门，与世界学术界交流；要让自己的教育教学研究成果能影响教育决策或为教学政策提供解释，使其学术价值最大化。教学论学者还要摒弃项目化生存带来的功利思潮，不为市场所左右，不被学术泡沫所迷惑，不为经费而研究。须知，爱因斯坦的相对论、牛顿的万有引力定律的问世是没有研究经费投入的，有的只是研究旨趣和执着追求。教学论学者更要为自己的文章负责、对文字负责、对文风负责、对教学研究成果负责，勇担学术和社会责任，做一名有尊严的学者。

第四，学风要兼容并包使学术争鸣常态化。教学论研究者要创建兼容并包的学风，在学术标准上要求要高，强调高尚的学术品德和良好的学术风范以及严谨的学术态度；在学术探索上可适当降低标准，让更多的研究者加入其中，倡导百家争鸣，营造并维持自由与激烈的学术论战，让思想观点或研究成果经受质疑，经受挑战的洗礼，使学术争鸣常态化。教学论研究者在学术上还要有乌托邦精神，这是一种纯粹的学术精神，是维持内在学术旨趣和研究冲动的源泉。柏拉图所设想的理想国和卢梭所培养的爱弥儿虽最终没能成为现实，但二者却给后人留下了永恒的精神追求。

　　综上，教学论专业研究者要正确认识教学论学科的学与术的双重品性，把握其理论旨趣也要兼顾其实践诉求；遵循其专业的实用思维，但不降低其学科品位；深刻分析理论与实践本身固有的冲突，正确认识二者的合理性距离存在的长期性；要追求学术事业的卓越，摒弃职业的功利情结；只有这样，教学论研究者才能革新学术文化机制，远离浮躁，既拥有平和心态更有责任担当，秉承厚重与诚信传统，将农村学校文化转型研究与实践视为己任。也只有这样，专业研究者才能真正为农村学校文化转型与发展提供理论支持和实践指导。

第 二 章

我国农村学校文化转型：意蕴与方向

城乡教育一体化与农村学校文化发展相倚相托，农村学校文化的转型发展有助于城乡教育一体化的进程，城乡教育一体化的时代意蕴与丰富内涵诠释了农村学校文化的发展愿景，并为其转型发展提供了一定的依据和方向。

第一节　城乡教育一体化的意蕴诠释

一　城乡教育一体化的内涵

城乡教育一体化是我国城乡一体化宏观政策中不可或缺的有机组成部分，它不是一种点缀或装饰，而是城市化进程中城乡教育发展的客观要求，它与城乡经济一体化、城乡文化一体化等共同构成了我国城乡一体化的完整体系。

目前，城乡一体化的定义有许多，不同的研究者对城乡教育一体化有不同的界定。

第一，城乡教育一体化是指在教育发展中，把城乡教育置于由城市和农村所构成的同一个大系统之中，打破城乡二元经济结构和社会结构的束缚，把它们视为同一个整体，以系统思维方式，推动城乡教育相互支持、相互促进、协调发展，共同实施教育的现代化。①

第二，城乡教育一体化是指统筹城乡教育发展，整合城乡教育资源，打破城乡二元经济结构和社会结构的束缚，构建动态均衡、双向沟通、

---

① 王克勤：《论城乡教育一体化》，《普教研究》1995 年第 1 期。

良性互动的教育体系和机制，促进城乡教育资源共享、优势互补，推动城乡教育相互支持、相互促进，缩小城乡之间的教育差距，有效消除地域、经济等原因导致的教育不公平，改变农村地区教育的落后状况，使均衡化的公共教育服务覆盖城乡全体居民，实现城乡教育均衡发展、协调发展、共同发展。①

第三，城乡教育一体化就是随着经济社会的发展，为了满足城乡居民对物质和精神生活的共同需求，缩小城乡教育的差距，把城市教育与农村教育作为一个整体，通过政府及其教育行政部门的科学统筹谋划，通过体制改革和政策调整，切实打破城乡教育二元结构，使城乡教育互相融合、互相促进，并在规划发展、体制机制、政策保障、资源配置和内涵建设等方面达到一体化，实现城乡教育协调、均衡、可持续和共同发展，最终实现城乡教育共同现代化的过程。②

第四，所谓城乡教育一体化就是在教育公平的核心价值取向下，打破城乡二元僵局，建设城乡教育共同体，在保持与发挥城乡教育区域性特色与优势的基础上，促进城乡互动联结、相互帮扶、消解差距，逐步实现城乡教育公平、共生共荣、协调发展的动态过程。③

第五，城乡教育一体化就是把城乡教育作为一个大的系统，作为一个整体，统筹发展，教育资源城乡共享，教育要素在系统内、城乡间合理流动，城乡教育互相支持、互相补充，实现城乡教育共同繁荣发展。④

第六，所谓城乡教育一体化就是适应工业化、城镇化和农业现代化需要，把城市教育和农村教育作为一个整体，突破城乡二元分割分治的制度障碍，由各级政府在辖域范围内或跨越行政区限制，统筹规划城乡教育发展、统筹设计城乡教育政策、统筹配置城乡教育资源，改变优质教育要素资源单一"向城性"流动格局，实施向农村倾斜政策，努力提高农村教育质量，逐步缩小城乡教育差距和身份束缚，确保城乡公民享

---

① 褚宏启：《城乡教育一体化：体系重构与制度创新——中国教育二元结构及其破解》，《教育研究》2009 年第 11 期。

② 李海潮等：《城乡教育一体化若干基本问题的思考》，《现代教育管理》2010 年第 4 期。

③ 李玲等：《城乡教育一体化：理论、指标与测算》，《教育研究》2012 年第 2 期。

④ 张旺：《城乡教育一体化：教育公平的时代诉求》，《教育研究》2012 年第 8 期。

受平等的受教育权益，实现城乡教育协调、合理与可持续发展的过程。①

以上关于对城乡教育一体化的理解和认识，尽管研究视角不同，但都是围绕其核心内涵进行了诠释。笔者认为，城乡教育一体化是对城乡教育二元结构提出的新发展思路，反映了城市化进程中对于城乡教育关系的新认识。从价值观视角来看，其内涵基于教育公平，关注优质教育资源的城乡共享，共同传承与开发人类文化成果；从方法论视角来看，城乡各教育主体交流互动，实现双方人员、信息、资源等各方面流动，增强各自的发展力；从认识论视角来看，其目的是追求教育的增殖效应，实现城乡教育效率的共同提高。因此，可将城乡教育一体化理解为一种教育理念，公平、质量是其核心；也可将其理解为一种教育机制，强调其主体的互动关系及其运行方式；同时，城乡教育一体化是一个过程，一个动态的不断优化的生态过程。

二 城乡教育一体化的时代意蕴

城乡教育一体化虽言简意赅，但却内涵丰富，对今后我国农村基础教育发展会产生深远影响。一方面，它是对"城乡一体化"内涵的丰富与发展。自2007年党的十七大首次提出"城乡一体化"的命题，2008年党的十七届三中全会系统阐述了"城乡一体化"的内涵，即"我国总体上已进入以工促农、以城带乡的发展阶段，进入着力破除城乡二元结构、形成城乡经济社会发展一体化新格局的重要时期"。在此背景下，"城乡教育一体化"的提出既是对"城乡一体化"的具体描绘，也是对"城乡一体化"这一宏观政策的积极回应，基于城乡一体化的总体目标，进一步缩小城乡教育差距，逐步实现城乡教育共同发展。另一方面，"城乡教育一体化"的提出也是对城乡教育统筹与均衡发展目标的完善与超越。由于我国城乡一体化建设分为初级、中级和高级阶段，与此相适应，我国城乡教育一体化演变与发展历程也应有城乡教育差异发展、城乡教育统筹与均衡发展、城乡教育一体化发展等主要历史阶段。城乡教育统筹与均衡发展阶段主要是针对教育的城乡发展不均、教育公平问题日益突

---

① 邬志辉：《城乡教育一体化的制度束缚与破解》，《华南师范大学学报》（社会科学版）2013年第1期。

出而提出的；城乡教育一体化更侧重于将城乡教育看成一个统一的大系统，基于城乡一体的总体思路，发挥城乡各自优势，促进城乡资源共享，逐步实现城乡教育共荣互赢。可见，二者体现了国家在不同发展阶段对城乡教育问题的科学研判和制度回应，从这一角度而言，城乡教育一体化是重新认识城乡教育关系和发展农村学校教育的一种理念变革与制度创新。

第二节　学校文化的内涵发展

一　文化概念的演化

研究学校文化，离不开对文化概念的辞源考证。从我国古籍中可以发现，最初"文"与"化"是分开用的，应该属于两个词汇。虽在上古之书《易》中孕育着将"文"与"化"连用的萌芽，但直到汉朝刘向的《说苑·指武》中才真正出现了"文化"一词。[①] "文"也由最初的"文饰""文理"含义演化为人格或修养。在我国古代，文化主要是指文明开化或文治教化，指向形而上的精神层面，具有明显的人文属性。我国古代哲人所理解的文化是"人文化成"："关乎天文，以察时变；关乎人文，以化成天下。"[②] 在这里天文与人文相对，天文是指天道自然，人文是指社会人伦。由于中国传统社会是一种伦理本位的社会，因此，文化的含义亦是从生活伦理而来的，具有明确的文明教化之意。西汉后，"文"与"化"合成"文化"一词。《说苑·指武》云："……文化不改，然后加诛。"就有文治教化的意思。南齐王融《三月三日曲水诗序》"设神理以景俗，敷文化以柔远"中"文化"也有礼乐制度的文治和迁善的教化作用，与"质朴""野蛮"对举，取其文明文雅之意，这与孔子的"文质彬彬，然后君子"之论相同。可见，在我国古代把"文化"一词主要当作与自然、武功、神理、朴野相对的概念，一开始就具有一种精神和人文主义指向，强调人的内在修养和德行以及与之有关的意义。中国人秉承了《易经》中"化成天下"的圣教，始终牢记要用文明的精神完成教

---

① 李建中：《中国文化概论》，武汉大学出版社 2005 年版。

② 许苏民：《文化哲学》，上海人民出版社 1990 年版。

化天下，开化蛮夷的责任。中国古代的这种文化观，一直沿用到清末民初，从那时开始，现代意义上的"文化"概念在中国学界出现。

在西方，"文化"一词源于拉丁文 cultura，作为动词"cultere"的派生词，它的原意是指对土地的耕作、耕耘，其原始含义与现今"文化"的含义相差较大，主要指人类的物质活动所产生的结果，与"自然"相区别。古希腊时代，"cultura"一词引入到人类精神活动中，如哲学家西塞罗提出，哲学心灵中的"cultura"具有改造人的内心世界，使人具有理想公民素质的意思，"文化"一词开始在人的知识水平、教育程度、思想修养这种意义上使用。由此看来，西方"文化"一词在其词源学意义上就已具备了双重意义：一方面，人对土地的耕作，是外在自然的人化；另一方面，通过教育和培养的过程使人具有理想公民的素质，是内在自然的人化。可见，"文化"在词源学意义上就具有了物质和精神的双重规定，已孕育着作为最高层次的抽象的完备的文化定义的胚胎和萌芽。到18世纪，"文化"的含义在西方出现了重要的转变，即"心灵的普遍状态和习惯""整个社会里知识发展的普遍状态""各种艺术的普遍状态"①。可见，西方"文化"的含义也是逐渐演化、逐渐拓展的，由最初的指代物质活动向精神实体延伸和转变，而且进一步从大自然向社会生活的各个层面延伸。

现代意义上的"文化"概念以人类学家、文化学家、社会学家和民族学家开始研究文化问题为发端。自从人类学家、社会学家、民族学家介入文化研究之后，文化与文化研究的概念迅速拓展，现代的"文化"概念已经复杂到几乎无法概括的地步，其外延无限扩大，成为一个包罗万象、大而无当的概念。1952年，美国文化学家克鲁伯和克拉克洪在其合著的《文化：关于概念和定义的批判性回顾》一书中，罗列的从1871年到1951年的80年间的文化定义就达164种。然而，在众多的"文化"定义中，被称为"人类学之父"的英国著名人类学家爱德华·泰勒在其于1871年出版的《原始文化》一书中给"文化"下的定义依然是迄今为止最为经典的："文化，就其广泛的民族学意义来说，乃是包括全部的知

---

① ［英］雷蒙德·威廉斯：《文化与社会》，吴松江、张文定译，中国人民大学出版社1991年版，第83—84页。

识、信仰、艺术、道德、法律、风俗以及作为社会成员的人所掌握和接受的任何其他的才能和习惯的复杂整体。"① 这一定义不仅列举了文化的重要内容，而且把文化看作一个多层面的整体，对以后的文化研究产生了很大的影响。

我国研究者韩民青在其所著的《文化论》中指出现在研究者对文化的定义有近 200 种，郑金洲教授所收集的文化定义已达 310 余种。② 我国文化学者梁漱溟认为，"文化就是吾人生活所依靠之一切。……文化之本意，应在经济、政治，乃至一切无所不包"③。著名学者钱穆认为"文化即人类生活的大整体，汇集人类生活之全体即'文化'"④。我国现代汉语工具书《辞海》，将"文化"界定为：广义指人类在社会历史实践中所创造的物质财富和精神财富的总和。狭义指社会的意识形态以及与之相适应的制度和组织机构。⑤ 这是我国学界对文化概念比较认可的权威界定。

由于研究者所处的时期、人文环境不尽相同，研究的视角和取向亦相互各异，故对文化的认识和理解难免多元共存。但是，对于诸多概念中所揭示的文化的特征基本形成共识⑥。

一是文化为人类所特有。当代著名哲学人类学家兰德曼指出，人是文化的产物，是文化的创造者，但也为文化所创造。⑦ 指出人和文化的不可分割性，人的行为需要依靠人自己创造和获得的文化来支配。这与动物不同，动物的行为依靠的是本能。从对文化概念的界定来看，几乎都将文化看成是人类所独有的，将其看成是区别于动物的主要标志。

二是文化是人后天习得和创造的。文化不是天生遗传而来的，而是人后天在社会环境中经由学习和创造而得来的，并且是人类在一定社会形态下的自由的精神生产。

---

① ［英］爱德华·泰勒：《原始文化》，连树声译，上海文艺出版社 1992 年版，第 1 页。
② 郑金洲：《教育文化学》，人民教育出版社 2000 年版，第 2 页。
③ 梁漱溟：《中国文化要义》，山东人民出版社 1990 年版，第 9 页。
④ 丁钢：《文化的传递与嬗变——中国文化与教育》，上海教育出版社 1990 年版。
⑤ 2014 年 1 月 20 日，在线辞海（http：//www.k366.com/gj/cihai/two.asp？id=157520）。
⑥ 郑金洲：《教育文化学》，人民教育出版社 2000 年版，第 2—3 页。
⑦ ［德］兰德曼：《哲学人类学》，阎嘉等译，贵州人民出版社 1988 年版，第 245 页。

三是文化为社会群体所共有。某一个体后天习得和创造的思想、观念等，只有为他人接受后，才能称之为文化。易言之，文化是一系列共有的概念、思想、价值观、准则，它是个人行为能为集体所接受的共同准则。

四是文化是复杂的整合体。文化固然含有众多的不同形态和类别，然而它们并非杂乱无章的集合，就其整体而言，是整合为一的。

二　学校文化的内涵发展

梳理学校文化的内涵，不难发现，由于研究视角不同，研究者对学校文化的内涵也存在多种界定：

（1）学校文化是校内有关教学以及其他一切活动的价值观念及行为形态。[1]

（2）学校文化是为学校全体成员或部分成员所共有、享受和传递的文化的综合体。[2]

（3）学校文化是一所学校内部形成的，为其成员所共同遵循并得到同化的价值观体系、行为准则和共同的思想作风的总和。[3]

（4）所谓学校文化，大而言之，是学校全体人员通过共同努力所达到的学校总体文明状态，它既包括学校的物质财富和环境资源条件，更包括学校成员群体的学校意识，学校精神以及学校的行为规范等精神财富，是物质财富和精神财富的总和，是科学文化、教育文化和传统文化的综合反映。小而言之，一个学校的文化由其传统、风气与行为准则所构成，着重在精神形态方面。学校文化将学校的价值观、人生观和信念、理想输送给师生员工并对他们产生积极意义。更窄一点说，学校文化指的是学校成员长期实践中创造的、共同遵循的精神准则以及在这些准则指导下的学校成员的行为、心理取向及其精神风貌。[4]

（5）学校文化是学校全体或部分成员习得且共同具有的思想观念和

---

① 顾明远：《教育大辞典·第六卷》，上海教育出版社1992年版，第426页。

② 张德祥：《试论学校文化的内涵、类型及其功能》，《沈阳师范大学学报》（社会科学版）1991年第1期。

③ 朱颜杰：《学校管理论》，辽宁教育出版社1990年版，第133页。

④ 石欧：《学校文化学引论》，气象出版社1995年版，第21—22页。

行为方式。①

（6）学校文化是为其成员所认同和遵循的价值观念体系、行为规范准则和物化环境风貌的一种整合和结晶，表现为学校的"综合个性"②。

基于对文化含义演变及其文化特征的理解，加之对学校文化的多元概念的思考，我们认为，"学校文化"这一概念是随着其内涵和外延的不断演化以及人们认识的逐步深化而不断加深拓宽的，从历时性角度来看，其内涵发展经历了如下阶段：

第一阶段：将"学校文化"等同于"校园文化"。20 世纪八九十年代，学校盛行校园文化，很少提及学校文化。偶有提及学校文化，也常常被理解为校园文化。"学校"被理解为与"校园"相等同的物理场所概念。自夏商时期便有了"庠""序"，成为早期的学校形态。孟子曰："庠者养也，校者教也，序者射也。"最初学校就是一个融思想教化和知识技能传授于一体的地方，很长的历史时期内都作为一个地理位置概念存在，"学校"与"校园"的概念几乎是完全等同的。随着历史沿革这样的观念被传承下来，学校文化自然也就被大家默认为等同于校园文化，学校文化就是校园"围墙"之内的文化。出现这样的情况，原因有二：一是对学校文化缺乏深入认知，尤其是对学校文化与校园文化二者的内涵与外延、性质与特点、功能与作用等存在什么联系与区别，许多人并不清楚，在教育理论界也存在二者相互混淆的现象。由于人们的思维往往是先入为主，习以为常的，因而在许多人的观念中只有校园文化而没有学校文化，在理念上以校园文化指代学校文化。二是学校文化与校园文化相依共生，联系非常紧密。从内在联系来看，学校文化与校园文化都是学校的文化，二者不存在"楚河汉界"。它们的主体是相同的，都是学校的师生员工；二者的指导思想、方向、方针、目标等都是一致的。二者在内容上也有许多共同之处，如环境文化或物质文化，学生文化，学生社团文化活动等。由于以上种种原因，二者存在着不可割裂的内在联系。③ 也正由此，即使二者概念的混淆也不易被察觉，即使用校园文化指代学校

---

① 郑金洲：《教育文化学》，人民教育出版社 2000 年版，第 240 页。
② 闫德明：《现代学校管理学》，人民教育出版社 1999 年版，第 8 页。
③ 王传良：《校园文化与学校文化辨析》，《理论与研究》2011 年第 17 期。

文化，也能为人们所接受。

第二阶段："学校文化"与"校园文化"相分离。进入 21 世纪以来，学校文化的提法受到关注，形成了学校文化与校园文化两个概念并存的现象。随着对学校文化研究的深入，学者们开始意识到"校园文化"与"学校文化"是两个相异而又相依的概念，二者是不能混淆的。"学校"除却作为物理场所的客观限定之外，更多的还是一种文化的"域"。钟启泉先生对学校文化做出过这样的描述："作为基础教育的'学校'以'学校文化'的底蕴去奠定新生代的学力发展的基础，这样的任务并非'校园文化'所能单独承担的。"① 很多学者也对二者进行了比较，综合来说，二者的区别有以下几个方面：

其一，从词义辨析看，"校园"一词的内涵主要指空间维度内的区域或者说是一种场所，而"学校"一词更多指向的是一种培养人、教育人的组织机构。两者比较，"校园"只能说是"学校"的组成部分之一，"校园文化"只能是"学校文化"的一个属概念，因此，使用"学校文化"这一概念，可以揭示出更多的研究内容。

其二，从视域层面看，学校文化有较强的抽象性，相对校园文化而言更多的是一种意识的文化，是学校精神文化、制度文化、行为文化的总体反映，而校园文化则更多的是客观的、直观性较强的文化。

其三，从横向范围看，学校文化涵盖的范围较广，包括教师文化、学生文化、课程文化、组织文化、环境文化等多个维度，校园文化通常仅指师生尤其是学生的各项活动。

其四，从纵向深度看，学校文化是学校历史文化的沉淀，而校园文化则是当下状态的呈现。在表述时我们常常说"某校学校文化历史悠久，校园文化丰富多彩"，反映的就是这一点的区别。

其五，从发展过程看，校园文化强调更多的是其地域性，将思考范围更多地限制在了学校内部，并且体现更多的是一种静态的"学校实体"式的文化概念，似乎很难表达出人们在进行学校文化建设过程中所应该体现出来的与周围环境之间的相互影响、相互适应的过程。

通过上述分析不难发现，较之"校园文化"，"学校文化"涵盖了更

---

① 钟启泉：《知识社会与学校文化的重塑》，《教育发展研究》2002 年第 1 期。

多的研究内涵，更能体现学校、家庭、社区三位一体的教育发展规律。从国内主流教育学术刊物的导向也可以看出这一趋势：《人民教育》有"聚焦'学校文化'"专栏，《现代校长》周刊自 2004 年 9 月 21 日起专门开辟了"学校文化建设笔谈专栏"，2006 年 4 月，《中国教育报》与厦门市教育局在厦门联合主办了"全国现代学校文化建设与人的发展论坛"，也表明了这一学术取向。①

第三阶段："学校文化"超越"校园文化"。从文化分类的对等方法看，"学校文化"与"企业文化""公司文化"等文化形态一样，属于文化系统的一个亚文化分支。它是学校中形成的特殊文化，强调与社会的紧密联系，体现的是社会背景下以学校为地理环境圈，由全体师生在学校长期的教育实践过程中积淀和创造出来的，并为其成员所认同和遵循的价值观、精神、行为准则及其规章制度、行为方式、物质设施等的一种整合和结晶，其本质意义在于影响和制约学校内人的发展，其最高价值在于促进学校内人的发展。而校园文化，应隶属于学校文化的子系统。同时，学者们也逐渐认识到"校园文化"这一概念的一些明显缺陷，"校园"一词本身的范围就小于"学校"一词的范围，它更多考虑的是学校当中比较显性存在的空间上的文化，而"学校"除了包含"校园"一词中包含的空间上的内涵，同时还包括了精神上的教育文化内涵。用"学校文化"这样一个概念来表述学校教育教学中的文化，既能表现出学校中显性存在的校园面貌、学校制度规范等，同时又涵盖了学校文化与周围环境间的互动的动态过程，全面包含了教学活动中的教师、学生以及课程等多种文化。在这一研究阶段，学校被看作一个社会组织，并借助组织文化的研究视角，弥补校园文化研究的不足，把突出学校发展过程中的精神内涵作为研究学校文化的出发点。逐步用"学校文化"代替"校园文化"，将研究从"校园文化"走向"学校文化"，这实际上说明了学校文化对校园文化的超越。

学校文化内涵发展的三个阶段，实际反映出研究者对"学校文化"本质研究的日益重视和逐步深入。从最初的"物理地域"认识局限走向更宽阔的"文化视域"，"学校文化"最终跳出了校园的"围墙"，成为

---

① 尤学文：《"校园文化"与"学校文化"辨析》，《宁夏教育》2010 年第 5 期。

文化系统中的一个亚文化分支。与其他类型的文化一样，学校文化也随着社会文化系统的发展变迁不断变化，成为一个多层面、结构复杂的组合系统。

基于对以上内容的分析，本书将学校文化理解为：学校文化是文化系统中的一个亚文化分支，是学校全校成员在长期的教育教学实践活动中形成的，并被全体成员所认同和共享的一切事物。它既包括历史沉积的优秀传统，也包括全体成员当下共同创造的文明成果；它既涵泳精神思想、价值观念等抽象内容，又表征行为方式、物化环境等直观风貌；它既重视精神文化、制度文化等静态事物，又强调教师文化、课程文化、学生文化的动态生成过程；它是集显性事物和隐性文化于一身的综合体。

三　学校文化的转型

从以往研究来看，文化转型这一概念尚无一个为大家公认的清晰表述。大多数研究者是从解释或者研究方向的角度来对文化转型这一概念进行分析和陈述的。有学者将文化转型和社会转型、经济转型相并列来进行相应的研究。在《什么是文化转型》一文中指出，社会和人的变化与文化转型是密不可分的，社会需要转型，则文化必然转型。文化转型是一种新的想法和新的姿态，意味着告别以往传统文化对人的精神世界的束缚，意味着建设一种动态的发展的均衡的创新的文化。[1] 同时，更多观点倾向于认为所谓的文化转型是一个比较广泛的概念，既包括了精神文化领域，同时也包括制度文化、物质文化等的变革。有研究者从后现代社会文化转型的形态角度，指出在后现代社会中，文化转型是由传统文化向现代文化、公益性文化向营利性文化、精英文化向大众文化、工业文化向生态文化、文本文化向视觉文化的转型。[2]

分析上述内容不难发现，文化转型是扬弃旧文化、创造与时俱进的新文化必须经历和必不可少的一个过程。对国家而言，国家的富强和民族的振兴，既要有经济的发展、科技的腾飞、政治的稳定，同时更加需要建设一个具有国家特色的先进的文化体系。对学校而言，则是依据社

---

① 谢劲松：《什么是文化转型》，《文化论丛》1997 年第 6 期。
② 张谨：《论文化转型》，《学术论坛》2010 年第 6 期。

会发展的要求，结合自身实际情况，将一定背景下学校现有的主导性文化模式转变为新的更符合时代背景要求的主导性文化模式的过程。本书中，农村学校文化的转型问题是指在城乡教育一体化的宏观背景下，农村学校如何进行准确定位与转型、如何化解冲突进行有效调适、如何形成有效发展机制、如何进行本土化与适切性选择等，以便创造出彰显农村学校特色、缩小城乡差距和促进城乡教育一体化进程的文化。

第三节　农村学校文化转型的愿景与困惑

在我国，农村是指县级以下的广大地区，包括乡镇和乡村。因此，本书中农村学校主要是指位于乡镇和乡村地区的学校，包括一些位于此范围的农场学校、林场学校等。虽然农村有些乡镇和乡村受到城镇化和工业化影响，逐步向第二产业或第三产业转化，但从地缘位置来讲，仍属农村，所在学校仍称农村学校。

一　农村学校文化转型的愿景

（一）城乡教育一体化的丰富内涵诠释着农村学校文化的发展愿景

城乡教育一体化是城乡一体化的衍生概念，其实质是教育的城乡一体化。它是针对城乡教育二元结构提出的新发展思路，反映了城市化进程中对于城乡教育关系的新认识。城乡教育一体化的丰富和深刻内涵在一定程度上涵泳着农村学校文化的发展意蕴，勾勒出农村学校文化的发展愿景，成为农村学校文化发展的强有力的后盾和动力。

第一，文化观念方面充满自信。城乡学校通过教育理论、育人理念、教学方式、课程模式和评价机制等方面的深度交流与互动，能有效消解城乡偏见，使农村学校文化与城市学校文化一样充满自信。

第二，文化地位方面得到认可。农村学校文化与城市学校文化具有同等的地位，在选择、传承与创新传统文化，融合与改造域外文化等方面发挥着重要功能。

第三，文化资源方面得以共享。农村学校在硬件设施、软件资源、经费配置、信息分享等方面得到合理配置与优化，与城市学校实现了有效交流与共享。

第四，文化优势予以发扬。农村学校文化寓于深厚的乡土文化，承载着诸多优秀传统文化的厚重品性，这些得天独厚的文化优势是一些城市学校文化中不具备的。可以说，农村学校文化的发展愿景在城乡教育一体化的深刻内涵中得以诠释。

（二）城乡教育一体化的阶段性决定了农村学校文化适应的渐进性

城乡教育一体化是一个动态变化而非静止凝固的过程，它在动态变化过程中不断逐层优化，渐显城乡生态一体本色。从事物发展规律来看，教育自身发展过程经历着不知而行的自发阶段、行而后知的初步自为和知而后行与知行合一的高度自为阶段，使教育从单一、分割、孤立、无序和封闭逐渐发展成为系统、整体、开放、有序和进化。城乡教育一体化的发展变化过程与教育的历史演变过程有着某种相似之处。城乡教育一体化分为自发阶段、政府干预阶段与高度自主阶段。在自发阶段，城乡学校教育按照自然、社会的自然发展规律，进行自发的互动与联结，呈现无序和零散，差距拉大。在政府干预阶段，政府从政策、法规和运行方式上进行有效干预，缩小差距，促其良性发展。在自主阶段，城乡教育基于自身实际与需要进行自主互补，政府仅进行弱干预，逐步促其进入高度自治与自主，基本实现一体化。①

可见，城乡教育一体化是一个渐进的过程，不能一蹴而就，需要文火慢熬，科学发展。

城乡教育一体化的渐进的阶段性昭示着城乡学校文化一体化发展也需要一定的过程。城乡学校文化一体化过程中必然要经历两种文化的碰撞、激荡、调适与融合过程，与此相适应，农村学校文化在此过程中一般也要经历几个不同的阶段，大致可经历被动适应期、主动调适期和自觉整合期。

在被动适应期，农村学校文化会遭受城市文化的冲击，两种文化有时还会产生碰撞与冲突。尽管城市文化中的时尚元素对农村学校文化产生一定吸引，其先进成分与农村学校文化旧有部分产生鲜明对比，但农村学校对此还是表现出一定的谨慎与矜持。从文化的传承与延续角度来

---

① 李玲等：《城乡教育一体化：理论、指标与测算》，《教育研究》2012 年第 2 期。

讲，文化本身需要一种相对的稳定性，因而也就带有一定保守性。① 这种保守性成为农村学校文化吸收与认同城市学校文化的无形阻力。

在主动调适期，农村学校主动选择与吸收先进与优秀的城市学校文化，通过制定培养目标、专业课程设设置、编写教材以及通过教师与学生群体文化来进行。

在自觉整合期，基于主动调适，加之文化本身的自我更新能量的释放，农村学校文化发挥出批判与整合功能。根据农村学校发展的价值目标与理想，对城市学校文化的现实状况进行分析，做出肯定与否定判断，引领与融合时尚先进与优秀文化，逐步实现城乡学校文化的一体化。

目前，我国城乡教育一体化尚处于由第一阶段向第二阶段过渡的时期，农村学校文化的发展也是在被动适应与主动调适的过渡阶段，在有些地方表现出无序与散乱，在某种程度上陷于迷失与纠结状态。

二　当前农村学校文化转型中的困惑

(一) 在农村文化与城市文化的碰撞与交融中迷失自我

农村学校文化是农村文化的缩影，因此农村学校文化不是一个孤立的个体，它是在农村文化的土壤中成长发展起来的。在工业反哺农业的今天，城市化进程正通过农村工商业的发展、外出务工增加、城市化和工业化的推进以及当代大众文化的影响迅速地展开着。② 城市化进程不仅猛烈冲击着农村经济，也对农村文化造成了一定影响，原有的农村文化价值底线受到考验，农村朴素的文化价值出现了功利转向。在城、乡两种文化的碰撞中，城市文化强势进入并涤荡着农村文化的各个领域，由于农村学校文化自身更新能力较低，而现今城市文化过于偏重物质的发展模式也很容易使其失去发展的根基，使农村学校文化以一种十分虚弱的方式应对着城市文化的冲击，农村文化渐显弱势，失去自身特有的文化情怀。因此，在城乡一体化的进程中农村学校文化渐趋脱离农村这个厚重的土壤，又无法在趋向城市的选择中寻找到自身成长的空间，只能在城市文化与农村文化的碰撞中迷失方向，艰难发展。例如，在新一轮

---

① 郑金洲：《教育文化学》，人民教育出版社 2002 年版，第 193 页。
② 吴学丽：《城市化背景下的农村文化转型》，《理论学刊》2009 年第 6 期。

基础教育课程改革中，课程标准的制定、教材内容的选择在一定程度上忽略了农村学校的文化现实，使农村学校处在课程改革的边缘上，甚至某种程度上成为教育改革的排除机制。城市化带给了农村学校许多过去曾没有的硬件设备，但是新的教育理念并未带给农村学校文化更多的积极变化正说明了这一点。

传统中国社会背景下城与乡之间的区别并不明显，社会经济与文化出现二元化正是中国现代化的开端。虽然说城市文化是工业文明的产物，农村文化是几千年农业文明的积淀，但二者并非截然对立，城市文化并不能完全代表和取代农村文化，农村文化也不可能同化和逾越城市文化，二者应该相互包容与融合，即城市文化在某些方面吸收农村文化的精髓与厚重，农村文化认同与接纳城市文化的时尚与先进部分。农村学校文化在城市文化和农村文化的交融中不断进行内部调整和自我更新，逐步找到发展方向，以适应城乡教育一体化的发展要求。

当前的问题在于，城市文化几乎是以吞噬的方式吸收同化着农村文化，农村文化在与城市文化的交融中过于被动，并且这种局面会持续很长的一段时期，这样就使得农村学校文化短期内无法做出身份定位，很难建立起有自身特色的文化机制。这样，农村学校文化逐渐向城市化靠拢，教学内容多以城市生活经验为背景，培养出的学生既无法回入农村又不能很快融入城市生活，造成两难尴尬境地。从中可以看出，城市文化和农村文化在碰撞与交融过程中，农村学校文化也同样经历着困惑与迷茫。

（二）在传统文化与现代文化的更迭与剥离中失去内涵

传统文化与现代文化是相对而立的一对范畴，是按照时间和发展序列来划分的。前者产生于过去，延续到现在，也会在一定程度上流向未来；后者是传统文化的时代特点与外来文化的综合。① 也可以说，传统文化由文明演化而成，现代文化是对传统文化的发展与创新。以上是从文化的本体意义来理解，但对于人类生存活动而言，二者并非完全是时间次序的先后，而是同时态存在的文化的一体的两面，二者共同构成人类的生存活动的全部。现代文化可以传承与发展传统文化，可以改造和创

---

① 郑金洲：《教育文化学》，人民教育出版社 2002 年版，第 138 页。

新传统文化，也可以否定和背离传统文化。但无论是哪一种情况，现代文化与传统文化都有着千丝万缕的内在联系。从这一角度而言，现代文化完全脱离传统文化显然是行不通的。按照文化的流变与发展规律，任何现代文化都会在经过一定的时间沉淀后成为新的传统文化，以至出现传统文化、现代文化与后现代文化的更迭。在城乡教育一体化背景下，农村学校文化应该既要传承传统文化中的优秀精华，又要接纳现代文化的开放，在传统文化与现代文化的更迭中捕捉机遇，寻找新的生长点。但是，当前农村学校的文化建设没有引起足够的重视，在整个社会还未从现代文化的沉迷中清醒前，农村学校文化很难形成自身特色。

自新文化运动以来，我国传统文化一直处于被批判的地位，传统文化甚至一度沦为落后愚昧的代名词，人们对现代文化趋之若鹜。然而，人们对现代文化以及现代化的理解都存在一定程度上的偏差，导致了对现代文化与现代化的误解与迷恋。事实上，现代化不应该是对于高楼大厦工业经济的过分追求，现代文化也不应该是对于工具理性的盲目推崇，因此，学校有多少多媒体设备，有多么健全的活动设施，都不能作为学校现代化的标志，学校文化应该有更深层次的内涵。近年来，农村学校也开始了对所谓现代文化的盲目追求，但是往往忽略掉其中的"文"字内涵。工业文明所带来的现代文化是一种杂糅的尚未定型的文化，它与中国的传统文化在很多方面是剥离的关系，很多中国优秀的传统文化被弃置。由于农村学校文化是依托具有乡土气息的传统文化而形成的，一直以来结构就比较稳定，但在城乡教育一体化进程中，受到城市文化的影响与冲击，在对现代文化的追求中与传统文化愈走愈远，两种文化的剥离使农村学校文化失去了更多的精神内涵。

（三）在本土文化与域外文化的博弈与融合中消退特色

本土文化与异域文化的博弈与融合由来已久，早在汉唐盛世时，域外文化就开始输入到我国，主要是以代表恒河文化的佛学的输入为主，但当时的本土文化以无与伦比的优势与自信涵化了佛学，达成了儒、道、释的合流。在清朝末期，域外文化的输入主要是以西方先进的科学技术为主，也曾出现过"中学为体，西学为用""中学为用，西学为体"以及"中西互为体用"的观点。随着西方文化源源不断地涌入，对我国本土文化的影响越来越大。在20世纪初，农村教育也开始受到域外文化的影响并开展了相应的变革运动，农村教育运动开始兴起，研究者积极探寻农村教育发展的出路，把研究的目光主要聚焦在新农村教育理念的思索、"洋学"与农村传统私塾教育的对峙研究、新式学校带来的新文化与中国传统农村学校制度下传递的传统农村文化之辩。① 陶行知、陈鹤琴、梁漱溟、黄炎培都曾做过农村教育改革方面的尝试。直到现在，域外文化依然以强势的形象冲击着中国本土文化，新一轮基础教育课程改革也因为其对于国外理念的过多照搬对中国的教育实际问题有所脱离而备受质疑，这场教育改革的价值取向在很多方面还是表现出了水土不服的迹象，本土文化对于域外文化依然有着极为敏感的抗拒。农村学校文化也在基础教育改革之列，本土文化与域外文化的博弈对农村学校文化产生不小的冲击。

在城乡教育一体化的大背景下，农村学校文化相对保守的状态将会被越来越多的新理念所打破。农村学校文化的建设可以在立足现实的基础上，向国外的农村学校学习经验，将域外文化和本土文化有机融合。但当前的问题是，农村学校文化在域外文化与本土文化博弈与融合中，往往注重了域外文化中的物质成分，忽略了其他成分，不仅如此，还在一定程度上忽略了本土文化中的价值因素。农村学校文化的建设主要放在物质文化方面，经济话语甚至成为农村学校文化建设的强势语言，农村学校文化中原有的价值体系被逐渐解体，独有的乡土文化特色被忽视，以致农村学校文化建设千校一面，缺乏内涵特色。长此以往，农村学校文化也许会和其所处的农村一样，成了一个地域的概念，失去自己独到的文化精神，成了一个没有特色文化内涵的空洞符号。

（四）在校本文化与一体文化的守望与统筹中放弃自觉

校本文化就是基于本校传统，挖掘与提升本校历史发展的文化基因，加以倡导与放大，体现本校内涵特色的学校文化。一体文化是指城乡一体化文化，将城市学校文化与农村学校文化置于一个大系统中共同开发，强调二者的均衡发展，旨在打破城乡文化二元对立的僵局、缩小城乡文化差距。城乡一体化文化不是同质化与同步化文化，是城乡一体化整体布局的一部分，留给农村学校开发校本文化一个广阔的空间，农村学校

---

① 于影丽、毛菊：《农村教育与农村文化研究》，《教育理论与实践》2011 年第 8 期。

校本文化开发的成熟度反映着城乡一体化文化发展的进步程度。反之，城乡一体化文化对农村学校文化也有一定的影响。按照城乡文化一体化的统一要求来运作，一方面给一些较薄弱的农村学校文化建设带来一定挑战与压力；另一方面，有些农村学校文化建设完全按照一体化要求来进行，往往注重了外在形式和统筹标准，却忽略了自身的内涵建设和特色挖掘。当前，一些农村学校文化建设在加大投入逐步改善学校物质文化的过程中出现严重的形式化倾向，对学校几十年积淀下来的特色文化缺乏挖掘与整合，甚至弃之不顾，陷入一体化文化建设的误区，造成了校本文化与一体化文化建设的脱节。

　　校本文化的开发与一体化文化的建设应该相辅相成，相得益彰。校本文化的开发需要校长、师生以及其他员工的共同努力。在有些农村地区，很多校长是在教师队伍中提拔的，而农村学校的教师也多是来自于农村，甚至没有脱离农业生产成为兼职的教师，很多教师并没有接受过现代的教育培训，在这些教师心目中并没有学校文化建设的概念。在关注升学率的单调评价体制下，农村学校在物质层面和制度层面的追求更甚，培育起一个学校的文化，为一个学校注入特色，是多数校长和教师从未考虑过的问题，对于学校文化重要性的认识更是呈现出空白的状态。多数教师只是将教师这个工作当作职业而非事业，教师渴求的更多的是待遇的提高而非一个令人有工作激情的文化氛围。不仅如此，很多农村学校校长和教师还对学校文化建设的理解存在一定偏差，认为学校的特色文化内涵建设在没有外部指导和支援帮助的情况下，很难通过自身的努力培育出来。在这种情况下，一些农村学校的校本文化的开发在一体化进程中很难找到合适的发展路向，导致校本文化开发意识的逐步淡化，甚至主动放弃，造成农村学校文化建设的自觉性不足。

第四节　农村学校文化转型的依据与方向

　　面对当前所遭遇的困惑与纠结，农村学校文化最重要的是着眼于文化未来发展的基点重建与根本路向的重新选择，不是"聊胜于无"的肤浅论说，而是要将文化发展根植于城乡一体化的大背景下，放眼多元文化，立足于农村自身现实，做好自身的路向定位与转型。

一　农村学校文化转型的依据

（一）基于城乡教育一体化的整体布局

城乡教育一体化是我国教育发展带来的必然结果，是建设学习型社会和整体提高公民素质的客观要求。通过城乡教育一体化建设，缩小城乡教育资源的差距，提高农村的教育质量，加速农村教育现代化的进程，进而达成城乡教育现代化的均衡发展。长期以来，农村教育的现代化进程落后于城市的教育现代化进程。由于我国对于经济建设的重视程度远远大于对文化的建设，农村学校文化的更新速度远远落后于城乡一体化的建设速度，这就使得"城市化过程中，文化作为一种隐于其内的观念系统，有着深厚的历史积淀和稳定的精神架构，当物质文化发生急剧变化的时候，这种隐于其内的观念文化的变迁并非与其同时发生，而是有一种脱节"①。这种脱节造成了农村学校文化对于城市化过程表现得很不适应，城乡教育一体化进程要求农村学校需要培养出作为公民所应该有的文化素质，而非传统的仅仅是为了培养能离开农村的人。因此，当前农村学校文化要基于城乡教育一体化的整体布局来重新定位。

（二）基于多元文化整合的系统逻辑

农村学校文化建设的基点重新定位，实质上是在一个小的范围内对多元文化的整合，同时用多元文化的视角对自身学校文化的立场和态度进行反思。多元文化会带来文化的冲突，但是在一定范围内，文化冲突产生的张力是文化发展的必要条件，是这个多元时代的伴随状态，多样性原则是异质性思维，开放性思维，不再把文化的多样性看成一种异己的状态，或执意追求一种单一的社会结构。② 农村学校文化也要从二元对立的思维中解放出来，既不能激进地否定传统、全盘西化，也不能墨守成规、抗拒外来文化。正是多元文化时代的到来，打破了教育领域固守一种文化的陈旧状态，给了学校教育一个破旧立新的机遇。虽然农村学校文化走在迷失的道路上，但是也因为当今更为多元的文化视角而行走在前景最为宽阔的道路上，因此，农村学校文化在路向上要适应多元文

---

① 张雪筠：《"城市性"与中国城市化进程中的文化转型》，《东方论坛》2005 年第 4 期。

② 扈海鹂：《全球化与文化整合》，《哲学研究》2000 年第 1 期。

化的事实，用兼具包容与批判的眼光选择适合自身的发展道路。简单地说，多元文化的整合是农村学校文化定位的文化依据。

（三）基于农村固有的现实生态

随着城乡教育一体化的推进，农村学校已经被全面地纳入国家的统一规划当中，教师的选聘与考核、报酬、调动、进修也都纳入了国家的管理体系当中，这又造成了"农村教师在拥有国家体制内关怀时，却逐渐失去了与乡土社会文化的内在联系，成为农村社区生活的边缘人"①。这似乎预示着农村学校文化的建设上已经不需要考虑所处农村的实际情况。但是恰恰相反，农村学校管理、政策上以及农村学校教师的城市化正是农村学校陷入文化迷失的表现，农村学校文化在定位上不能完全脱离其所处的地域范围，农村仍然是农村学校的根基，农村文化仍然是农村学校文化的上位概念，尽管农村文化受到冲击呈现出边缘化、虚化的现象，农村学校文化也无法完全摆脱农村文化的特征和农村的现实而另辟全新的文化。农村学校毕竟不是城市学校，不能完全为培养符合城市化进程的人才而发展，并且农村有大量的物质和非物质文化遗产，脱离了农村的这种现实，农村学校文化亦如无源之水，对于其当前的困境也毫无益处。因此，农村的现实情况是农村学校文化定位的客观依据。

（四）基于农村学校自身优势

我国城乡二元结构的存在，使得农村学校在文化建设上处于弱势和被忽视的地位。但与城市学校相比，农村学校也有其自身的优势。第一，结构稳定，抗冲击性强。农村学校自身的文化结构较为稳定，受到外部文化冲击后其自身体系不易崩溃，对于城市化过程带来的多元文化影响会循序渐进地消化与吸收，不会因为大破大立的改革方式而产生大幅波动。第二，传承优势不可替代。农村学校在传承农村传统文化上有得天独厚的优势，无论是发扬和保护传统习俗，还是培养农村少年文化多样性的意识，农村学校都有着不可替代的作用。因此，农村学校文化的重新定位必须考虑农村学校自身的特点与优势。

---

① 张济洲：《乡村教师的文化冲突与乡村教育改革》，《河北师范大学学报》（教育科学版）2008 年第 9 期。

二 农村学校文化转型的原则

基于农村学校文化转型的依据的分析，合理地调适农村学校文化并实现其成功转型需要遵循"四个统一"原则：

（一）形式与实质的统一

学校文化是经过长期历史积淀形成的全校师生的教育实践活动方式及其所创造的成果的总和。它包含物质文化、制度文化、精神文化和行为文化。[①] 其中最核心的在于精神文化层面，即基本的办学思想理念、价值观念、群体心理意识等。其次是行为文化，即师生的行为规范及行为方式，最表层的则是物质文化，主要表现为校园硬件建设等。农村学校基础设施建设普遍比较落后，校园活动较为单一，加强学校物质文化建设是毋庸置疑的。但如果仅仅认为改善学校硬件环境，多搞一些丰富多彩的活动就达到了调适与转型的目的就大错特错了。必须着重从精神层面、价值层面引导学校文化调适的方向。这样的转变才是有意义的，有生命力的，才是农村学校文化调适与转型的真谛。

（二）创新与传承的统一

随着社会的不断发展和教育改革的不断深入，学校之间的竞争日益激烈，不断发展和创新学校文化是学校提高核心竞争力的关键。农村学校文化的定位客观上决定了当前的农村学校文化要想顺利实现转型，必须吸收现代城市学校文化中的优秀元素，结合学校自身实际不断地以创新的理念调适农村学校文化。同时，农村学校有着积淀深厚的优秀传统文化，而我们理想中的农村学校文化形态正是要在继承发扬农村优秀传统文化的基础上，吸收城市文化的合理内核而创新出新型特色学校文化。因此坚持创新与传承的统一是农村学校文化转型的内在要求。

（三）个性与规范的统一

学校文化不是孤立存在的，它受社会经济、政治发展水平的制约。同时学校文化并不是特定社会文化在学校中的简单反映，而是具有其自

---

① 顾明远：《论学校文化建设》，《西南师范大学学报》（人文社会科学版）2006 年第 5 期。

身的相对独立性①，因此每个学校都可以有其自己的具体文化样式。但在文化个性化、多样化的同时还必须注意文化的规范性问题。学校是教书育人的场所，农村学校文化调适需要有最基本的社会道德规范、法律法规来统一文化建设方向，不能使那些错误的，甚至有违背法律法规的文化要素在农村学校文化调适的过程中继续存在，要坚决予以剔除。在保证大方向达到规范的前提下，适当彰显农村学校文化的个性化是农村学校文化转型的选择之一。

（四）多元与主流的统一

文化的本质是开放的，其生命力来自于包容。随着社会的进步和人们思想的解放，学校文化呈现出了更大的开放性和适应性。传统文化与现代文化、我国文化与西方文化、主流文化与非主流文化、本土文化与外来文化的矛盾冲突使学校面临着复杂的价值文化选择。② 文化的多样性和丰富性是维护文化生态的前提。因此在当前多元文化社会下，农村学校必然也不可避免地浸润在多元文化之中。实现农村学校文化的成功调适与转型就必须使农村学校敞开视野接纳多元文化的社会。同时学校是育人的场所，在众多的文化形态下必须保证农村学校在正确的主流文化的引领下，并以主流文化为依托使学校文化沿着正确的方向发展。

三　农村学校文化转型的方向

（一）现代化到本土化：追求教育的现代化转向建构教育的本土化

教育现代化不仅是农村学校的追求，也是城市学校的夙愿。随着教育制度与体制的完善，科学技术的日益提高与物质条件的改善，教育的现代化追求就一直伴随其中。当前，在城乡教育一体化的进程中，农村学校文化建设不应仅停留在教育的现代化层面，更应转向教育的本土化境界。因为现代化是一个世界性的概念，世界上任何地区进行教育现代化都必须经历教育本土化过程。教育现代化是一个特定国家和地区的教育现代化，教育本土化是教育现代化体现出的地域特色。离开本土化，

---

①　侯岩：《学校文化研究概论》，河南人民出版社 2008 年版。

②　李永伟：《多元文化背景下的学校文化建设》，《当代教育论坛》2007 年第 1 期。

教育现代化就无法落实。同样，教育本土化不排斥教育现代化，教育现代化程度越高，其本土化特色就越明显。一种高度现代化的教育思想和实践，就越具有自己的本土特色。它是域外教育思想、实践与本土教育的高度融合，是本土已有思想与经验的高度升华。① 因此，农村学校文化建设一方面要进行现代化改造，另一方面更要注重本土化特色的彰显。只有这样，农村学校文化建设才能呈现丰富多彩的局面。

（二）乡土价值到校本文化：挖掘乡土价值转向到开发校本文化

农村学校文化的建设一般离不开对乡土价值的挖掘，因为乡土价值是传承了几千年的农村人民物质、精神生活的反映，很多有意义有价值的文化产品和文化传统就是来自于民间，国家对民间非物质文化遗产的保护就体现了对乡土价值的重视。当前，快速推进的城市化和工业化进程不断解构着传统农村文化的秩序价值，农村文化失去了认同的基础，传统道德日益碎片化，农村精英的标杆意义也日渐衰落。② 农村文化出现了秩序危机，需要进行价值重建。农村学校文化建设不仅应该承担起这样的责任，还要做好相应的转型，即由挖掘乡土价值转向开发校本文化。校本文化的开发是对乡土价值的高度凝练，不仅基于乡土价值，还要高于乡土价值。它不仅凝聚着乡土价值，更体现了农村学校的内涵发展，一种独具特色的学校文化的写照。它不仅能充分体现一所农村学校的历史沿革、精神风貌、价值取向与发展走向，还能重拾农村文化发展的灵魂，承担起传承与更新农村文化的重任。

（三）一极化到一体化：培养目标一极化转向培养理念一体化

工业文明尚未到来之前，学而优则仕是每一个读书人的追求。与工业化相随的现代化时代的到来，经济利益成了越来越多的人的追求，处于农村地区的人们更是如此。很多家庭为了使自己的孩子不再和土地打交道就倾全家之力供孩子读书，农村学校一度被农村的人们寄予厚望，成了能走出农村进入城市生活的希望之所。农村学校培养目标逐渐地演变成为高校输送优秀人才，最终使其离开农村留在城市生活。这样的一极化培养目标带来的直接后果就是城乡文化的断裂。因为从农村走出去

① 郑金洲：《教育文化学》，人民教育出版社 2002 年版，第 374 页。

② 赵霞：《传统乡村文化的秩序危机与价值重建》，《中国农村观察》2011 年第 3 期。

的一部分大学生有时很难找到理想的工作，即便在城市里发展着也是十分艰辛，这部分通过读书从农村走出的孩子早已断裂了和农村的文化联系，又无法完全融入城市，城乡文化之根就这样生生割裂。城乡教育一体化给农村学校教育带来了新的机遇，农村学校不仅要为高校输送合格的人才，为城市选送建设者，为新农村发展培养建设者，更要"继承主流文化，培养合格公民"①。这种一体化的培养理念不仅是教育公平的体现，更是培养目标与理念的和谐。

（四）边缘性到参与性：由发展的排出机制转向建设的融合机制

由于我国在很长一段时间内，农村教育实际上走的是"以城市为中心、先城市后农村"的城本主义价值取向之路，在这样的思想指导下，国家有意识地将更多经济、文化等资源投入城市教育文化建设，而农村学校文化则不得不更加依附于城市的教育现代化发展方向，使得城乡教育文化领域也呈现一种二元分割的结构，造成农村教育文化的边缘性，农村学校文化的发展缺少话语权和自身特色，在很长一段时期内处于一种边缘性发展的尴尬境地。农村学校缺少自己的文化特征，在教学目标、教学内容、教学方法、教学组织形式上都完全踩着城市的脚印前行。基于城乡教育一体化的发展步伐，农村学校切实参与到文化建设与发展之中。在政府有意识地加强对农村学校的宏观调控下，按照地区文化特点和市场调节作用，农村学校应该统一和提高各群体思想认识，统筹整合城乡教育文化资源，有意识地建立开放、和谐与民主的农村学校文化，促进农村学校文化全面协调可持续地发展。

（五）外生性到内生性：外生性变迁转向外生与内生性变迁的结合

所谓外生性变迁，是指主要在外部的强力作用下所产生的变迁，主要指的是国家强力，其特点是强制性和显效性。所谓内生性变迁，主要指的是文化变动的内在机制，是指文化在其内部因素的推动和作用下所产生的变化。一般来说，文化的转型应该是内外两种变迁方式共同作用的结果。在很长一段时期内，农村学校文化具有强烈的封闭性，我国在推动农村学校文化转型中主要采取的是国家的外生性强制变迁，更多地受到国家的政策、法规、文件、规定等规定农村学校文化的发展方向。

---

① 王勇：《城乡文化一体化与农村学校的文化选择》，《中国教育学刊》2012年第3期。

这种文化的变迁与发展更多的是被动的，甚至是不符合农村学校实际的，是一个强制的过程而非水到渠成的过程，由此形成的所谓转型也并未实现农村学校文化实质性的转型。农村学校文化的发展就是要加强对内生性变迁的关注，根据农村学校实际，关注学校内部群体文化特点，加强教师和学生的个人体验和交流，注重人文精神和人文关怀，肯定个体的尊严与自由，关注个体的生存与发展，调整文化的内部机制。同时，要注意二者的有机结合，根据国家与社会发展情况，联系内部因素，通过扬弃的过程为农村学校文化的正确转型提供最佳路径。在这一转型过程中，淡化以往农村学校文化中明显的升学倾向，转型为关注文化生成的过程，强调农村学校文化在过程中的动态生成性，关注学生在教师的教学和自己的学习过程中的体验和感悟。

（六）真空域到实验区：由变革的真空地域转向教学改革的实验区

无论是多元文化和思潮的冲击，还是新一轮基础教育的改革，对于农村学校而言，由于其地域的原因，加之其文化结构的稳定性，都是变革的缓慢地带或是真空区。城乡教育一体化的背景下，农村学校不应总成为薄弱或落后的代名词，而应成为教育教学改革的实验区。关于这一点，20世纪初的新教育运动给了很好的启示。与陶行知齐名，新教育运动的代表人物之一的陈鹤琴就十分重视中西文化教育的融会贯通，他对当时"死读书"的中国传统教育有很严厉的批评。他肯定欧美新教育的基本主张，但又强调结合中国自己的实验进行再创造。正是在这一思想指导下，陈鹤琴展开其新教育中国化的系列实验，最终形成了其独特的"活教育"理论体系。[①] 直到今天对当前基础教育改革与农村学校建设都有一定指导价值与借鉴意义。近年来，在新一轮基础教育课程改革的推动下，山东杜郎口的自主性学习的教学实验改革，颇具成效，影响较大，这是农村学校成为教育教学或课程改革实验区的典范。因此，农村学校文化的开发不能总停留在变革的真空地域，要向教学改革的实验区跨进，以适应城乡教育一体化的进程。

---

① 黄书光等：《中国基础教育改革的文化使命》，教育科学出版社2001年版，第23页。

第 三 章

中外农村学校文化转型：盘点与借鉴

农村学校文化转型研究需要多学科的视角和开阔的研究视野，国外城乡教育一体化与农村学校文化建设的经验和我国近代农村学校文化变革实践为当前农村学校文化转型研究提供了丰富的素材和宝贵的经验。

第一节　国外农村学校文化建设盘点

一　国外城乡教育一体化与农村学校发展

由于城镇化的速度加快，大量的农村人口向城市转移。一方面，城镇化和农村建设需要大量高素质的劳动者，另一方面，农村的落后面貌也亟待改变，逐步缩小与城市之间的差距，城乡同步发展势在必行。于是，统筹城乡一体化发展成为社会发展新的主题。城乡教育一体化发展不仅是一个口号或一个概念，而是包括教育在内的各社会行业或领域的一体化发展。城乡教育一体化目标的提出，即成为一种必然。城乡教育一体化发展的使命在于，不仅要为城镇化的高速发展提供大量的人力资源，还要为农村建设提供智力支持，更要成为城乡一体化发展的中坚力量。

美国的城市向外扩展和新村建设以及持续的西部开发，迫切需要全新的农业机械和实用农业机械高素质技术人员。于是，展开了以新建"赠地大学"、推动城乡基础教育均衡化等为特征的城乡教育一体化运动。日本为了适应农村工业化和城市化，也进行了普及学校教育，促进教育体系向农村延伸的改革，完善了农业职业教育体系，强化了城乡义务教育的均衡发展。韩国伴随着城镇化速度的加快及新村运动的持续，推行了城乡教育平准化政策等方面的改革。[①]

（一）美国的"补偿性"教育政策

农村地区的落后和贫困是一个世界性难题，即使在经济发达的美国也不例外。2000 年底，克林顿总统签署了"农村教育成就项目"（Rural Education Achievement Program，REAP），旨在通过"补偿性"政策来缩小城乡教育差距，推动城乡教育均衡发展；2002 年初，布什总统对农村教育成就项目进行了重新授权，试图通过专项拨款实现 REAP 项目对农村学区教育发展的积极影响，并通过教育政策的引导，为美国农村社区教育机会均等提供更强有力的政策支持和法律保障。

REAP 是美国历史上首次专门针对农村社区教育实行的财政拨款法案，目的是通过对州和学区的差别性专项教育经费资助，实现州和学区对学生学业成就更强的绩效责任，帮助拨款不利的农村学区能够更有效地获取和使用联邦教育资金，从而改善农村地区的教学条件和教育环境，促进教师的专业发展和综合素质的提升，以达到提高教育教学质量和学生的学业成绩的目的，保障所有学生均达到本州绩效体系年度进步（AYP）所规定的学业成绩标准。具体而言，美国的 REAP 项目包括两个子项目：其一为小型和农村学区成就项目（简称 SRSA），其二是农村和低收入学校项目（简称 RLIS）。

REAP 项目鲜明体现了"补偿性"的教育政策原则，通过该项目，美国联邦补助拨款第一次直指农村学校，为改善农村居民的不利教育处境和实现城乡教育均衡发展发挥了巨大作用。REAP 项目在有效改善美国农村地区落后的教育状态，提高农村教育质量，推进城乡教育机会均等，保障全体公民平等受教育权利的过程中，彰显了其人文主义的价值理念和巨大的活力。

（二）日本促进城乡教育均衡发展的政策

日本在其工业化和城市化进程中高度重视城乡统筹发展，为此，日本建立了完善的教育财政制度，通过合理的财政转移支付确保城乡教育经费的均等配置；"教师轮岗制"有效阻止了因城乡教师差异而引起的城

---

① 李潮海：《美日韩城乡教育一体化发展的经验与启示》，《沈阳师范大学学报》（社会科学版）2012 年第 6 期。

乡教育发展不平衡；城乡教学设施也实现了一体化配置；日本政府还通过强有力的政策措施来改造偏远农村地区的薄弱学校。

完善的教育财政制度。完善的教育财政制度是日本城乡教育均衡发展的重要基础和前提。为了满足城乡义务教育均衡发展的经费需求，日本先建立了一套完善的教育财政制度，并通过完备的教育立法保障财政制度的有效实施，如《义务教育经费国库负担法》《市町村立小学人员工资承担法》《就学困难学生国家鼓励补助法》《义务教育诸学校设施费国库负担法》和《偏僻地区教育振兴法》等。各级政府都必须按照法律规定承担相应的教育财政职责和义务。

一体化的教学设施和师资水平。完备的教育财政制度为城乡教育均衡发展奠定了坚实的物质基础。从教育经费到学校设施、教学设备、师资配备等方面，日本都制定了相应的法律法规，确保全国各地中小学均以统一的规格达到一定的办学条件。即使在偏远落后的农村，其中小学的教学硬件和师资队伍都能达到标准化和规范化，即便在只有少数几个学生的学校，同样建有游泳池、体育馆，音乐、美术、劳动技术课的教师和教学设备一应俱全。教学设施和师资力量的标准化建设，有力促进了城乡教育一体化发展。

"教师轮岗制"是日本实现城乡教师资源均衡配置的重要途径。"教师轮岗制"即通过定期调换公立学校的教师来促进其在城乡之间合理流动，从而消除了因城乡师资水平的巨大差异而引起的城乡教育发展不平衡现象，确保城乡教育的公平性和均衡发展。此外，政府采取相应政策鼓励教师到偏僻的农村薄弱学校任教。教师在不同学校间轮岗，特别是农村偏僻地区学校同其他地区学校之间教师交流，极大地改善了偏僻农村学校的师资队伍状况，有力推进了城乡教育的均衡发展。

大力改造农村偏远地区的薄弱学校。为了扶持偏远农村地区义务教育的发展，改造这些地区的薄弱学校，日本先后颁布了《偏僻地方教育振兴法》《偏僻地方教育振兴法施行令》《偏僻地方教育振兴法施行规则》《孤岛振兴法》《大雪地带对策特别措施法》等，为偏远地区薄弱学校的改造提供了强有力的法律支持和政策导向。日本政府采取诸多措施改造农村偏远地区的薄弱学校，有力促进了城乡教育的一体化进程。

（三）韩国的"逆向普及"政策

韩国普及免费义务教育采取的是"逆向普及"方式，即首先从经济落后的地区开始，并逐步向经济发达地区过渡。在韩国，义务教育既是免费的又是一种强制性的制度安排，需要巨大的人力、物力和财力。由于 20 世纪 50 年代韩国政府财力有限，同时考虑到必须保证低收入阶层子女入学等问题，韩国在普及义务教育的过程中采取了先从农村、渔村、岛屿等偏远地区和教育条件不利地区实施。韩国从 1983 年起首先在偏远的农村地区开始推行初中义务教育，优先对偏远地区的初中在校学生实行免费教育，而后逐步扩大到其他地区。1987 年以后，韩国的免费初中义务教育正式从偏远农村地区向中小城市扩大。2002 年韩国政府继续扩大免费义务教育的范围，直至 2004 年，才在全国范围普及了免费的义务教育。这种优先扶持贫困地区和贫困人群的教育政策，在教育领域鲜明地体现了财政的再分配功能，在减轻贫困家庭教育负担的同时，有效实现了有支付能力的家庭增加对教育的投入。韩国这种"逆向普及"策略，极大地促进了城乡教育均衡发展和一体化进程，为韩国成功实现"二元经济"的转型和城乡一体化的发展奠定了坚实的基础。

二　国外学校布局调整对农村学校文化发展的影响

（一）美国的合校运动对农村学校文化的影响

美国建国后，应政治统一的要求和公共教育运动的推动，政府在全国范围内大量设立公立学校。由于地广人稀、教育经费和师资缺乏等原因，在很长一段时期内，乡村学校的规模都很小。1850 年与 1870 年美国学校的平均规模分别为 42 人和 51 人，尤其农村学区常常是一个教师一间教室学校。相对于美国当时的社会经济发展，这种学校规模是适应的，也有利于当时的教育发展，推动了美国农村教育的迅速普及。从 19 世纪末开始，美国资本主义经济迅速发展。随着工业化发展和生产的高度集中，成千上万的人离开土地进入城市，农村人口大幅度减少，随之而来的是学校招生规模的缩小。招生人数的减少和上学费用的上升导致了许多乡村校区陷入经济困难。为了减少教师岗位以节省经费和维持课程质量，一些校区开始自发地合并课程和教学设备。于是对那些生源严重匮乏的学校的合并或者裁撤就成为必然。根据规模经济原理，大规模的学校被认为更节约和更高效。这种思想导致了城市里的学校和规模大的学校被认为是最好的办学模式。而乡村学校被认为不能适应此时的社会需要和人们对高质量教育的需求，合并学校形成运动，被砍掉的学校数以万计，一直到20世纪70年代才有所遏制。

这场合校运动对农村学校文化产生了一定影响：

第一，物质文化提升，但精神文化下滑，尤其是不平等思想产生，文化差异凸显。起初学校的合并被认为是给学生提供优质教育的有效途径。但学校规模扩大后，教育质量并不一定就比规模小的时候更高。尤其是规模大的学校比规模小的学校容易产生学生之间的不平等。特别是对经济地位低和少数民族的学生来说，这一点特别明显。美国是一个多民族、多种族的国家，让学生理解各种文化共生的重要性和强调文化差异与理解的教育是美国学校教育的重要任务。而在大规模学校里，种族歧视问题和文化融合长期以来一直是个棘手的问题。

第二，行为文化问题较多，文化归属感淡化。规模大的学校出勤率要低于小规模学校，学生的不良倾向却高于小规模学校。心理学的研究和对美国公立中小学的调查证明：在学生众多的大规模学校里，学生更容易产生攻击行为和暴力倾向。同时，在人际关系的协调和归属感培养方面，规模大的学校也不如小规模学校。另外，在标准化的评估中，大型学校学生的表现在各方面明显不如小规模学校培养的学生。而大型学校的师资水平也在评估中受到了质疑。由此，人们认识到单单依靠标准化将学校建立成一个样子不利于教育的发展和学生身心全面发展。虽然说统一的学业标准的制定能够使人们清醒地认识到学生应该达到以及能够达到什么样的学业水平，学校又为此付出了多少努力，但这只不过是解决了教育目标的问题。在向新的学业标准前行的进程中，还须注意学校文化的有效开展来辅助标准化运动的有效进行。

第三，失去在社区中的文化中心地位，阻断了与社区间的文化联系。原有的乡村学校如果因合并被裁撤，对当地社区的经济和文化可能产生负面影响。在一些地区，学校是社区居民经常举行聚会和其他集体活动的地方，同时作为当地居民归属感的载体。多年来，学校已经成为当地文化的一部分。学校的合并和裁撤，影响到了地方文化和乡民的集体归属感。乡村学校还为当地提供了很多就业机会。教育相关产业也因为学校的存在而存在。一旦学校被合并，对裁撤了学校的社区来说，学校的迁移，就是对当地经济和就业的一个打击。

第四，加大学生的负担，缺少家庭文化的影响。学校合并对学生的学习兴趣和家校合作有负面影响。乡村学校合并后，许多学生需要花费更多的时间在上学和放学的路上。虽然美国为学生提供了校车接送，但是毕竟不如在当地上学方便。一些中小学生在上学和回家路上花费了许多时间后，对学校的活动和回家后的家庭作业便容易产生厌烦。如果需要在节假日乘车去参加在学校举行的课外活动特别是体育方面的活动的话，许多学生便会抱怨甚至拒绝，这对提高教育质量是不利的。另外，大规模的学校因为离家更远和人数众多的原因，家长往往变成了学校教育的局外人。家校合作的丧失或减少对学生的教育是值得大规模学校反思的。[①]

（二）韩国农村小规模学校合并及其对农村学校文化发展的影响

20 世纪 60 年代以来，随着工业化和城市化进程的加快，韩国每年有大量农村居民移居到城市，使城市学校学生密度过大，农村学龄人口骤降。越来越多的农村学校因学生人数、班级数的锐减而停办，也使越来越多的农村学校变为"小规模学校"。小规模学校的激增使韩国农村教育质量日益恶化，学生家长们不满意学校教育而纷纷离开农村前往城市，造成农村定居人口数量越来越少，并由此导致恶性循环。此外，学校由教育部门统一分配教育经费，而小规模学校也被认为造成教育财政拨款的极大浪费；同时，由于规模小还导致学校的软硬件设施难以达到国家规定的办学标准。

1982 年，韩国政府决定分三个阶段实施小规模学校合并政策，并取得了一定效果，无论是对农村的儿童成长还是对当地农村学校文化的发展都产生了重要影响。

第一，不仅促进了学生学习能力的增长和个性的完善，而且激活和推动了学校文化活动。小规模学校合并使得同一知识层次的学生能够集中起来得到适合其知识深度的教育，教师能尽量多考虑学生的个人差异，

---

① 杜一萍：《美国乡村学校合并的历史与反思》，《思茅师范高等专科学校学报》2010 年第 8 期。

学生会比在复式教学的班级获得更多的个人关注和适应性启发。学生间也出现了良性竞争，增加了学习兴趣，提高了学生学习能力。小规模学校合并也使学校年级和班级数量维持在适当范围内，学生能够与具有不同社会背景的学生一起生活学习，从而开阔了视野，拓宽了知识体系，加深了知识层次。同时，教师数量的增多、师生间相互帮助的良好氛围对学生人格的完善有重要影响。适当规模的学校学习使同龄学生在相互交往过程中形成全面人格，实现社会性发展。更为重要的是，学生人数增多、学校规模扩大，家长和当地社会对学校的关心和理解程度必然会增加，学校文化活动也相对增多，而这些文化活动是学生成长所必须经历的过程，同时对学生兴趣的培养和素质的全面提高也有帮助。相反，学生和教师人数少、设施不齐全、规模小的学校不能像规模大的学校充分进行校内外文化活动。

第二，不仅减轻了教师负担和改善了教育环境，而且发挥了学校文化的辐射作用。在小规模学校，由于教师人数少，平均分配到每位教师的附带业务就多，教师的压力就大；相反，在适当规模学校，除了给每位教师分配主要业务之外，附带业务的分配范围扩大，每位教师的负担就会相对减少，使他们有更多的时间投入到正常的教育教学工作中。随着小规模学校的合并，对于在合并成适当规模学校工作的教师来说，由于政府的再投资会为教师提供更好的工作条件，也增强了教师执行教学职务的动力。农村学校设施简陋、师资力量薄弱，在这种情况下很难发挥其作为当地社区居民教育和社会文化中心的功能。实行小规模学校合并后，学校的整体办学条件得到了大幅提升，学校也因此成为当地居民素质和知识提升的供应处、社区文化发展的调节器。[①]

（三）英国农村小规模学校合作发展及其对农村学校文化发展的影响

在英国，农村小规模学校的发展仍面临着许多困境，一方面由于自身存在的缺陷限制了小规模学校的发展，例如，学生人数不断下降；学校和班级规模日益缩小；学校和教师处于孤立状态；办学成本高，条件差；课程的广度和深度不足；复式班级不利于儿童发展；校长承担大量

---

① 崔东植、邬志辉：《韩国农村小规模学校合并政策评析》，《教育发展研究》2010年第10期。

的教学任务及其职位的紧缺等。除此之外，还存在一些农村小规模学校自身难以克服的影响因素。例如，学校和课堂的组织方式以及资源的利用程度等原因。正如霍普金斯（Hopkins，D.）和伊利斯（Ellis，P. D.）所说："影响小规模学校发展的真正关键因素是：教师在课堂上实施的教学方法和策略；课程和教师专业知识的组织方式；教育资源的丰富程度；和其他教师交流的机会；学校和地方教育局的态度、政策和领导的质量。"[1] 另一方面，由于缺乏政府和政策的支持与鼓励，使小规模学校的存在和发展受到一定的威胁。英国相继出台了许多报告及法案，例如，1967 年的《普鲁顿报告》（Plowden Report）中指出农村小规模学校的运行存在着诸多困难，强调只有一个或两个教师的学校太小了，在教育上是不可行的。政府的不支持，加上小规模学校运行成本的增加，导致政策制定者一直在试图减少农村小规模学校的数量。1988 年出台的《教育改革法案》（Education Reform Act）更是加剧了英国农村小规模学校的困境。该法案一方面规定了以国家评估相伴随的国家课程，期望通过统一控制中小学课程以保证提高全国所有学校的教育质量，但是小规模学校在课程方面已经不能完成法律上的责任了；同时，它还要求地方政府给学校的拨款应该以学生注册人数为基准，使小规模学校获得更少的资助，缺乏学校运行的资金。

农村小规模学校为了达到这一要求，获得额外的资助，都在试图找到合适的策略，而最普遍采用的策略就是小规模学校之间通过团体或集群的方式合作。"集群"（Clusters）是英国农村小规模学校常用的非正式合作方式。"集群"是指 3—8 个学校的校长和教师自愿（或由地方命令）在共享资源或设施以及在实施广泛的课程计划方面进行合作，学校间没有正式的或具有法律约束力的协议，参加"集群"的学校可以共享教学资源以及参与共同计划，不同学校的学生也可以随时合作，降低小规模学校的隔离水平。除此之外，学校间可采用"正式合作"，即以正式的纸质协议或以法律为基础而开展的合作方式。学校间可以共用员工、共享一个行政领导和实行共同管理，这样使学校间的合作更加正式、持久、

---

① Hopkins, D., Ellis, P. D., "The Effective Small Primary School: Some Significant Factors", *School Organisation*, Vol. 11, No. 1, 1991.

稳定。①

英国农村小规模学校的合作经历了由低级阶段向高级阶段循序渐进的发展过程，先是通过非正式的"集群"方式，再寻求"正式合作"的策略，在这个过程中，农村学校教师的思想文化和对国家课程文化的自信也有所提高，也逐渐消除了他们的文化孤立状态，进而提升了教师的专业发展，扩大了课程的范围，提高了教育质量。更为重要的是，通过合作，使这些农村学校产生了合作共赢的文化思想，形成了循序渐进、因地制宜的文化理念。同时，一些乡村学校成了社区的文化场所，发挥着学校文化的凝聚、传承和转化功能。

三　国外关于农村学校文化教育及其启示

（一）美国农村学校的多元文化教育

从美国建国之初，就有众多不同民族、不同宗教背景的移民在美国的农村安家落户，因而，美国农村本身一直存在着多种文化相互交流的传统。甚至直到今天，移民美国的人数仍在快速增长，其中相当一部分将家安在农村，这样就增加了美国农村文化的多样性。随着美国社会政治、经济、技术、人口的迅速发展，信息交流日益频繁，农村的生活不再是孤立的，它需要人们放眼世界，保持与其他文化的接触与交流。同时，"美国化"的教育试图将移民美国化，在学校课程中很少有关于其他民族文化知识的教育，往往会造成学生狭隘的世界观。这在一定程度上影响着学生正确的世界观和文化理解的观念形成，这种所谓"美国化"的教育也存在着缺乏文化多样性理解的隐患，需要通过多种文化教育加以调适。

在此情况下，多元文化教育开始引起关注，美国农村学校开始了多种文化教育。首先，改变教育观念，更新教育内容。要求教师必须重新认识文化的多样性，为学生理解和尊重多种文化创造一个开放的环境。在课程内容方面增加有关各个民族传统、习惯、历史等方面的教学时间，让更多的学生了解自己民族文化以外的一些知识。其次，加强学校与社

---

① 吴丽萍、陈时见：《英国农村小规模学校合作发展的有益经验》，《外国中小学教育》2012年第10期。

区的联系。家庭背景与态度也影响着多种文化教育的开展，因此，学校重视在社区、家庭之间建立良好的关系，充分利用社区中人才、物质、文化的资源，创造良好的氛围，促进多种文化教育的成功开展。再次，提倡合作学习，加深彼此理解。来自不同文化背景的学生在一起学习，摆脱了日常习惯的思维和行为的定式，通过对小伙伴的了解，来感知其他文化的风俗习惯、行为方式等，并采取了宽容、理解与尊重的态度。最后，充分发挥少数民族教师与国际交流学生的作用。农村社区也在积极地招聘不同文化的教师让他们在不同的学校轮流进行教学，也经常邀请国际交流的学生到农村社区，给大家介绍其本国的文化。①

从课程的设置到教学的各个方面构建广泛的网络，形成多种文化教育的氛围，试图帮助农村学生理解文化的多种形态、文化的有限性及其相应的表现，让他们懂得人类的多样性，人与人之间存在着相互依存的关系，教育他们既保持自己的价值，又采纳其他民族和宗教群体的观点，既为自己的文化而骄傲，又认识到其他文化的长处，在热爱自己的文化的同时，尊重别人的文化，以减少人们对文化的误解，摆脱文化孤立状态。这是学校的使命，更是学校文化的历史责任。

（二）日本农村学校文化多元发展

第二次世界大战后，日本推行城乡教育机会均等理念，在农村广设学校，扩大教育机会；重视普及农村偏远地区的义务教育；普及农村高中教育；改革农村教育行政管理。随着经济迅速恢复和城市工业化的推进，日本产业结构发生了变化。70年代初期产生了大量的新兴产业部门，社会上需要多种多样的职业高中毕业生的技术人员。为了培养从事未来农业的人，开始关注农村文化教育和农村职业技术教育。

农业文化教育层次的多样化。20世纪60年代以来，日本农业文化教育主要有以下几种：第一，农业文化教育在教学计划中设职业科目，如栽培、饲养、渔业等。但这并非是特定的职业教育，而是作为选择职业的。第二，高中的农业文化教育。它是作为职业教育实施的，如农业科、畜产科、园艺科、蚕业科等主要以培养农业自营业者为目的，而造园科、农产品加工制造科、农业土木科、农业机械科、林业科等，主要以培养

① 汪怿：《美国农村学校的多种文化教育》，《外国中小学教育》1999年第2期。

从事有关农业产品的技术人员为目的。第三，高等农业文化教育。日本的高等农业文化教育是在农村高中教育得到了普及的基础上，各县普遍设立了农业大学校（相当于农业高专），专门招收高中毕业的农民子弟，培养农牧业方面的专门人才，重视学生掌握实际技术的能力，主要科目有农业经济论、农业经营论、农业政策论等。高等农业文化教育主要是通过高等学校的农学部来进行，其教育目标基本上是培养农业科研人员，课程包括农学科、综合农学科、园艺学科等，附设教育研究基地。

农业文化课程的多样化。战后日本农业文化教育的课程设置也具有多样化的特点。1948 年文部省制定的《高级中学设置基准》规定，为了培养自耕农和初级技术人员，在学科设置上除普通科外，设有农业、商业、水产、家政等。1949 年 2 月，又增设了综合农业这个课程，目的是使学生成为其土地的优秀农民。随着 50 年代日本农业生产力的提高，文部省在 1956 年修订教学大纲时，把农业文化的课程从以前的 15 种增至40 种：一方面细分课程，如园艺分为蔬菜、果树、花草。畜产分为家畜饲养、家畜卫生与治疗、饲养作物；另一方面为适应开发各种农业技术的需要，大幅度地吸收了物理、化学的内容，增设了土壤、肥料、应用微生物、农业化学等新课程。这时随着高中入学率的上升，培养农业的骨干技术人员又成为农业教育的下一个目标。1960 年，文部省公布了新的教学大纲，新设和合并了农业课程，课程总数由 40 种增至 48 种，新设课程有食品化学、应用力学、农业土木设计、水产、农产品加工等。70年代，日本为了农业人员能适应经济结构的变化、农业技术的进步以及农业生产与经营的专门化和组织化的趋势，又修订教学大纲，增设了农业设施、农家经营、食品制造、食品制造卫生、土壤、土质等课程，使农业人员不仅具备农业生产和经营等知识与技术，而且还要求培养使农业合理化的能力与态度，理解农业的社会的、经济的意义，养成进一步发展农村社会的态度。

这些措施不仅使日本农村学校的规模不断扩大，也使其课程文化呈现多样性，教育质量显著提高。不仅保证了农村初中毕业生的升学率与城市一样，遏制了农村学生辍学率，保障了农村广大学生受教育的权利；而且有效地避免和回避了农村学校文化的"离农"取向和"城市化"倾向。因此，加强农业文化渗透和职业教育是我国农村学校文化发展值得借鉴的内容。

四　美国农村学校课程文化研究转向及其启示

在美国，有关课程研究的文化转向始于 20 世纪 60 年代，以麦克唐纳、平纳等人为代表的课程研究的再概念化运动为标志。当时课程文化研究主要基于对课程作为文化生活经验的现象学—存在主义的解释；70—80 年代转向知识社会学的课程文化批判研究，代表性的有阿普尔的课程文化观；90 年代以来，受后现代后结构主义的影响，转向多元文化课程研究。美国学者从课程文化角度研究教育公平问题时，焦点大多集中于种族文化差异、阶层文化差异、性别文化差异等对课程的影响，而较少涉及城乡文化差异对课程的影响。究其原因，可能是美国如今已是发达的城市化国家，其全民教育体系比较完善发达，城乡教育课程文化差别不大；也可能是由于美国的教育管理体制为地方分权制，美国没有国家统一课程，也就不存在地方课程与国家课程的文化冲突，各州学校课程文化本身与本地文化具有紧密的联系。但在 19 世纪末 20 世纪初美国社会工业化城市化转型期也曾出现过乡村教育是否应该纳入城市化工业化教育轨道的论辩。近年来，美国哲学领域的新领军人物——美国农民兼作家温德尔·拜瑞（Wendell Berry）提出的以本土为中心的乡村教育哲学较有代表性。拜瑞认为学校是本土化的事物，乡村教育不应该简单模仿和复制城市学校，必须关注它们自己生存和生活的地方。他批评美国当前的乡村教育破坏了自然和文化，批判急功近利的乡村教育，认为乡村教育的目的应该是增进个体的幸福，并为社区和生态体系谋福祉，乡村教育的首要任务是发展学生的判断力，建立民主化的乡村社区，乡村教育的主要内容是自由课程和本土化知识。他强调课程学习必须和本土化的乡村知识和乡村事物结合起来，知识从它的缘起、用途到结果都和其语境密切相关，脱离其存在的语境必然歪曲其含义。所以，知识不是也不可能是客观的。他提倡乡村学校在课程设置上应更多地考虑本土化的情境，以本土化社区为透镜来组织学校课程。[1] 他的这一观点对我国目前的农村学校教育、农村学校课程仍有较大借鉴意义。

---

[1]　徐湘荷、谭春芳：《温德尔·拜瑞的乡村教育哲学》，《比较教育研究》2009 年第 1 期。

第二节　我国农村学校文化研究梳理

关于农村学校文化的研究是我国农村教育中的焦点与热点问题，综合现有研究资料来看，主要集中在以下几个方面：一是农村学校文化整体探讨，包括其特点等；二是关于农村学校教师文化研究；三是关于农村学校学生文化研究；四是关于农村学校课程文化研究。

一　农村学校文化特点的研究

（一）农村学校文化构成的多元性

无论历史还是现在，农村学校作为农村教育文化的主阵地，其文化的功能主要有：文化信息堡垒：学校图书馆储藏的科技文化书籍、光盘、报纸、杂志等文化资源为农民提供了接收各类信息的媒介，使农民的文化需求有所依托。文化传播堡垒：学校通过广泛向农民宣传新思想、新文化、新道德、新风尚，以积极成熟的学校文化带动农村文化，以多种形式营造新农村文化氛围。文化活动堡垒：通过学生文化活动活跃文化空气、熏染农民的同时，吸引和带动农民参与到活动中来，为农民提供了轻松自由的开展文化活动的场所。文化服务堡垒：学校利用现有的师资、设施资源为农服务，通过开展职业技能培训、夜校等，按农所需地普及了文化知识，提供了兴农兴产的先进技术。文化发展堡垒：教师是农村文化层次相对较高的群体，是农村文化发展的中坚力量，不仅缔造个体文化而且以学校为中介携农民之手共同延续和发展农村文化。[1]

作为一所学校的学校文化，可以被称为学校基于学校传统，结合实践境遇，谋求发展，不断与周围环境达到一种和谐共处状态的历程。传统特质、当前境遇、发展趋向构成了学校文化的三维动态模型。[2]

受国家统一教学标准的影响，农村地区学校的绝大多数教学内容与

---

[1]　张学敏：《贫困地区义务教育经费投入研究》，硕士学位论文，西南师范大学，2002年。
[2]　于影丽：《社会转型期乡村教育与乡村社会隔离问题研究》，《当代教育科学》2009年第15期。

城市保持一致，这种整齐划一的教学内容是不可能与当地的民俗与文化紧密相连的。而且大部分的教学内容都在体现国际化、现代化、城镇化的发展目标下，走进城市，走进发达国家的生活，走进工业化、信息化的社会。农村学校的布局调整也形成了以小学"中心校化"、初中"乡校化"、高中"县城化"的向城市看齐的结构。这种城市化教育的实施，宣传的是城市文化的内容，忽视的是乡土文化特色。农村学校正在成为远离农村世界的一道风景。①

多数农村学校文化建设的困难还在于其面临着多元一体文化建设的课题。尤其是西部农村学校不仅要传播主流文化，还要关注少数民族文化的传承。西部地区散居着五十多个少数民族，人口数量占全国少数民族人口80%以上，各民族的文化经过了几百年甚至几千年的积淀，具有很强的民族特色。在现代学校教育中，这种民族文化意识必然要与各种外来的文化发生碰撞，西部的多数农村学校教育必须面对文化选择，对于西部农村学校来说，学校文化建设的目标本身就意味着，除了帮助学生获得在国家主流文化中生存所需要的知识、技能和态度外，同时，也需要帮助学生形成在本民族亚文化和其他少数民族文化中生存所需要的能力。② 它所涉及的已不仅是简单的语言问题、教材问题或双语教学的问题，而是特殊文化背景下多元一体取向的学校文化的建设。③

（二）农村学校文化发展的滞后性

随着中国城市化步伐的加快以及城乡一体化的迅速发展，许多农村地区，尤其是中西部欠发达的农村地区成了空壳。青壮年都外出打工，留下了老人和孩子坚守在农村。近年来，农村学校布局调整将许多村落的教学点、村小以及一些中学撤并，农村文化建设曾赖以生存的载体开始减少，农村文化发展阵地逐渐被瓦解，学校在村落中的文化影响力也随之消失。以县为主的体制下，学校直接接受县教育局管理，对县负责，村级无权管理干涉，这意味着学校在经济上不再依赖乡镇、村，学校与

---

① 贾莹:《发挥学校文化堡垒作用，引领乡村社会文化建设》，《吉林省教育学院学报》2010年第6期。

② 肖正德:《新农村建设中农村学校的文化使命及其变革》，《国家教育行政学院学报》2008年第3期。

③ 李永伟:《多元文化背景下的学校文化建设》，《当代教育论坛》2007年第1期。

地方直接脱离了经济隶属关联，对农村服务的功能也在减弱。①

文化活动的频率和质量下降导致文化熏陶作用甚微。学校学生人数的增加成为学校撤并的直接后果，数量的增加不但没有促进文化活动的开展，反而由于安全因素而使文体活动陷入被动状态。封闭式管理限制学生与农村文化的内外交流。农村学校都采用全封闭式管理模式，紧闭的校门限制了学生与家庭、农村社会的文化交互作用，切断了学生与生活的本真联系。

班级文化是由全体成员在教育活动中创造出来的，它能通过集体精神生活对班级成员进行潜移默化，促进个体社会性和个性的健康。但西部多数农村学校面临着两种极端的情形：一是由于西部人少地广，存在大量的村校与教学点，这些学校的学生人数太少，年龄偏小（主要是低中段学生），有的甚至采取复式班教学，学生年龄相差较大。在这样的环境中，孩子们很难形成一种班级心理氛围，自然难以形成班级文化。二是在一些乡镇的中小学，由于优质教育资源稀缺，常看到的是一些八九十人甚至于上百人的超大班。班主任教师实施正常教学管理都困难，要有效地开展班级文化活动更难。②

（三）农村学校文化影响的弥散性

在农村这个特定的区域中，农村学校文化对于学校的教师、学生、行政人员，对于农村中的居民，对于整个农村的发展的影响是不确定的，且不集中的。农村学校文化在其形成、发展以及成熟的整个过程中，它都遭受到了来自城市文化，甚至外来文化的影响，尤其是在国家建设城乡一体化以及社会主义新农村的大背景下，不管这种影响是积极的，还是会有消极的方面。农村文化建设本身就掺杂了多元文化在其中。农村学校文化形成后，对教师、学生的影响并不如我们预计的那样乐观。学生一旦离开农村，这种影响便不复存在。而农村的学生在进入城市后，不愿再回农村，去农村执教的教师，在积累了几年的经验后，有些返回了城市。同时，农村学校文化的弥散性还表现在，它并未真正在教师和

---

① 贾莹：《发挥学校文化堡垒作用，引领乡村社会文化建设》，《吉林省教育学院学报》2010 年第 6 期。

② 郭元祥：《学校文化建设的几点思考》，《江苏教育研究》2008 年第 2 期。

学生心目中形成凝聚、激励的力量。农村教师的专业素质和人格素养还有待提升，农村学校学生的世界观、人生观、价值观还有待塑造。

（四）农村学校文化建设的复杂性

农村学校的物质文化相对匮乏，在相当长的时期内，农村学校不可能像东部城市学校那样拥有更多文化资源。然而，农村学校却处于深厚的传统文化和丰富的民族与民俗文化包围之中，在它们身边有着城市所没有的独特的少数民族文化，丰富的民间、民俗文化。据不完全统计，西部十二省区各民族的曲艺歌舞等非物质文化遗产的种类多达上百种，还有各种民族民间节庆活动。可见，西部农村学校物质文化建设关键还在于学校管理者文化意识的增强，文化资源意识、信息意识的强化，各种文化资源的发掘与整合。例如，电影、戏剧看不到可以通过学习欣赏家乡的民歌小调来替代，没有体育设施可以因地制宜地开展一些农村的田间运动。[①] 随着国家加大对农村建设的投入，许多农村学校已经拥有了现代的设备，部分学校还有了较为高档的设备，但真正能用起来的、用得比较好的学校并不多，较为普遍的情况是：一是被束之高阁；二是仅用于打字办公；三是多用来娱乐游戏等；四是被当作电子教参，电子板书，究其原因，除了这些学校缺乏基本的维护经费外，一个重要的原因就是，农村学校教师科技意识与科技素养的普遍缺失。与城市学校相比，它们缺乏对待科学严谨的态度。因此，在农村学校，当务之急是要使通过多种渠道获得信息成为教师的内在需求，让他们领会现代科技对人类社会发展的深远影响，努力提升他们的科技意识与科学素养。[②]

（五）农村学校文化建设的特殊性

有些农村地区是密集的宗教文化交汇地，民族地区的孩子从小潜移默化地受寺庙教育、经堂教育及各种习俗的影响，学校管理者、教育工作者自身也来自不同民族，有着不同文化背景。因此，在学校教育中，常常是课本上应该讲授的知识与教师的价值观与思维方式存在着距离，教师课堂上传授的内容与学生平时接触到的生活存在着距离，学校的校园文化与院墙外的文化存在着距离。如何在学校教育中让学生既受到优

[①] 林建：《西部农村学校文化建设的特点》，《教育理论与实践》2009 年第 9 期。

[②] 同上。

秀的民族文化的熏陶，又要形成自觉的批判精神，成为西部地区学校教育工作者必须面对的难题。①

（六）农村学校文化建设的艰巨性

由于特殊的背景和历史的原因，农村大量的村校和教学点成为学校文化建设遗忘的角落。在现实中，许多农村学校教师文化建设处于一种尴尬的境地。例如，人员的频繁流动必然导致有特色个性的学校文化难以形成，无法延续；教师长期与外界隔绝，教师之间缺乏基本的交流，教师组织文化自然难以形成。可见，农村学校教育的根本改变除了知识与技能外，更需要的是表层技术和操作后面的先进文化的传播，但这需要一个逐步发展的过程和健全的支持机制。

二　农村教师文化研究

我国长期以来对教师文化的研究仅仅局限于宏观层面上，加之我国教师文化研究起步相对比较晚，直到20世纪80年代在文化热的学术背景下，教师文化研究才受到一些敏感的教育研究者的关注，但是前期主要限于翻译介绍国外的研究成果。农村教师文化尚未引起学者的关注，近几年随着课程改革的深入，农村教师文化研究开始受到学者的关注。笔者通过学术期刊网和百度搜索引擎进行搜索，围绕已有较少的研究成果进行简单的梳理。

（一）农村教师文化现状研究

根据教师任教时间分为新任的年轻农村教师和教龄较长的农村教师。新任的农村教师往往是"身在曹营心在汉"，饱含着对农村生活的不满之情，这些不尽如人意的文化表现产生了复杂的情感——失落、怨恨、无奈……期望与希望。而教龄较长的农村教师似乎已经适应了农村的生活，表现出浓厚的乡土情结，成为有文化知识的农民。② 当前农村教师文化缺失有四个表现：开放精神不足，教学理念滞后；教学比较封闭，缺乏交

---

① 林建：《西部农村学校文化建设的特点》，《教育理论与实践》2009年第9期。

② 高小强、王成军：《多元文化视野下乡村教师的文化生存》，《继续教育研究》2009年第12期。

流合作；以自我为中心，教学方法单一；生活琐屑无聊，缺乏提升氛围。① 农村教师文化存在自主发展意识薄弱、教师自身知识陈旧等落后的教育理念；教育的工具取向、城市化取向等偏差的价值观；教师在与学生、教师、家长的交往中也存在行为失范的问题。②

（二）农村教师文化受阻的归因研究

有研究者从社会宏观、学校中观、教师个人三个层面以及教育政策、经济因素、传统文化、学校培训制度、教师评价内容、教师人事出入、教师文化自觉性缺失、师德修养不足、"应试教育"思想严重九个角度详细分析了影响农村教师文化发展的因素。③ 也有研究者将农村教师文化受阻归因于三个方面：农村教师文化政策偏失、农村教师教育内容落后、教师评价制度落后。④

（三）农村教师文化改进对策研究

基于农村教师文化发展的问题成因的深刻分析，有研究者提出了有针对性的建议与对策：改进教育政策；落实并提高农村教师的物质待遇；教师文化与农村社区文化互补；消除城乡教师文化屏障。⑤ 农村教师要摆脱文化困境的出路不是对某一种文化价值的简单认同，而应该是立足于对多元文化观念的跨文化生存能力的培养和立足于现实的文化创造，农村教师要主动地适应农村文化并参与到农村文化的建设中去。⑥ 制定有利于农村教师文化建设的教育政策、有利于教师发展的管理制度，营造学习型组织，改革中小学教师培训机制，提升农村教育教学评价能力是改

---

① 顾建德、喻志军：《乡村学校教师文化的现时缺失与建设取向》，《现代中小学教育》2011 年第 6 期。

② 冯宇红：《论专业视阈下的乡村教师文化重构——以河南为例》，《继续教育研究》2011 年第 8 期。

③ 邓双喜、欧小军：《我国乡村教师文化发展的影响因素分析》，《教学与管理》2009 年第 11 期。

④ 冯宇红：《论现代乡村教师文化发展的阻抗及消解》，《教育研究与实验》2011 年第 1 期。

⑤ 欧小军：《乡村初中教师文化发展中的问题、成因与对策研究》，《基础教育参考》2008 年第 4 期。

⑥ 高小强、王成军：《多元文化视野下乡村教师的文化生存》，《继续教育研究》2009 年第 12 期。

进农村教师文化的有效对策。① 要正视农村学校教师文化的现存不足，并指明了改进农村教师文化建设的方向：改进思想教育、强化农村教师的职业责任；优化机制环境、改善农村教师的职业心态；狠抓教研，提升农村教师的职业成就；支持培训进修，促进农村教师的职业发展。②

（四）农村学校教师文化特点的研究

农村教师文化既包含一般教师文化的某些特征，又因其不同的地理位置、历史传统、经济基础、生活方式、族际关系使得农村教师呈现出与一般教师文化不同的特质。这些共同特征大致包括内隐性和渗透性，农村教师文化作为一种特殊的教师文化也是无形的、抽象的。③ 也具有一定程度的稳定性和可塑性，历史性以及民族性。④ 基于学校与课堂生成的人际关系，是教师文化的传承与生产过程，因此其具有多样性与多层次性。⑤

1. 边缘性

农村教师因其不同的地理位置、历史传统、经济基础、生活方式、族际关系使得农村教师呈现出与城市现代文化不同的特质，农村教师沿袭了乡土传统的农村文化，其中保守和求安稳的特征也深入到农村教师的文化中。"按照伽德默尔的看法，人作为有限的存在，是处于传统文化之中的，不管他是否了解这种传统文化，也不管他是赞成还是反对，他都不可能超越传统文化的观念意识。我们始终只能在传统文化中进行理解。不管意识到与否，传统文化总是影响并形成我们，始终是我们的一部分。它当然不会是躲在久远的过去，而是存在于人的每一个成长阶段，存在于人当下的生存活动中，存在于这种当下生存活动的方方面面里。"⑥ 另外，在当前农村城市化的背景下，农村教师的成长与发展是在特定的社会文化环境中实现的，既承袭了传统文化的熏陶，又试图在对传统文

---

① 冯宇红：《论现代乡村教师文化发展》，《湖北社会科学》2011 年第 3 期。

② 顾建德、喻志杰：《乡村学校教师文化的现时缺失与建设取向》，《现代中小学教育》2011 年第 6 期。

③ 古翠凤：《文化四维度理论视角下的教师文化研究》，《教育探索》2005 年第 8 期。

④ 罗红艳：《教师文化塑造：意义、困境与路径》，《教学管理》2005 年第 4 期。

⑤ 张凤琴：《教师文化及其对教师专业发展的影响》，《内蒙古师范大学学报》（教育科学版）2004 年第 11 期。

⑥ 孔令宏：《传统文化与现代化的共时性存在》，《现代哲学》1997 年第 2 期。

化进行修正、补充、更新的"现代文化"中活动。在城乡二元的社会结构背景下，农村教师在以开放、进取、理性、创新为特质的城市文化的包围中被日益边缘化，并处于弱势地位。

2. 封闭性

农村教师文化是一种相对封闭的文化，主要表现为教师的教育教学理念和角色意识不能与时俱进，对发展中的社会文化和本土的农村文化没有深度理解，缺乏资源整合意识。这些有其深刻的历史原因与经济原因，在"日出而作，日落而息"的传统小农生产方式下，农村人基本都能做到自给自足，活动的范围狭窄，相对闭塞。加之农村经济基础差，交通不便，信息不畅通，一些贫穷地区的学校没有图书馆、实验室、活动室，更不用说电教室和微机室了。[①] 各个村落之间的交流和互动很少，因此在这种闭塞的社会大环境中生长起来的农村教师文化也不免受其影响，使得农村教师文化带有观念上的保守与封闭性，农村教师知识体系和文化系统带有局限性。

3. 依附性

农村教师文化的依附性主要表现为对传统、经验、行政权威、专家和书本的依附。中国传统文化是一种保守性的和他人取向的文化，农村教师在这种文化的束缚下也形成一种"法古"思想而缺乏批判意识，主要表现为对经验的信服和绝对尊崇。因此，年长教师不仅在生活上是权威，而且也获得了在工作上对年轻教师指点的资格。另外，农村教师往往依附于自己的经验不思改变，很多教师没有主动地研究过新课程改革的纲领性文件。教师在行政领导面前多唱赞歌，表现了小知识分子的奴性。对教学参考书的机械搬用和对标准答案的确信也是农村教师依附性的表现。这样的教学不仅失去了个性，而且教学程序似乎也被程序化了，农村教师因对自己的教学缺乏反思而沦为"教书匠"。其依附性还表现为对社会主流文化缺乏深度理解，不加批判地接受和不经思考地传播，失去了作为"知识分子"的独立人格。

---

① 周豫、刘飞龙：《拿什么留住你，乡村骨干教师?》，《南方日报》2011 年 12 月 23 日第 A18 版。

4. 孤立性

农村教师文化具有孤立性，主要表现在师生之间、教师个体之间以及教师和学生家长之间缺乏有效的沟通，没有形成合作性的教师文化。客观主义的知识观和应试教育下的分科化教学，使教师养成了个人主义的工作方式。教师和同事之间各自为战，奉行的是"关门主义"，自己的课堂自己做主，不向其他的老师开放，他们是孤立的。在一间间教室的隔离下，学校被分割为闭锁和隔绝的课堂，教师通常孤立地在自己的领地中耕耘，从自己的教育教学经验中学习，不与他人合作交流。教师个体之间似乎只存在相互竞争以及利益冲突，忽视了合作互助的可能性，丧失了相互协作所带来的种种优势。教师们无形中结成以学科组和年段为单位的小团体，和其他年级或学科交流甚少，甚至出现抵触。学校中不同学科的教师相互轻视，不同年段的教师形同陌路，不同派别在学校中各自利用手段谋求权力、地位和资源，由此导致各团体间的冷漠，甚至敌意。①

5. 亲情化

农村是一个熟人社会，这就决定了人们之间交往的频繁和相互依赖性。教师作为农村社区拥有较高知识的群体，在农村发挥着一种咨询机构的作用。在一定程度上，教师在社会主义新农村建设中扮演着公民道德楷模、现代生活方式示范者、先进文化弘扬者、科学信息传播者、农业生产科技指导者的多重角色。这种紧密的社区联系，使得农村教师文化呈现出一种亲情化的特征。

6. 质朴性

农村教师的工作远远大于每天 8 小时，每天的早读和晚自习教师都要参加，有辅导课的上课，没有课的也要到办公室。不仅如此，由于农村师资缺乏，大部分教师都兼课。② 可是农村教师的工资待遇却很低。农村教师由于自己生活背景的影响一般具有比较朴素、节俭的生活作风。教师这种朴素、节俭、善良、敬业的生活和工作作风，通过教师有意识的教育和穿戴、言行等无意识的行为影响着学生，这些优秀品质对学生

---

① 林艳：《教师文化病理现象透析》，2008 年 1 月 10 日，枫叶教育网（http://www. Fyeedu. net/info/77673–1. htm）。

② 李舒文：《乡村教师兼任多科专业难发展》，《中国教育报》2011 年 12 月 31 日第 2 版。

良好的个性品质的养成发挥着积极作用。

（五）农村教师文化类型

教师文化的划分标准和角度不同，所展示出来的类型也是各异的。我们在对农村教师文化类型进行研究时应该先清楚关于教师文化类型的研究。① 目前学者比较认同的是基于哈格里夫斯的教师文化类型理论，将教师文化分为个人主义文化、派别主义文化、自然合作文化和人为合作文化四种。在此基础上将农村教师文化进行了如下分类：

根据农村教师之间的工作关系可以分为孤立型农村教师文化和合作型农村教师文化。② 孤立型的农村教师文化中，教师和同事之间彼此孤立、互不合作，自己的课堂自己做主，不向其他的老师开放，他们是孤立的。而合作型农村教师文化多是迫于外界压力造成的，或是行政命令或是教学需要，这样的合作一般并不持久。同时也容易使得农村教师形成对政治命令的服从性，忽视了教师的主体意识和自主发展。但是也能为自觉主动的合作型农村教师文化的建设起到积极的支持和推动作用。

有学者依据美国文化人类学家米德的"三喻文化"理论，指出我国教师文化基本上属于"后喻型教师文化"，对变化缺少认识，对现存生活方式的普遍正确性予以无可置疑的认同；但教育改革需要的是"前喻型教师文化"，更加强调开放、创新和面向未来。③ 也有学者将教师文化分为"适应维持型教师文化与批判反思型教师文化"。前者把教师作为社会和学校文化的适应者而非改造者，强调对现实社会主流文化的认同、适应与维持；后者则把教师作为社会和学校文化的改造者而非适应者，强调文化的多元性和异质性。④

依据农村教师的任教年龄可以分为新任农村教师文化和年长的农村教师文化，这种文化表现多是通过教师与当地乡民的关系以及情感体验

① 张典兵：《教师文化：我们研究了什么》，《河北师范大学学报》（教育科学版）2011年第12期。

② 李玲、段晓明、陈荟：《教师文化类型及其对教师发展的启示》，《重庆教育学院学报》2004年第4期，第7页。

③ 陈力：《前喻型教师文化——基础教育课程改革的内在需要》，《中小学教师培训》2005年第9期。

④ 李纯：《论多元文化背景中教师文化的转向》，《教学与管理》2011年第1期。

表现出来的。刚到任的农村教师常表现出难以割舍的城市情结。而年长的农村教师则呈现出不同的精神状态，在学校，他们是教学经验丰富、德高望重的"权威"。这些教师与当地村民之间没有太大的隔膜，他们似乎也已经在乡土文化中重新找到了归宿。他们的根已经深深扎在农村的土壤中，不论在校内还是校外，他们的一举一动、一言一行都表现出浓郁的乡土气息。①

我们在研究教师文化特征和类型时，一方面应该看到农村教师文化具有一般意义上教师文化共有的一些文化特征，共享着某些价值观、态度以及行为方式，如教师几乎都有一种特有的权威意识，只是表现程度不一样，另一方面农村教师又具有本土特色的文化特征和类型。这是我们在对农村教师文化的特点和类型进行分析研究时应注意的问题。

三　农村学校学生文化研究

我国对学生文化的研究开始于 20 世纪 90 年代，对农村学校学生文化的关注更是近两年才开始的。笔者通过搜索中国期刊网全文数据库总库的期刊文献以及查阅相关著作，发现关于农村学校学生文化的研究主要集中在以下几个方面：

（一）农村学校学生的学习文化

有研究者将农村中学生英语厌学分为自暴自弃型、力不从心型、孤独内向型和缺乏关爱型四种具体类型，并且在教育资源、教材、教师三个方面分析了原因，并且提出了改善农村中学生英语厌学的策略。② 有研究者认为农村中学生与城市中学生的语文成绩差距越来越大，从家庭环境、学校所处的环境、自身原因、教师原因、社会因素五方面分析了农村中学生语文成绩差距的主要原因，并提出了解决的策略，即培养兴趣，增强信心；营造学习语文的氛围；提高语文教学水平；加强家校配合；开展丰富多彩的实践活动；及时总结及时提高。③

---

① 高小强：《乡村教师的文化困境与出路》，《教育发展研究》2009 年第 20 期。

② 李飞：《农村中学生英语厌学情绪的再分析》，《基础教育研究》2008 年第 9 期，第 18—19 页。

③ 李德成：《农村中学生学习语文的差距及对策》，《内江科技》2009 年第 3 期，第 207 页。

有研究者指出一部分农村学生存在厌学情绪，农村中学生辍学率高，导致辍学的因素有农村中学生的自身因素、家庭因素、学校因素、社会因素等。提高学生学习兴趣，大力发展农村经济，改革学校不合理制度，加强法律法规的监管力度等，是解决农村中学生辍学问题的有效策略。[①]有研究者运用个案研究，对王村中学生进行深入调查，从学习态度和学习行为两个方面阐述王村初中生的学习状况。学习行为又分为课堂学习、课后作业、课外阅读三方面。认为王村初中生课堂学习行为基本上有认真听讲、注意力不集中、沉默不语、违反课堂纪律几种类型，但认真听课的学生人数很少；王村中学大多数学生能够按时完成作业，但是能够独立完成作业的学生却不多，每个班大约有二分之一的学生不能够独立完成作业，还有部分学生不做作业；王村中学生的课外阅读量很有限，远远达不到标准。他又将学习态度分为快乐型、被迫型、无目的型，但并没有确定这三种类型所占比例。[②]

（二）农村学校学生的交往文化

有研究者明确提出研究农村中学生的人际交往现状，有着至关重要的现实意义和应用价值。它有助于关注农村学生交往现状和存在的问题，有助于发展他们的健康心理和个体素质，有助于促进城乡教育和谐发展和培养合格的社会主义新农村建设者。采用调查问卷的方式，采用定量研究、描述统计分析等方法，揭示出农村中学生在人际交往心理上充满着迫切性和茫然性的矛盾冲突，在同龄交往中存在自觉性与盲目性的矛盾冲突，在亲子关系上存在独立性与依赖性的矛盾冲突，在师生关系上存在权威性和反抗性等错综复杂的矛盾冲突。研究者认为农村中学生人际交往总体状况良好，但也还存在一些不容忽视的问题。从家庭、学校、社会和中学生自身方面查找原因，深入分析了农村中学生交往存在问题的原因，并结合本地区的教育实践，探讨了培养农村中学生人际交往能力的途径和方法：即学校层面要从传道到解惑，为中学生奠定坚实的人际交往基石；家庭层面要从抚养到教育，为学生营造健康的成长生活空

[①]　靳建洲：《农村中学生辍学问题》，《法制与社会》2001 年第 6 期，第 196—197 页。

[②]　张冠华：《农村初中学生文化现状研究——以王村中学为个案》，硕士学位论文，山西师范大学，2010 年。

间：社会层面要从单一到多元，为学生架构人际交往的立交桥梁；学生层面要从被动到主动，点燃自我教育的心灵火花。[①]

（三）农村学校学校学生的娱乐文化

有研究者将农村学校学生的娱乐分为校内娱乐和校外娱乐。在所研究的王村中学中，课间娱乐活动非常少，而大部分学生在校外的娱乐方式是看电视、打牌，尤以看电视为主。[②] 有研究者对农村小学课间活动做了详细的分析，认为小学的课间操存在着形式单调、时间过短、运动量不够、缺乏师生互动的弊端，这些导致了小学学生消极对待课间操；小学学生的课间自由活动多姿多彩，具有泥土迷恋、动植物意象、模仿性、性别差异性、乐于接受新事物的特点。同时他还特别列出了农村小学课间活动异化的现象，如教师拖堂；孤立、歧视差生。基于影响学生文化的因素的分析，呼吁促进学生文化对课间活动的积极影响。

（四）农村学校学生的理想和价值观

有研究者指出，初中生的理想可以分为三类：理想是近期目标；理想是未来的职业；没有理想。只有少数学生考虑的是近期目标，大多数学生将理想认定为未来所从事的职业。其中教师、医生、警察、律师、影视明星、球星、科学家、发明家都是比较受欢迎的职业。说明农村初中学生们的理想一方面反映了农村人的心态，他们向往着走出农村，到城市工作的生活场景；另一方面也说明了现在农村初中学生价值观功利性色彩较浓，只有少数学生的理想确立是出于自己的兴趣愿望。[③] 同时指出了农村中学生价值观的特点：价值意识呈积极向上态势、价值取向存在轻度功利化倾向、价值行为显现自我情绪、价值期望有理想化色彩、价值选择出现矛盾现象。具体表现为：多元性、不稳定性、主体性。有研究者指出了农村中学生价值观冲突表现为两个方面：价值观念趋于功利化，重物质利益轻理想；价值主体倾向自我化，重个人利益轻集体利益，重知识才能轻道德品质。具体说来，即价值选择的矛盾：理想主义

---

① 王雯莲：《农村中学生人际交往状况的调查与思考》，硕士学位论文，华中师范大学，2010年。

② 张冠华：《农村初中学生文化现状研究——以王村中学为个案》，硕士学位论文，山西师范大学，2010年。

③ 同上。

与现实主义并存；人格价值的冲突：自我与社会、观念意识与行为的不一致；传统价值观与现代意识的冲突。最后，分析了农村学生价值观冲突的原因并提出了解决对策。[1]

有研究者明确指出了理想对于学生的重要性，并从心理学的角度提出对农村高中学生进行理想教育务必不能离开农村的客观现状和学生的理想特点来进行，同时更要遵循从形象思维（具体的感知）到抽象思维（概念的形成）再到形象思维（合理的想象出自己的未来，即理想）的过程，采取具体、形象的疏导方法，在长期的潜移默化中教育他们。[2]

四　农村学校课程文化研究

受国外课程理论研究的影响，我国课程研究的范式近年也发生了转向，即由关注课程的技术性到关注课程的政治性，由强调课程的客观性到强调课程的意义性，由追求课程的科学性到追求课程的文化性。这就是课程研究的文化学路向。[3] 我国学术界开展课程文化研究是近 20 年的事，主要受 20 世纪 90 年代教育文化和学校文化研究热的影响，学校课程的文化学研究开始进入人们的视线。2001 年开始的基础教育课程改革引发了一股从文化角度考察课程的文化内涵、文化性格、文化建构等的理论研究热潮，课程文化研究逐渐呈现繁荣发展态势。从搜集到的资料来看，有关农村学校课程文化的研究主要有以下几方面内容：

（一）课程文化具有的共同特征

当前的社会文化是一个具有复杂性、综合性的系统，在这个系统中外来文化与本土文化、传统文化与现代文化、城市文化与农村文化等多元文化共存着，在多元的文化处境中，不同的文化处境必然影响课程的处境。课程文化本身作为社会大文化的一个子系统，它与社会文化有着密切联系，它是多元文化的交流与融合的产物，是多种文化的反映。农村学校课程文化也是如此，它具有课程文化都具有的共同特征。

---

① 段文菊：《农村学生价值观的冲突及其对策——以某农村中学为例》，硕士学位论文，苏州大学，2008 年。
② 王明学：《农村高中学生的理想特点及其教育》，《教育科研通讯》1987 年第 4 期。
③ 黄忠敬：《课程研究的文化学路向》，《南京师大学报》（社会科学版）2005 年第 11 期。

（1）社会性。是指课程文化受到社会文化，例如社会意识形态、价值观念、行为准则、文化心理、人际关系、道德规范等的影响与制约。

（2）民族性。每个成熟的民族都有属于自己特有的文化形态和文化个性，不同的民族文化系统，必然构成不同民族特征、特定的课程文化。例如我国许多少数民族都聚集在农村，形成具有少数民族特色的农村学校课程文化特色。

（3）融合性。即随着世界间交流的增多以及大众传播媒介的普及，不同地区、不同民族的课程文化都呈现互相开放、互相交流、互相引进、互相吸取的发展趋势，通过融合不同的文化，以实现优势互补，合作双赢。就农村学校课程文化而言，城乡文化的交流与融合一定程度上促进了农村学校课程文化的发展。

（4）系统性。即课程文化作为一个具有特定功能的整体和系统，是由相互联系、相互作用的潜在要素组成的。按其组成要素的性质，可分为结构系统、载体系统、功能系统等。

（5）实践性。是指课程文化不同于一般的文化，不单纯是为了总结或研究，也不是自然形成的，而在于指导课程实践，用于课程实践。

（6）传承性。即课程文化传统的继承性。也就是说，课程文化中的体系要素隶属于历史的长期稳定的东西，而这些如今仍在各种群体中起作用的东西就形成了课程文化的传统。[①] 例如自古以来我国的课程内容就有明显的德育特征；课程内容的选择重视礼乐知识，轻视农耕商贾的科学实践知识；教师对课程内容的解读秉持"承接圣典"的态度，这与当前课程实施中教师的唯教材性有一定关系。可见，当前学到课程体系的各个部分都体现了课程文化的传承性的踪影。

（二）农村学校课程文化的特点

同时，农村学校课程文化又是一种独特的文化，其受农村文化的影响，有不同于城市学校课程文化的特点。农村文化是指在农村这一特殊的自然环境和生产力水平低下的条件下形成的以农耕文明为基础，家族文化为核心，乡土本色为主要特征的，具有积淀与传承机制的相对稳定

---

① 金志远：《课程文化：实质、属性与特征》，《内蒙古师范大学学报》（教育科学版）2005 年第 11 期。

的文化综合体。① 在农村文化土壤环境中生长出的学校课程文化有以下特点。

（1）乡土性。农村学校课程文化形成与生长的环境和背景的特殊性决定了它的乡土特性。农村的地理环境、教学设施、师资队伍等客观条件以及农村风俗道德、价值观念等主观条件都会影响和制约农村学校的课程文化。

（2）亲缘性。农村学校课程文化是农村学校师生日常生活中耳濡目染，亲身接触并参与其中的文化。农村学校师生是课程文化的主体，既是其创作者又是其实践者，他们的学校生活本身就是课程文化的本体所在。

（3）潜在性。对于生活于农村的教师和学生来说，课程文化是具有潜在性的。人们往往意识不到它的存在，因为它表现为看上去正常和自然的东西，课程文化成为师生的透镜，师生的思维被它俘虏了，课程意识观念、课程行为都不自觉地体现出课程文化烙印。

（4）边缘性。在城市学校课程文化占主导地位的教育界，人们对城市学校课程文化的建设极为关注，趋之若鹜地积极地做相关研究。相比之下，农村学校的课程文化研究无人问津，人们对农村学校课程文化的漠视、边缘化可见一斑。

综合整体资料来看，我国目前农村学校课程文化研究存在以下几方面的问题：第一，农村学校课程文化的理论和实践的专门研究都严重不足。我国农村学校课程文化的研究起步较晚，可以说目前也只是相关研究初步兴起阶段。农村课程文化实证研究较为薄弱。研究大多停留在理论论证阶段，主要采用思辨式的叙述方式，侧重课程文化应然层面的理论推演。第二，研究大多关注宏观的农村教育文化问题，而具体到农村课程文化的研究极少。即使涉及，也仅仅局限于对教育内容、课程内容、教材的文化论述上，研究内容不够系统全面。第三，研究思维方式的简单、线性。思维方式在深层上制约着研究者思考、解决问题的方法与途径。从已有研究来看，课程文化的"亲文化"或"亲课程"倾向比较明

---

① 陈占江、王悦：《略论我国农村文化转型的困境和突围》，《中国农业教育》2005 年第 5 期。

显，将课程文化分解成两个独立存在的实体（课程和文化），或者是把文化作为课程的上位概念或背景因素，或者是把文化与课程作为两个平行发展的子系统，都只是研究了课程与文化的关系，而缺乏立足于本体意义上的农村课程文化研究。

农村学校课程文化研究要想获得进一步的深化和拓展，尚需从以下几方面努力：第一，重视并凸显农村学校课程文化核心问题的价值思考。文化的核心是价值观问题，重新审视基础教育课程的价值取向，剖析课程发展的实质，形成课程文化建设的基本思路，这是对课程深层结构理性思考的需要。重视并凸显课程文化核心问题的价值导向是课程文化研究深入、有效的重要保证。第二，确立并完善农村学校课程文化的理论研究框架，凸显农村特色。明确和成熟的研究框架不仅是研究者获得最大可能的对话、交流，深化问题探讨的理论平台，也是学校实践课程文化建设的理论指引和支撑。明确该领域的研究对象、确定主要研究任务、选择适当的研究方法都是构建一个清晰、稳定的研究框架需要思考的问题。第三，探索并丰富课程文化研究的方法论体系和具体研究方法。方法论体系涉及研究所采用的基本立场、维度、视野，所运用的基本工具、路径、逻辑等因素的综合。这个体系的核心部分是思维方式，即人们的认识框架与思维路线，就课程文化而言，首先需要人们确立并深化对课程文化问题复杂性、综合性的认识。课程文化是一个时代性议题，其研究是在一定历史条件下进行的，并与前续及后续研究有着千丝万缕的联系，这意味着我们的研究应该有一种正确的时空观。同时，课程文化发展是过程性、动态性的。

第三节　邹平教育模式及其文化借鉴

近代中国教育发展一直徘徊不前，梁漱溟作为一个以救国救民为己任的知识分子，怀着强烈热情，于20世纪二三十年代在邹平进行了乡村文化建设，又称"邹平教育模式"。它是通过组织与教育农民，以农民文化进步来推动乡村乃至社会发展的一场乡村文化重建运动，在当时产生深刻影响。在城乡教育一体化的背景下，梁漱溟的邹平教育模式对我国当前农村学校文化建设与发展仍有许多值得借鉴的地方。

一　邹平教育模式：一场乡村文化重建的尝试

（一）邹平教育模式是中西方文化的一次融合

近代中国教育的发展历程艰难，甚至一度在低谷徘徊。在梁漱溟看来，其问题根源在于文化，近代中国的问题就是严重的文化失调。近代中国文化是以乡村为基础的文化，近代中国社会是以乡村为本的社会，因为乡村迟滞而进行乡村建设只是乡村建设的表层原因，更深一层的原因是中国文化需要一次大变革，乡村文化重建势在必行。梁漱溟系统分析了中西方文化，试图通过中西文化的融合来解决中国文化的出路。其在邹平进行的乡村教育改革，也称邹平教育模式，是一场中西文化交融的尝试，其实质也是一场乡村文化重建。

其一，创建融合中西文化的组织机构——乡农学校。梁漱溟创办的乡农学校是一个特殊的组织，它并不是传统教育意义上单纯的学校，在进行学校教学的同时它还承担着地方组织的任务。乡农学校实质上是一个政教合一的机构，它是梁漱溟融合中西文化的一个创新成果。乡农学校的中西融合特点主要表现在它的教学内容和组织形式方面。第一，在教学内容方面：乡农学校教学内容广泛。除了最基本的教学识字外，大量引进西方的先进科学技术和理论进行农业改良，倡导合作经济并建立乡村金融机构。同时，吸收西方的民主自由的思想，改良乡村风俗，开展一系列具有民主性与科学性的活动。乡农学校既是学校教育机构，又是社会教育机构，不仅要完成学校教育的任务，而且还要担负社会教育的任务。第二，组织形式方面：兴办村学与乡学。梁漱溟将从前区公所、乡镇公所等机关取消，而代之以村学、乡学。但村学、乡学在这里不仅是个机关，而且是个团体。它包括校长、校董、理事、教员和乡民（学生）等。① 乡农学校的职能是组织乡村，却没有以强硬的法令规定组织成员之间的关系，而是将组织关系建立在人们自觉形成的习惯之上。这既体现了中国传统伦理思想，又体现了西方民主思想，是二者融合之下形成的新的组织形式。所以乡农学校本质上是基于中国文化传统，又引进西方的科学技术和团体精神而设计的一种相对优化的文化组织形态。

----

① 《梁漱溟全集》第 2 卷，山东人民出版社 1990 年版，第 346 页。

其二，开展精神讲话，促进农民文化自觉。乡农学校课程中，精神讲话是一项非常重要的内容。所谓精神讲话，是指在教师指导下启发民众的思想，做切实的精神陶冶功夫，其步骤是先用旧道德巩固他们的自信力，然后用新知识新道理来改变从前不适用的一切旧习惯，以适应现在的新世界。① 这门课程的主要目的是通过精神讲话，以稳定农民的意志、巩固他们的自信力。梁漱溟的乡村建设思想一再强调农民必须自己代表自己，有自我管理的意识，才能解决乡村的精神破产问题，促进"农民自觉"。梁漱溟对"农民自觉"的解释是：就是乡下人自己要明白现在乡村的事情要自己干，不要和从前一样，老是糊糊涂涂地过日子，迷迷糊糊地往下混，这样子是不成的。② 中国当时最为迫切的问题是生命个体自我意识的觉醒。这里的"农民自觉"，更确切地说是农民文化自觉。农民的文化自觉一旦形成，农民们的精神面貌必然会日新月异，农民的思想得到启发，注意力和精神开始关注自身利益，新的政治习惯和组织形式得以确立，乡村实现地方自治，形成一种不同于西方的新的生活方式，乡村文化的重建就得以完成。同时，对"农民自觉"的培养也体现了对生命个体价值的尊重和认同。这也是西方生命意识在中国文化中的体现。与实现个体价值的思想与生命主体意识不谋而合，体现了梁漱溟新儒学思想在邹平教育模式中的大众化实践。

其三，立足乡土，开辟乡村文化重建的新道路。文化的发展与社会发展密不可分，近代西方社会工商业的发展撇开了农业，农业受到严重的压抑，工业城市与农业乡村一分为二，城乡矛盾突出。这种畸形的社会形态之下发展起来的必然是一种病态的文化。梁漱溟在对中国社会发展道路的思考中，强调农村和农民的重要性，认为要谋中国文化的出路，探索民族复兴的前途，必须首先解决农村与农民问题。梁漱溟认为，80年来，除了乡村破坏外，没有都市的兴起，只见固有农业衰残，根本不见新工商业之发达，我们今日的痛苦正是如此，然而未来的幸运也在此，从大势上反逼着我们走一条不同的路，即不可能发展资本主义，走以工

---

① 夏明君：《梁漱溟乡村教育思想及其对于当代新农村建设的意义》，硕士学位论文，湖南大学，2009 年，第 26 页。

② 《梁漱溟全集》第 1 卷，山东人民出版社 1989 年版，第 618 页。

业引发农业的道路，而只能立足于发展农业，走先农后工的道路。① 因此，其在当时的乡村文化建设方面，吸收了西方文化发展过程中的教训，开辟了自己立足乡村，先农后工，农工结合的新道路。他在邹平教育改革中，以农村为基础，集中学术人才，充分发挥知识分子的智慧和农民的实干精神，建立了一系列乡村合作机构，实现了乡村的繁荣发展，为乡村文化重建奠定了基础。

（二）邹平教育模式是梁漱溟新儒学思想的践行

邹平教育模式是在梁漱溟新儒学思想指导下的一场乡村文化重建。梁漱溟的新儒学思想是在传统儒家伦理情谊的基础上，吸收和融合了西方的生命哲学的观念和方法，借此来梳理传统儒学的脉络，阐释儒学思想的精髓。梁漱溟引用西方思想来解释儒学，新儒学实质就是儒家传统思想与西方人本主义精神在人生态度上的融合，也是伦理主义与生命向上精神的结合。新儒学就是梁漱溟援引西方生命哲学思想来解释儒家思想的一次现代化努力，新儒学的价值不在于他是否是对孔子思想准确无误的解释和继承，而在于它所蕴含的精神价值。邹平教育模式是梁漱溟在其新儒学的指导下，将其思想付诸行动的一场试验，所以，它是梁漱溟思想的具体化，也就是梁漱溟新儒学思想在人民群众中的实践。

传统儒家观念非常重视整体的和谐，强调天人合一。梁漱溟高度重视这种思想。梁漱溟的邹平乡村教育实践中一个非常重要的思想就是把乡村看成一个整体。他认为乡村的农民与地主都是乡村居民，整个乡村就是一个整体。可见，邹平教育模式不仅是在梁漱溟新儒学思想指导下的一场乡村文化重建的尝试，其更重要的价值在于用西方生命主体主义和儒家整体观结合的视角来看待中国乡村问题并探讨解决办法，其方法论有着极大的借鉴意义。

二　邹平教育模式对当时农村学校文化的影响

梁漱溟的新儒学思想是基于他对中西方文化的系统分析，是一场中西文化融合的尝试，一定程度而言，是中西文化交融的产物。基于新儒

---

① 刘爱景：《梁漱溟乡村建设思想及其现代价值》，硕士学位论文，山东师范大学，2002年，第21页。

学思想的邹平教育模式对当时的农村学校文化产生了一定的影响。

（一）促进知识分子由城市向乡村流动

由于社会结构的改变，当时乡村逐渐破败，农村学校教育发展步履艰辛。其中一个重要原因就是乡村教师数量严重不足，影响了教学效果，使得乡村教育难以发展。严复也曾讨论过乡村缺少教师的问题："此中小学堂之通病也，至于高学堂，则往往具有形式而无其实力，理化算学诸科，往往用数月连成之教习，势必虚与委蛇，竭日玩岁。"① 没有足够的教师队伍，农村学校教育的发展受到了很大的影响。然而，一方面乡村缺乏有文化的教师，另一方面，受新思想的影响，大批知识分子为了实现自己的理想离开乡村，流向城市。农村学校文化的发展日益艰辛。

梁漱溟深刻认识到要发展乡村教育，必须要有教育者对农民进行文化教育，而知识分子正是最适合的教育者。知识分子应该到农村去，和农民建立起密切的联系，把知识、技术和技能传授给农民，这样农民的文化技术水平才能得到真正的提高。因此，他号召知识分子深入乡村，与农民结合。在这样的背景之下，许多有责任感的青年，为了自己的理想与信念，放弃了城市相对安逸的工作与生活，自愿到乡村，为乡村发展奉献自己。梁漱溟曾回顾这一段时光："静心反省，自己不图安逸，不图享受，粗衣素食，并无家产，教书著说所得几乎全用于兴办教育或接济同志。甚至自愿深入敌后，跟着游击队昼夜行宿于荒山野岭，究竟是一股什么力量支配着自己呢？扪心自问，则源于能立志要改造中国，为国家民族做事。简言之，自己衷怀爱国之情，其对祖国的责任感远远超过自己的小家小我，有时甚至无我。"② 这就是梁漱溟以天下为己任的拳拳爱国情怀。在他的感召下，许多知识分子由城市向乡村流动，为当时农村学校文化的发展提供了最重要的师资。

（二）抑制了对西方文化的盲目崇拜

近代中国文化一直受到西方文化的冲击，中国近代文化的发展历程一路伴随着对西方文化态度的改变。中国文化最早对西方文化是全面的

---

① 严复：《论教育与国家之关系》，载《严复集》，中华书局 1986 年版，第 169 页。

② 刘文军：《梁漱溟乡村建设思想与我国社会主义新农村建设理念比较》，硕士学位论文，河北师范大学，2008 年，第 42 页。

抵制，认为西方科学技术是"奇技淫巧"，对此不屑一顾。随着中国社会的急剧变革，中国文化开始认同和接受西方文化，有识之士从旧式教育中挣脱出来，宣传西方文明，掀起新文化思潮。到"五四运动"之后，这种对西方文化的推崇达到了高潮，"五四"时期的知识分子猛烈抨击传统文化，确立了近代中国以民主和科学为旗帜的反传统主义运动的基本趋向。对西方文化的极度推崇偏离了原有的中国文化发展的道路，出现了全面西化的趋势。全面西化的代表陈序经曾说"我这样的想，我愈感觉到我在美国时及在岭南时所主张的全盘西化的理论是解决中国文化的出路，是解决中国问题的方法。我愈这样的想，我愈觉得我们非这样的作，则中国的前途是不堪设想的。"①可见，当时文化西化的盛行，中国文化几乎沦为西方文化的附庸。

梁漱溟从坚持民族文化本体的角度出发，融合西方现代文明成果，以期达到中国传统文化的重建和复兴。在邹平教育实践中，梁漱溟以儒家伦理为基础，借鉴西方民主观念与制度，实现了中国文化的重建。梁漱溟在他的《东西文化及其哲学》一书中，对中西文化进行了深刻比较，强调文化的民族性和继承性，对中国文化进行了中体西用式的选择，对全盘西化的思潮做了深刻批判。梁漱溟在一片热烈的全面西化的潮流下，保持了冷静的头脑，有效地抑制了当时社会对西方文化的盲目崇拜。

（三）缔造了以道德精神为基础的新的乡村文明

中国传统社会依靠伦理和道德来维持秩序，乡村作为中国文化发展的根基，乡村文明就是以礼仪和道德教化来维持乡村有序发展的一种内在精神力量。但是，随着当时中国社会形态发生变化，这种传统的乡村文明遭受冲击。一方面受到西方文化的影响，意图通过外在的强制约束维持秩序；另一方面，我国几千年传承下来的优良思想中也掺杂了一些不良习俗，迫切需要取精华去糟粕。在梁漱溟看来，中国过去靠道德礼仪维持，现在和将来仍要如此，但原样照搬也是不可取的。因此，新的乡村文明既要吸收民主自由思想也要去除我国传统文化的糟粕，缔造以道德精神为基础的新的乡村文明成为梁漱溟乡村建设的重要内容。

村学和乡学是进行道德教育的最好阵地，通过乡学村学宣传伦理情

---

① 陈序经：《南北文化观》，《岭南学报》1934年第3期。

谊为核心的传统道德优秀规范，倡导中华民族传统美德。梁漱溟对受教育者的道德培养非常重视，甚至将其放在知识学问之上。为唤起民族精神觉醒，梁漱溟在邹平进行的乡村建设中开设了精神熏陶课，在村学、乡学开设有"精神讲话"课。这些活动取缔了当时许多不良的旧风俗，提高了乡村农民的道德水平，形成了良好的乡村社会风气，对当时的乡村文明的发展起了不可估量的作用。

三　邹平教育模式对我国当前农村学校文化发展的借鉴意义

（一）应突出知识分子在农村学校文化建设中的引导功能

邹平教育模式意图通过文化教育的方式改造乡村乃至改造社会，其中一个重要环节就是知识分子流向乡村。知识分子由城市走向乡村，在对农民进行学校教育的同时，向农民传授新理念和新知识，促进农村文化进步。梁漱溟提出的知识分子走向乡村的倡议对现在，尤其是在城乡教育一体化进程中农村学校文化面临转型的背景下，具有重要的借鉴意义。

在城乡教育一体化发展的今天，重塑乡村文化的首要任务是提高农民的文化素质，提高文化素质需要知识分子的引导。乡村应加快建设一支适应乡村生活和学习实际需要的知识分子队伍，加强对乡村教师的培训，健全培训制度，充分利用师范院校等教育机构，促进农村教师教学技能的提升和知识体系的更新，切实改善乡村教师的工作、学习和生活条件，缩小城乡差距，吸引城市知识分子由城市流向乡村。除此之外，政府应出台一系列的政策，鼓励知识分子下乡，促进部分知识分子改变观念，树立正确的就业观，改善农村教育文化。近几年来大批来自高校的毕业生就业困难，而农村又迫切需要各种人才，应找到一条能将二者结合起来的途径，让知识分子到乡村去，给农村学校注入新的活力。当前国家推行或试行的大学生支援西部项目、三下乡活动、送教下乡、大学生村官活动都充分说明了国家对知识分子参与乡村和农村学校发展建设的重视。

（二）重视传统文化对当前农村学校建设可持续发展的意义

邹平教育模式是非常重视中国传统文化的继承与发展的，梁漱溟认为在学习西方文化的同时，要保持中国传统文化的根。他的新儒学思想结合了中国儒家传统的伦理思想与西方的生命积极向上的精神，但儒家传统文化是其思想的根本。在邹平教育实践中，梁漱溟一直强调以中国固有的传统精神为主来吸取西方文化之长处，这些体现在邹平的教育教材中，反映传统儒家思想与精神的内容占有重要地位。当时乡农学校主要的教材有6种，其中关于传统思想道德文化的内容占了大半[1]，这体现了梁漱溟对传统文化的重视。

　　我国当前农村学校文化建设必须重视传统文化可持续发展的意义。因为城乡教育一体化是保持自身优势与特色的一体化，其差异性原则要求农村学校突出乡土文化特性，保持自身的特点与优势，继承和发扬乡村本土优秀文化传统。[2] 同时，还要培养乡村学生对乡土文化的认同和自信。因为当前城市化的发展让人重视学校的升学价值而忽视了其育人价值，过分侧重学生知识的培养和所谓的国际化视野，使学生缺少对传统文化的认同感和归属感，很多乡村培养出来的人才都流向了大城市甚至国外，造成乡村知识分子的断流。所以，要重视传统文化在农村学校建设中的可持续发展意义。开发校本文化和编写乡土教材就是行之有效的活动。校本文化是对乡土价值的高度凝练，它充分体现了农村学校的历史沿革、精神风貌、价值取向与发展走向。乡土教材的编排上应尽可能选择乡村地区的文化题材，突出乡土性、地方性和时代性。这样，传统文化在农村学校教育中得到了应有的重视，能培养起学生热爱自己家乡和传统文化的意识，增强学生的向心凝聚力和社会责任感。

　　（三）强化道德精神对当前农村学校文化发展的辐射与熏陶作用

　　邹平教育模式很重视道德精神陶冶。在梁漱溟看来，中国近百年的乡村破坏不仅造成了物质破产，而且造成了精神破产。因此，在乡农学校或村学、乡学中均有精神陶冶科目，对农民进行道德教化，促进农民的道德自觉而达到乡村和谐的目的。当前，随着改革开放的不断推进和城市化的进一步发展，经济利益的驱使使很多人受到"一切向钱看"等思想的侵蚀，只有强化道德精神的引导，发挥其辐射与熏陶作用，才能

---

① 许莹涟：《全国乡村建设运动概况》，邹平：山东乡村建设研究院，1935年，第200页。

② 纪德奎、赵晓静：《城乡教育一体化背景下乡村学校文化的现实形态与价值取向》，《当代教育与文化》2012年第6期。

为农村学校发展提供强大的精神动力和思想保证。

　　农村学校文化是乡村文化的缩影，由于各种文化的冲击和影响，当前农村学校文化在与城市文化的碰撞与交融中迷失自我，在传统文化与现代文化的更迭与剥离中失去内涵，在本土文化与域外文化的博弈与融合中消退特色，在校本文化与城乡一体文化的守望与统筹中放弃自觉。面对困惑与纠结，农村学校要着眼于未来文化发展的基点重建与根本路向的重新选择，最重要的是要强化道德精神的引领作用。因为道德精神引领与科学知识传授同等重要，科学技术是第一生产力，但科学技术同时也是一把双刃剑，必须要有正确的道德价值观引导，否则会对社会造成负面影响，甚至是一场灾难。例如，日本福岛核电站核泄漏事故，就是利益至上而道德价值缺失的结果；当前，个别地区出现的道德滑坡现象和造假事件，无不说明仅有知识与技术是不够的，道德价值引导的缺位造成的后果是非常严重的。因此，农村学校要继承和发扬传统道德精神的精华，提升师生道德品质，促进道德自律。学校师生树立起先进的思想观念和良好的道德风尚，倡导科学健康的生活方式，建立新的思维方式和学习方式，并最终影响和辐射周边乡村形成文明向上的文化风貌。

第 四 章

国外农村学校文化转型：历程与特点

"他山之石，可以攻玉。"一些发达国家农村学校文化转型发展取得了显著的成效，考察其农村学校文化转型发展历程，探寻其发展路径与特点，对于我国当前城乡教育一体化背景下推动农村学校文化发展具有一定的借鉴价值。

第一节　美国农村学校文化转型的历程与特点

美国农村学校文化在 19 世纪末期开始受到关注，在 20 世纪，伴随着工业化与城市化的迅猛发展，尤其是在以农村"学校合并"为显著特征的时代，美国农村学校文化得到一定程度的发展。

一　美国农村学校文化转型发展的历程

美国农村学校文化发展与美国农村学校合并运动息息相关，美国农村学校文化伴随着美国农村学校合并运动的兴起变化而逐渐发展与丰富。美国农村学校的发展经历了学校合并的萌芽与发展时期、学校合并的高潮与鼎盛时期、学校合并的衰微与短暂停滞时期、学校合并的多元化发展时期，相应地，美国农村学校文化也经历着初步融合阶段、稳步繁荣阶段、反躬自省阶段和百花齐放阶段。

（一）初步融合阶段（1897—1943 年）

美国农村学校文化的初步融合主要发生在美国农村学校合并的萌芽与发展时期。早在南北战争之前，美国的城市教育与农村教育就已经出现了差别。到 19 世纪末期两者的差距显著加大。城市学校方面，无论是教育经费与教育质量，还是师资力量与教学方式方法都是农村学校无法比拟与追赶的。大多数农村学校由于位置偏远、经费短缺、基础设施设备较差，教学方法上缺乏专业人员的指导与监督以及严格的审核标准，加之教师与学生人数不多，常常是所有年级的学生在一间教室中由一名教师教授，即所谓的"一师学校""一室学校"。在这种情况下，全美教育协会（National Education Association）在1897年发表了《农村学校12人委员会报告》（Report of the Committee of Twelve on Rural Schools），建议在美国全国范围内开展农村学校合并和学区重组，这标志着农村学校合并与学区重组在美国全国范围内开始启动。此报告提出的建议在全国范围内得到了广泛的采用，美国各州相继通过立法来采取各种相应的措施，推动农村小规模学校的合并与学区重组。仅在1919—1929年，美国南部农村地区一师学校数量减少37%，西部地区减少32%，东部地区减少23%。①

农村学校的合并，使得来自不同学校、不同学区的师生聚集到一个相对较大的新学校和新环境中，在对学生进行集中化、专业化管理与教育的同时，也为学生提供了一个学习与交流的平台，在合作、学习的过程中使他们的价值观、世界观都发生了新的变化。新学校的建设无论从设施设备到师资力量，还是从规章制度到价值观，都较合并前有了很大程度的提升，不同学校、学区的原有学校文化在学校合并中得到了初步的融合与发扬。

（二）稳步繁荣阶段（1944—1965年）

农村学校文化的稳步繁荣阶段发生在美国农村学校合并的高潮与鼎盛时期。在1944年，美国白宫召开"第一次全国农村教育会议"，会议提出了"复兴农村教育"的口号，要求进一步重组农村小学区和小学校，继续推进农村"学校合并"政策，将如何发展农村教育作为会议主题，并倡导：为了追求效率、经济性和公平等价值，广大农村地区需要重组学区和学校管理结构。② 由此，美国农村"学校合并"运动掀起了高潮，各州农村学校都加快了学区重组和学校合并的步伐，"学校合并"运动进

① Sher, Jonathan P., *Education in Rural America: A Reassessment of Conventional Wisdom*, Colorado: Westview Press, 1977, p.40.

② Ibid., p.38.

入了快速发展阶段。尤其是在 1957 年，苏联第一颗人造地球卫星进入太空震惊了美国朝野，人们开始反思美国教育的不足之处。当时的哈佛大学校长、著名教育家科南特（James B. Conant）在著作《今日的美国中学》中，从学校规模与学生学业成绩关系的角度提出"规模效益"理论。他认为，美国小规模学校的普遍存在，不利于提供高水平的教育，严重阻碍了许多地区优质学校的建设，因此应该合并或重组那些小规模学校。科南特"规模效益"理论，对美国农村"学校合并"运动起到了推波助澜的作用。①

在国家政策的大力推动与支持下，美国农村"学校合并"运动如火如荼地进行，这为农村学校文化的发展创造了极大的空间与机会，使美国农村学校文化也经历着稳步繁荣的发展。较早合并的学校在其发展进程中，逐步形成了一套比较完备的管理体制与规章制度，以及支撑其持续发展的办学理念，并为即将进行合并的学校提供经验。政府在政策的制定与决策的实施方面，也有了可供参考借鉴的标准，使得这一时期的农村"学校合并"运动进展得比较顺利。在合并学校的建设中，开始考虑到农村地区固有的文化传统，并将其精髓融合于学校文化的形成与建设中，充分体现农村学校独有的文化特色。

（三）反躬自省阶段（1966—1982 年）

农村学校文化的反躬自省阶段主要发生在美国农村学校合并的衰微与停滞时期。20 世纪 60 年代后期，美国农村"学校合并"运动逐渐走向衰微。教育学家开始对"学校合并"运动进行质疑和反思。一方面，绝大多数农村小学区和小学校已经被重组或合并，由社区控制的学校管理模式已经不再是农村教育管理体制的"基石"。另一方面，人们日益认识到农村小学校和小学区"不可能被消除"，农村学校"规模效益"理论被"绝对化"了，开始对"学校合并"运动进行质疑和历史性反思。② 1966年，科尔曼（James S. Coleman）发表《教育机会均等报告》（Equality of

---

① Bard, Joe; Gardener, Clark; Wieland, Regi, "Rural School Consolidation: History, Research Summary, Conclusions, and Recommendations", National Rural Education Association, 2006 Annual, trove（http: //trove. nla. gov. au/work/77972986? q&versionId =91204445）.

② 王强：《20 世纪美国农村"学校合并"运动评述》，《外国中小学教育》2007 年第 8 期。

Educational Opportunity），又称为《科尔曼报告》（Coleman Report），报告强调农村学生平等的受教育权利，更加注重保障每一个儿童都能平等受教育的权利。这标志着美国农村学校改革运动开始沿着"多元均等"的路径发展。在教育均等理论与思潮的推动下，美国许多州对农村"学校合并"都采取的是较为谨慎的态度，至此，农村"学校合并"运动逐渐走向衰微，甚至出现停滞现象。

教育均等理论越来越深入地撞击着原有的教育观念，农村儿童平等的受教育权与农村本土文化的传承以及农村学校教育管理体制的发展越来越受到广泛的关注。伴随着农村"学校合并"运动逐渐走向衰微，农村学校文化也开始反躬自省。学校合并能不能真正促进教育公平的实现？学校规模会不会影响学生成绩？学校的办学理念与培养目标有没有把每个学生的发展考虑在内？合并学校的"大规模"教育能不能适应每个学生的个性发展？被合并的小学校或被重组的小学区所蕴含的优秀学校文化会不会在合并学校中得到继承与发展？学校或学区的合并会不会损害社区的共同性基础？这一阶段的自省反思和自我责问，为日后的学校文化的多元发展酝酿和奠定了一定的基础。

（四）百花齐放阶段（1983 年至今）

此阶段主要发生在美国农村学校文化的多元化发展时期。1983 年，美国高质量教育委员会（National Commission on Excellence in Education）提交了《国家处在危机之中：教育改革势在必行》（A National at Risk: The Imperative for Educational Reform）的调研报告，指出美国的教育问题较多，质量每况愈下，出现了前所未有的糟糕局面，与日本、苏联在教育方面的差距日益拉大。这份报告掀起了 80 年代美国全国性的、以提高教育质量为中心的教育改革运动。在高标准要求下，许多农村小学校和小学区的固有弊端又开始凸显出来，加之州政府的教育经费不足，使得农村地区又出现小学校合并或小学区重组的趋势。另外，由于受到教育机会均等思潮的影响，州政府特别重视以教育机会均等为目标来制订农村小学校发展的政策与计划。到 90 年代后期，美国出现了小规模学校运动，如纽约州把大规模的综合高中分解为几个更小的学习团体（learning academics），或者同一个学校环境内的"校中校"。

2000 年 12 月，克林顿总统签署通过了"农村教育成就项目"（Rural

Education Achievement Program，简称 REAP）。这是美国历史上第一次专门针对农村教育实施的拨款法案，是联邦政府为解决农村小规模学校问题的有力举措。2002 年，布什总统又对 REAP 进行重新授权，并将其纳入《不让一个孩子掉队》（No Child Left Behind，简称 NCLB）法案之中，并予以拨款。该法案的颁布标志着联邦政府进一步加强了对基础教育的干涉，以绩效责任为主要内容的基础教育改革在全美兴起，美国各州纷纷出台了多项政策来提高农村教师的数量和质量。例如，为吸引优秀大学生到农村学区和学校任教，一些州对在校大学生提供减免学杂费和设立教师奖学金政策。对农村学区存在的工资低、住房条件差等问题，许多州出台了贷款免还政策、招聘奖金项目和住房援助项目等。

在多项政策的导向鼓励和先进理念的引领下，美国农村学校进入多元化发展阶段，合并学校、小规模学校、一室学校及一师学校等多种类型的学校各具特色与优势，各种不同类型的农村学校同时存在、共同发展、相互补充，共同构成了美国农村学校教育体系①，为农村学校文化发展的百花齐放创造了实现的条件和奠定了殷实的基础。对于农村小规模学校而言，他们享有均等发展的机会，政府通过制度补偿来消除其所面临的制约性因素和压力，其学校文化更多地体现在与乡土文化的融合方面。这些学校培养了学生良好的自立与适应环境的能力，以及强烈的责任感。对于农村合并学校而言，由于得到了政府大量的资金支持，其办学条件较之前有了显著的提升，学校的专业水准、办学水平与师资力量也得到了充分的提高，教师的认证、考核、评价、培训制度在日趋完善。在课程设置上也采取了较为宽泛的策略，增加了农村合并学校学生对课程的选择性，学生的竞争精神与沟通协作能力以及知识储备都有了大幅提升，隐性学校文化在农村合并学校中得以体现。经过长时间的融合、自省与多元发展，美国农村学校文化呈现出百花齐放的局面。

二 美国农村学校文化转型发展的模式及特点

（一）美国农村学校文化转型发展的模式

基于对美国农村学校文化发展历程的考察，不难发现，美国农村学

---

① 王强：《美国农村教育发展史》，宁夏人民教育出版社 2009 年版，第 212 页。

校文化的转型发展与美国农村学校合并政策密切相关，政策对学校文化的发展造成一定的影响，同时也形成一定的可供借鉴的发展模式。

1. 强制—融合模式

这一模式主要是执行强制性学校合并政策，促进农村学校文化的融合。根据美国农村学校与社区信托基金会（Rural School and Community Trust，简称 RSCT）的调查研究，美国部分州通过出台强制合并的立法或者设定一些小规模学校及学区难以达到的教育标准等较为强硬的政策，来促使农村小学校进行合并，进而达到"外力"促进农村学校文化融合的效果。

受传统思维的影响加之根深蒂固的乡土情怀，使得大多数小学校及小学区在合并之初是不情愿的，甚至是排斥学校合并的。通过强制性政策来迫使农村小学校的合并与小学区的重组，体现了政府对学校教育的干预与对学校文化的整合。在州政府强制性政策下，达成学校的合并以后，合并学校多样化的课程设置、丰富的设施设备、稳定的教师、性格各样的学生都潜移默化地影响着其中的每一个人，在学习和交往的过程中产生了原有学校文化的融合，形成了合并学校新的文化韵味。

2. 温和—渗透模式

这一模式主要是推行温和性学校合并政策，达成农村学校文化的渗透。农村学校合并涉及多方面因素的共同影响与作用，它作为美国促进教育均等的重要举措，一直都饱受争议。为了避免正面冲突、减少矛盾，许多州采取比较温和的政策来推进农村学校的合并，进而达成农村学校文化的相互渗透。

与强制性政策相比，温和性政策更加注重公民自主权的发挥，在充分避免正面冲突，减少矛盾的基础上，采取相应的措施以促成农村学校的主动合并。例如，有的州通过减少对农村小学校和小学区的投资，来迫使其"主动"地参与学校合并；有的州建议委任一名代表来劝告本州农村小学校及小学区进行合并；有的州给小学校进行考虑与考察的期限等。① 这些温和性的合并政策，更加充分地考虑到了人的主体性，更加深刻地体现了教育的民主化，从某种程度上来讲更受到农村学校的支持，

---

① 王娟涓、徐辉：《美国农村中小学合并研究》，《比较教育研究》2011 年第 12 期。

更有利于农村学校文化的相互渗透。

3. 鼓励—革新模式

这一模式主要是倡导鼓励性学校合并政策，加快农村学校文化的革新。增加对农村合并学校的财政投入与补贴，是最为直接也是效果最为显著的鼓励性政策。政府投入大量资金用于直接补贴或者资助农村学校建设，使得合并学校的规模、师资、设备以及课程设置、资源等，均较合并前有了显著提升，在加快学校合并的同时，也有助于农村学校文化的革新。

新教学媒体、设备的使用，增加了学生学习的多样性；计算机的使用拓宽了学生了解知识的渠道，为学生提供了更多学习的机会；教师的多种培训，提升了教师教学的专业性与专业素养；与此同时，也增加了农村与农村、农村与城市之间相互交流的机会，促使学校间不同的价值观在相互碰撞与借鉴中得到提升，加快了农村学校文化的革新。

4. 小规模—多元化模式

这一模式主要是坚持小学校发展，实现农村学校文化的多元化发展。由于美国是一个具有教育分权传统的国家，农村中小学是否合并取决于各州的具体政策，并不是所有的州都积极推行合并政策。政策的制定通常会考虑当地的经济发展水平和社会发展的实际情况，在综合权衡各种影响因素包括地理位置与环境、固有文化传统与风俗、交通状况、人口密度等的基础上，有些州还是坚持"保持并发展农村小学校"的做法。

农村小学校、小学区一般位于社区内部，学生就学没有距离的限制，辍学率相对较低。加之学生人数一般较少，更利于教师的因材施教，并且使得学生在强烈归属感的促使下，更加积极主动地学习。学校深入农村社区，与当地乡土文化紧密融合，培养了学生良好的自立与适应环境的能力，以及强烈的责任感。这些特点与合并学校的培养方式相互补充，共同构成了农村学校的多元文化样态。

（二）美国农村学校文化转型发展的特点

从美国农村学校文化发展历程和发展模式来看，美国农村学校文化的特点都集中体现在农村"学校合并"运动的进程中，对农村学校合并的不同认识以及所采取的观点与做法，反映出美国农村学校文化发展的特点。

1. 导向与选择并用

政策导向性和自主选择性是美国农村学校文化发展的主要特点。政策导向性主要体现在美国农村学校文化发展的强制—融合模式中。美国一些州政府制定的强制性合并政策在促进农村小学校合并和小学区重组的同时，对农村学校文化的发展也起到了一定的导向作用。合并学校以其全新的办学理念和学校精神以及教育责任和价值取向，深深地影响着教师和学生的身心发展以及其人生观、价值观的养成与重塑，进而也使得农村学校的发展沿着既定目标前进，为教育均等的实现提供政策保障的同时也指明了其努力的方向。

自主选择性主要体现在美国农村学校文化发展的温和—渗透模式与鼓励—革新模式中。在充分注重人的主体性与教育的民主化基础上的学校发展的自主选择性，从某种程度上也体现出学校文化的自主选择性。美国农村学校由于其螺旋式的发展态势，因而在其漫长的发展进程中，对学校文化本身的"去粗取精"、不断提升就显得尤为重要。在州政府温和性、鼓励性的合并政策下，农村学校不盲目地追求合并抑或独立，而是根据自身发展的特点与实际，积极主动地寻求并突破着自己的发展方向。

2. 融合与独特并存

融合性与独特性并存是美国农村学校文化发展的又一特色。融合性体现在学校合并后不同文化的碰撞、包容与融合。合并学校以其博采众长、兼容并包的特点，吸引着大多数州通过各种方式来促进农村小学校的合并或小学区的重组。纵观整个 20 世纪，美国多数州政府都通过制定各种政策以大力推进学校或学区进行合并。根据美国教育统计中心的数据，1937—1938 年，全美共有 117108 个学区，约 25 万所公立学校；在1999—2000 年，学区数量减少至 14928 个，公立学校仅为 92012 所。直至现阶段，美国各州都针对本州农村学校和学区的具体情况出台了具有不同倾向性的政策和法规，多数州和地区通过立法及财政拨款等多种措施促进农村学校合并。这些倡导农村"学校合并"的州认为，通过对小学校的合并或小学区的重组，可以促进多学校或学区的教育文化融合，开拓学生的视野，丰富学生的精神世界，使学生在与教师、同学沟通的过程中感受广博知识的魅力与乡土文化的兼容并包，充分体现出学校文化的融合性与包容性。

独特性体现在小规模学校的保留以及美国农村学校文化呈现出多元化发展方面。在美国强力推行农村学校合并政策的背景下，并没有实行一刀切或整齐划一，而是根据实际情况允许和坚持小规模学校的保留与发展。他们认为，学校的合并或学区的重组并不一定有利于学校文化的发展，也并不意味着教育教学质量的大幅提升，反而会造成本学区学校文化的消逝，不利于本学区的发展与文化的传承。有部分州希望通过改善农村学校的办学条件来支持小规模农村学校建设，小规模学校以其独特的培养方式、办学宗旨与价值在"学校合并"的大潮中保持下来。21世纪初期以来，美国农村呈现出更加多元化的趋势，地区之间的差异，不同地区之间人口流动都不同程度地影响和决定了农村学校文化的多元化趋势，在一些小规模学校中，传统习俗、乡土文化更加凸显，其独特性又进一步促进了农村学校多元文化的发展。

3. 现代与乡土并行

从某一角度而言，美国农村学校文化发展进步的过程就是其追求现代化改造的过程。在州政府各种政策的推动下，美国农村学校的发展以及农村学校文化的发展都取得了显著的成效。特别是联邦政府和州政府对农村学校投入的大量教育资金，改善了农村地区学生的学习条件，加强了农村学校教师工作的积极性，加快了农村学校教学设备的革新与教学信息的更新，适应了现代化进程对农村发展的要求，使得农村学校文化的发展朝着现代化发展方向不断前进。

美国农村学校文化在向现代化迈进过程中，并没有放弃对其乡土性的提升。根深蒂固的乡土情怀与保守性，并不是那么容易就能被消除的，相反，具有乡土特色的学区文化对农村学校文化的现代化改造具有不可磨灭的作用。一方面，农村学校文化的现代化发展以乡土性提升为基础。农村社区文化在传承与发展的过程中，经历了多重的检验与甄别，能够得以保留则体现出其存在的必要性。农村学校根据自身实际情况，结合本社区固有文化的提升改造，逐步形成了其现代化发展格局。另一方面，农村学校文化的乡土性提升以现代化发展为保障。新教学媒体、设备的使用，尤其是计算机的普及，加强了不同学区、不同学校间的交流，促进了学校文化的彼此融合以及不同价值观的相互碰撞，加快了乡土文化

"去粗取精"的进程，适应了农村学校文化的革新与多元发展。

三　对我国农村学校文化转型发展的启示

（一）加强法规体系建设和政策导向，促进农村学校文化的高效融合

美国专门针对农村地区的基础教育进行立法，将教育纳入法制化轨道，有利于其全面可持续发展。这些立法既包括教育政策的执行程序、农村基础教育的经费分担机制、教师的培训、教育质量的评估、教育设施标准等，又包括对教育立法的执法力度。[①] 在美国农村学校文化发展的历史进程中，逐步形成了村镇学区、县和州职责分明、相互协调的农村教育管理体制，加之灵活的政策导向，使得农村学校在其文化传承与教育发展诸方面协调稳步发展。

就我国目前而言，已有法律只是从国家的层面对城乡义务教育均衡发展进行了原则性规定，还缺少相应配套的行政法规、地方性法规、行政规章、地方性规章以及其他有关教育的规范性文件，尚未形成一个完整统一的法律体系。[②] 因此，从长期化和可持续发展的角度出发，需要考虑制定农村教育长期发展政策，进一步完善中央、省市、区县、村镇四级管理机制，因地制宜地制定相应措施，以完善农村教育目标，传承传统农村学校文化。在此基础上，采取灵活的多元政策导向，鼓励农村学校自主选择文化发展路径，促进农村学校文化的发展迸发出活力与激情，使学生真正热爱农村乡土文化，实现农村传统文化及农村学校文化得以传承、融合与发扬。

（二）增加专项教育投入，达成农村学校文化的多方渗透

美国州政府通过州全额负担方式和等额补助方式以实现教育经费的公平分配；通过基数补助方式、税基补助方式和学区财力均等化补助方式等财政转移支付手段实现对经济落后学区的财政倾斜。基于这些具有倾向性的财政保障制度，美国农村学校得以发展与完善，农村学校文化得以传承与渗透。

教育经费投入不足一直是制约我国教育事业发展的"软肋"，相关数

---

① 宋秀珺：《美国农村基础教育服务及启示》，《外国中小学教育》2008 年第 7 期。

② 王娟涓、徐辉：《美国农村中小学合并研究》，《比较教育研究》2011 年第 12 期。

据显示，截至 2008 年，国家财政性教育经费支出占 GDP 的比例只达到 3.48%，仍然低于 4.5% 的世界平均水平。充足的教育经费是教育快速发展的先决条件，对经济状况处于弱势状态的农村地区而言，政府的教育经费投入就显得更为重要。只有在得到充足的教育经费的基础上，农村学校物质文化才能得以提升，才能达成农村学校文化的多方渗透。为切实保证教育经费分配的公正性与合理性，充分提高农村小规模学校的物质文化，应从规模、质量等维度出发，在对农村小规模学校进行合理评价的基础上，设立小规模学校专项拨款制度，同时广泛调动社会各界的力量，多渠道增加农村学校物质投入，促进农村学校物质文化快速发展。

（三）构建师资保障机制，加快农村学校文化的全面革新

美国在发展农村学校的进程中，师资保障机制配合着法律、经费保障机制共同构成了其保障体系，三方面的协调发展对于加快农村学校文化的全面革新起着至关重要的作用。在美国，除增加工资外，学区还提供一系列奖金、住房补助、学费补助、减免税收和其他财政措施，以吸引和鼓励高素质教师，并通过广泛的招聘来招募高素质的教师。[1] 此外，联邦政府特别注重教师的进修与培训。为了保证教师在职进修顺利进行，1976 年，当时的美国总统福特签署政令，拨专款在全国设置若干个教师进修中心。1983 年，美国众议院通过一项议案，拨给各州 2.5 亿美元，专门用于农村教师在职进修和新教师的培训。

鉴于我国农村学校教师数量不足、素质不高的现状，加快构建师资保障机制，对于全面推进农村学校文化的革新有着举足轻重的作用。教师尤其是农村学校的教师，除了向学生传授知识技能以外，更重要的是对于学生价值观和学校文化的引领。要提高农村地区教师待遇，改善他们的工作条件，增加农村教师的编制，加强对农村地区教师的培训，强化教师进修制度，提高农村教师整体素质，促进农村学校教师专业化发展，使他们能及时有效地与外界互动，了解最新的教育动向，接触现代化教学设备与教学手段，在与本地区实际相融合的基础上，以促进其自身学校文化的不断革新。

---

① 宋秀琚：《美国农村基础教育服务及启示》，《外国中小学教育》2008 年第 7 期。

（四）适当保留小学校，实现农村学校文化的多元发展

美国在实现农村学校文化的多元化发展方面，允许和坚持小规模学校的保留与发展，并从政策方面予以保障。一方面，加强对农村小规模学校的资金支持，例如，2000 年 12 月，克林顿总统签署通过了第一项专门针对农村教育的拨款法案"农村教育成就项目"；另一方面，加强对农村小规模学校的师资队伍建设，增加了农村教师资格条件的弹性。① 在此基础上，美国农村小规模学校得以保留与发展，农村学校的多元文化样态得以形成。

在我国，一些农村地区由于受地理位置、环境等条件的限制，发展大规模学校似乎不太切合实际，小规模学校的存在不可避免。习总书记也强调"要以保障每一个孩子都有学上为底线促进教育公平……改善农村留守儿童接受义务教育状况，办好农村必要的教学点，统筹解决好一些地方农村学校'空心化'、县镇学校大班额问题"②。小学校深入农村地区，与当地居民有着不可分割的紧密联系，当地乡土文化与风俗习惯在潜移默化中对学校产生了影响，构成了学校文化的一部分。农村小学校的存在，对促进教育公平、实现城乡教育与文化一体化进程，实现农村学校文化的多元发展方面显得较为重要。农村小学校以乡土文化气息浓厚、学生归属感和责任感强等发展优势，与规模较大的学校共同形成农村学校文化的多元发展态势。因此，要在充分考虑农村地区实际情况的基础上，适当保留必要的农村小学校，奠基其乡土底蕴，彰显其乡土特色，发展其独特文化内涵，实现农村学校文化的多元发展。

第二节　英国农村学校文化转型的历程与特点

英国农村学校及其文化在英国大规模农村教育的启蒙时期、教育世俗化与大众化时期、教育平等化发展时期分别得到不同程度的发展与进步，在世界范围内产生了深刻的影响。

---

① 贾建国：《美国农村小规模学校运动及其对我国的启示》，《外国教育研究》2010 年第 4 期。

② 《深入学习贯彻习近平总书记系列重要讲话精神》，《人民日报》2014 年 1 月 20 日第 8 版。

一 英国农村学校文化转型发展的历程

（一）启蒙化发展阶段（16世纪以前）

英国农村学校及其文化的启蒙化发展阶段主要发生在英国实施大规模农村教育的启蒙与发展时期。自第10世纪英国国王埃德加颁布"加强农村儿童教育"的法令以来，英国国内各慈善团体就开始对农村儿童的教育以及农村学校的发展予以重视，例如，一些慈善团体在农村地区自愿提供办学场所，来招收贫困家庭的儿童读书识字。但其教育的内容一般仅限于民间传说和宗教知识。15世纪末，印刷术被引入英国，使一些印刷物得以大量出现，如有关民俗方面的书籍、本族语作品、编年史、抒情诗和初级读物等。这些印刷物的出版，在很大程度上增加了人们对于读写教育的兴趣，同时也扩大了其受教育的机会，为农村学校的建立奠定了基础，也为农村学校文化的兴起夯实了根基。16世纪的宗教改革使更多的人意识到教育的重要性，打破了宗教对教育的垄断，刺激了农村教育的发展，为农村学校文化的形成奠定了初步的基础。

（二）融合化发展阶段（17—19世纪）

英国农村学校及其文化的融合化发展阶段主要发生在英国教育的世俗化、大众化发展时期。17世纪40年代，随着农业年景的好转，农村中的乡绅开始建设集镇、捐资助学或兴办学校，加速了英国教育史上的"办学热"，在很大程度上推动了英国农村教育的发展。18世纪初，非国教徒为逃避惩罚从城市迁到农村，并将农村已创办的学校化整为零，在许多村庄建立起家庭式的小型学校，进一步扩大了农村儿童的受教育机会。农村学校和家庭式小型学校的建立，意味着农村地区儿童的受教育权开始受到重视，从某种程度上打破了教育被宗教所垄断的局面，使得职业教育可以在家庭和学校同时进行。特别是17—18世纪，人们的现代教育观念逐渐形成，教育的世俗化和大众化倾向也在逐步凸显，农村学校以及农村学校教育的价值也越来越为广大民众所重视。然而，直至19世纪中叶，英国仍缺乏相应的政策来确保其教育的稳步发展。1851年3月31日，宪章派代表大会通过的"宪章派鼓动纲领"的第三部分"教育"明确指出：因为每个人有权拥有物质生活的手段，所以也同样有权拥有精神生活的手段。扣压智力需要的精神食粮，如同不发给身体所需的食品一样，都是不合理的。所以，教育必须是国有的、普及的、免费的，以及在某种程度上是强迫的。因此，议会在 1870 年通过了以成立免费学校、实行强制性世俗教育为核心的《福斯特法案》，扭转了民众教育不受重视、学校控制在教会手中的局面，在一定程度上推动了英国教育的发展。

民众受教育权的扩大，加之教育内容的扩展，以及受教育机会的增加，给更多的平民提供了学习与交流的平台，使他们对读写教育日益高涨的需要得到满足，同时，也使得他们已有的价值观、世界观在相互合作、学习与交流的过程中得到逐步的更新与融合。家庭式小型学校的出现，适应了当时的社会发展情况，在促进读写教育迅速发展的同时，使得当地乡土文化与学校文化有机地融为一个整体。此外，随着教育世俗化、大众化进程的不断推进，原有学校文化中单调的宗教色彩得到了丰富和完善，世俗化教育内容的融合使得农村学校文化的内涵有了很大程度的提升与拓展，促进了农村学校文化的融合发展。

（三）多样化发展阶段（20 世纪以来）

英国农村学校及其文化的多样化发展阶段主要发生在二战后英国教育平等化发展时期。英国政府在 1944 年出台了《巴特勒教育法》，标志着其率先于资本主义国家进入了战后教育重建工作。该法案的基本出发点是普及中等教育。[①] 在中等教育阶段，主要有三种类型的学校，分别是文法中学、技术中学和现代中学。这三种类型的学校有着各自的教育目的和培养方案，因而在课程设置方面表现出不同的倾向性：文法中学具有较强的学术性，其设置的课程多为继续学习与研究做准备；技术中学具有较强的技术性，其设置的课程多为能够在企业中学以致用做准备；现代中学具有较强的职业性，其设置的课程多为中学后走向劳动力市场做准备。三种类型中学的存在，体现出英国政府对于教育普及的重视，也表明广大平民，尤其是农村地区儿童的受教育权得到了应有的重视。学校类型的增多，也意味着学校数量的增多，进而促进了农村学校的繁荣发展。相应地，不同类型的学校也休现出不同的学校文化特点。文法中学以其浓厚的学术氛围和传统的课程设置，以及较高的升学率，取得

---

① 袁桂林：《英国普通学校课程改革及原因分析》，《外国教育研究》1992 年第 1 期。

了较高的声望。技术中学更加注重与当地企业的用人需求相适应，在课程设置上融入一些技术类课程，重视学生学以致用能力的培养。现代中学一般不以学生升学为目标，学生完成学业以后多进入劳动力市场从事工作。广大农村地区的学生可以根据自身学习情况与发展需要以及家庭经济状况等选择不同类型的学校学习，接受不同程度与不同侧重的教育，完成相应的学习任务，为继续学习或就业打下坚实的基础。但不同类型学校的毕业生在就业和升学机会上存在着不平等，农村贫困家庭的孩子可能由于家庭经济条件的限制不得不进入现代中学学习，以为更早地进入劳动力市场工作做准备，这就从某种程度上剥夺了其继续学习的机会。而且小学阶段学习成绩不理想并不意味着中学阶段的学习肯定存在问题，不能光凭小学阶段的学习成绩来划分学生进入什么样的中学进行学习。诸如这些问题，事实上造成了不平等的教育机制。因而，从 1947 年起，伦敦、布里斯托尔等地开始创办综合中学的试验，旨在建立一种能满足所有儿童对各种中等教育需要的新型学校。但是，50 年代前，综合中学的发展极其缓慢。1950 年，英格兰和威尔士只有 10 所综合中学，学生占中学生总数的 0.3%，1955 年也才有 16 所，学生占中学生总数的 0.6%。50 年代中期以后，由于工党的竭力提倡，一些地区逐步改组综合中学。到 60 年代以后，综合中学逐步兴起，并取代了三类学校原有的重要地位。"到 1960 年，综合中学达到 130 所，学生所占的比例为 4.7%。到 1965 年，综合中学发展到 262 所，学生比例为 8.5%。"[1] 综合中学在农村的出现及逐渐普及，为农村儿童带来了平等的接受各种知识的机会，使其所学习的知识得以不断丰富与拓展，有利于其价值观、世界观的完善与更新。从学校文化角度看，综合中学更大程度地体现出学校兼容并包、兼收并蓄的特点。教育目的方面，更加注重学生的主体地位和身心发展；课程设置方面，更加注重课程的融合性和综合性；教学原则方面，更加注重循序渐进和因材施教；教学方法、手段方面，更加注重现代教学媒体与技术的应用。综合中学的逐步普及，满足了农村地区学生培养与发展的需要，也适应了农村学校自身发展与完善的需要，同时为农村学校文化的多样化发展提供了更加广阔的平台。

---

① 吴式颖：《外国现代教育史》，人民教育出版社 1997 年版，第 473 页。

综合以上各种类型学校的教育目标、培养方式、课程设置、教学原则、教学方法诸方面的内容，可以看出二战后英国对教育的重视以及对教育平等化的追求。多种类型学校在农村同时存在，在相互补充中得到共同发展，在相互借鉴中取得共同进步。在此基础上，农村学校文化也得到了前所未有的多样化繁荣发展。并且，随着政府重视度的加强，各类型农村学校在办学条件、师资力量、专业水准等方面都有了很大程度的提升，为农村学校的稳步发展奠定了良好的物质基础，同时也使农村学校文化得以积淀与传承。

二　英国促进农村学校文化转型发展的路径与特点

基于对英国农村学校及其文化发展历程的考察，可以发现，英国农村学校及其文化的发展伴随着英国教育的发展而不断发展与进步。尤其在二战后，特别是 20 世纪 80 年代以来，英国农村基础教育得到了进一步的改革与发展。正如英国教育家奇蒂（Clyde Chitty）所指出的："在《1988 年教育改革法》颁布后的几年里，英国教育已发生了根本的变化。"[①] 正是在这一发展过程中，逐渐形成了适合本国实际的发展路径。

（一）英国促进农村学校文化发展的路径

1. 拓展农村基础教育，创建多样化农村学校文化

英国 1918 年《费舍法案》和《1944 年教育法》的颁布，先后解决了普及义务初等教育和中等教育的问题，使得二战后英国基础教育得到了快速的重建。20 世纪 70 年代在公立中小学就读的儿童占全部义务教育适龄儿童的 93% 以上，20 世纪 90 年代以来，英国 5—16 岁儿童和青少年的入学率几乎达到 100%。英国政府 1992 年发表的教育白皮书明确指出："在二战以后的年代里，我国的教育制度发生了巨大的变化……受教育机会的性质也出现变化，统一性越来越让位于多样化。"[②]

基础教育的普及与发展，加快了英国教育均等化的进程。在越来越多农村地区儿童、平民子弟接受学校教育的同时，也意味着教育被贵族、

---

① C. Chitty, *The Education System Transformed*, Manchester: Baseline Books, 1992, p. 99.

② 吕达、周满生：《当代外国教育改革著名文献》（英国卷·第二册），人民教育出版社 2004 年版，第 170 页。

宗教控制的局面的瓦解。农村学校教育的内容在原有宗教知识的基础上得到了极大的拓展与丰富，其培养目标也越来越具有指向性，农村学校文化越来越趋向于多样化协调发展。

2. 增加综合学校比例，丰富农村学校文化内涵

二战后，英国中等教育阶段先后出现了文法中学、技术中学、现代中学、综合中学等多种不同类型的学校。据统计，1985 年，英国综合中学约占全部中学的93.1%，其中英格兰为84.5%、威尔士为98.4%、苏格兰为96.4%。可见，综合中学已经成为英国中等教育阶段的主要学校类型。此外，随着国家经济的逐步发展，国家对农村基础教育重视度的不断提升，直接拨款农村公立学校的数量也在显著增加。

学校类型的增多和综合学校比例的扩大，适应了社会发展的需求，体现出英国基础教育以及农村教育的多样化发展趋势。多样化和综合性办学扩大了学校的自主权，提高了其办学的积极性，也增加了普及农村基础教育的渠道，这在一定程度上丰富了农村学校文化的内涵。

3. 加强政府干预，规范农村学校文化风尚

19 世纪以前，英国政府很少干预教育，教育一般掌控在教会手中。从 19 世纪初起，政府干预教育的呼声越来越高。政府加强对教育的干预，主要体现在一些有关教育政策的法令的颁布和相关教育管理机构的建立上。如 1807 年，惠特布雷特（S. Whitbriad）提出一项《教区学校议案》，建议政府在每个学区建立由国家管理的学校。此后，不断有人提议政府干预教育。1899 年成立了由国会直接领导的国家教育委员会，取代了原来教育局和慈善委员会，统一对初等教育和中等教育的管理。这样，国家对教育的干预逐渐加强。

随着国家对教育干预的加强，中央政府对学校课程内容及课程设置的权力显著加大，使它成为在将来就泛欧课程内容达成协议、便于师生跨国流动和统一资格的一个重要步骤。[①] 同时，政府的干预也对学校的发展尤其是农村学校的发展指明了方向，增加了农村学校学生了解城市学校甚至是整个欧洲学校及其教育的机会，使得农村学校无论在课程设置

---

① 吕达、周满生：《当代外国教育改革著名文献》（英国卷·第二册），人民教育出版社 2004 年版，第 170 页。

还是教学管理上都朝着更加规范化的方向发展，逐步形成了农村学校文化的新风尚。

4. 构建支持体系，创造农村学校文化共建局面

20 世纪 70 年代末至 80 年代初以来，英国政府在中小学教师资格方面制定了新的政策，同时，对合格教师的职前培训与在职培训予以充分的重视。这一政策对农村教师的专业知识、专业素养和专业技能有了统一的规范与发展标准，对农村教学质量的提升以及农村学校文化的发展具有不可估量的作用。此外，农村社区作为农村学校依附的大环境，对学校文化的形成与传承具有一定程度的导向与引领作用。丰富多彩的农村社区活动和资源共享，对农村学校教育有很好的补充与强化的效果，有利于农村学校文化的创新。20 世纪 80 年代以来，家长对学校的选择权逐渐扩大。家长不仅可以使他们的合理愿望得到满足，而且可以通过投票来决定直接拨款公立学校的地位。这对于农村学校全面提高教学质量、不断完善教学管理体系等具有很大的激励作用。农村学校的发展及文化的传承与创新，离不开政府、社区、家长等多方面的协调与合作，在多方共同协调与努力下，农村学校及其文化展示出新的局面。

（二）英国农村学校文化转型发展的特点

1. 世俗化与大众化相依

世俗化与大众化相互依存是英国农村学校文化发展的一大特色，共同体现在英国农村学校文化的融合发展阶段，也就是英国教育的世俗化、大众化发展时期。早在 15 世纪，英国的教育就已经出现了较为明显的世俗化倾向。教会虽仍然是主要的教育机构，但是，教育正逐步摆脱教会的控制。15—16 世纪以后，随着英国教育慈善事业的逐步发展以及教育资源的不断扩大，各阶层人民普遍意识到教育的重要性，学校教育的作用在很大程度上得以凸显。相应地，农村学校及其文化的世俗化、大众化特征也凸显出来。学校教育的内容不再仅仅局限于《圣经》和经院哲学，而是逐步转向更为实用的知识、技能的传授。同时，农村地区儿童、平民子弟平等的受教育权得到充分的重视。越来越多的儿童进入学校接受教育，促进英国农村学校及其文化发展的同时，也为英国教育均等化奠定了殷实的基础。

2. 传承性与创新性并重

文化传承性与创新性并重是英国农村学校文化发展的又一特色。传承性体现在英国渐进式教育变迁的过程中。纵观英国农村学校教育的发展，无论是 17 世纪加速的"办学热"、18 世纪兴起的家庭式小型学校，还是 20 世纪出现的多种不同类型的学校，都使得农村学校沿着教育均等化的方向不断努力，不断迈进。与此同时，农村学校文化也在潜移默化中得到了传承与发展。然而，在这一进程中，"去粗取精"的传承并不足以满足其稳步发展的态势，别具特色的创新也显得尤为重要。创新性主要体现为英国农村学校文化新风尚、新局面的形成。英国看到国际局势之于教育的发展趋势，认清师生跨国流动的现实性与必要性，因而在其学校教育上逐步重视"泛欧课程"的设置。同时，在农村学校发展上注重学校与农村社区、家长的联系，融社区文化、家庭文化于学校文化之中，拓展并丰富了农村学校文化的内涵。

3. 渐进性与多样性共存

恩格斯于 19 世纪就指出："在英国，一个进步一经取得，照例以后永远不会失去。"[1] 相对于教育，同样亦如此。英国渐进式教育变迁方式注重点点滴滴的积累，注重历史发展的连续性，埃德蒙·金将这种变迁方式视为"勉强的革命"，它不贪多求大，讲求踏踏实实的进步。渐进性使得英国教育发展与改革的步伐具有很大程度的稳健性。英国农村教育的发展历程并没有大刀阔斧的豪迈，但其稳健的步伐使得其农村教育持续不断地发展进步，并没有因为发展过程中存在的种种矛盾和冲突而导致教育均等化进程的停顿或逆转。[2] 渐进式发展道路在处理农村学校教育过程中传统与创新、继承与否定的关系上取得了显著的成效。同时，渐进式发展道路并没有导致英国学校及其学校文化的单一性发展，相反，在其渐进式稳步发展的进程中形成了多样化的农村学校文化发展态势和多样化的基础教育发展渠道，体现出渐进性与多样性共存的农村学校文化特点。

---

① 王承绪、徐辉：《战后英国教育研究》，江西教育出版社 1992 年版，第 366 页。
② 褚宏启：《历史上英国教育现代化进程的渐进式特征》，《比较教育研究》2000 年第 3 期。

三　对我国农村学校文化转型发展的启示

（一）坚持渐进式运行模式，保持具有乡土特色的学校文化

英国在发展其农村学校的进程中，体现出渐进式的发展态势：不急于求成，不大刀阔斧，而是循序渐进，踏实稳健地使其教育及农村学校文化持续不断地发展进步。在这一发展过程中，当地农村社区的风俗与习惯在很大程度上对农村学校文化产生了潜移默化的影响。

在我国，为实现城乡教育一体化进程，部分农村地区片面追求"城乡统一"，学校在教学内容的选择上城市化倾向严重，脱离乡村实际需求和本地实际情况，导致学校文化发展过程中缺少乡土文化的支撑，不利于农村学校及其文化的传承与发展。为确保农村传统文化价值得以传承与实现，农村学校文化的发展就需要在依托乡土风情，深度挖掘乡村文化意蕴与底蕴的基础上，实现农村文化与学校文化的结合与发展。例如，在校本课程的设计与开发中，可以加入一些反映当地乡土文化的元素进去，使学生在校本课程学习过程中更加深入地了解自己家乡的文化特色，同时也增强学生校本学习的兴趣与积极性。在发展农村文化、构建学校特色文化的同时，增强学生热爱家乡、建设家乡的责任感与使命感。

（二）注重政策倾斜与灵活导向，促进农村学校文化的融合发展

英国在其教育发展与改革的进程中，制订了不少关于改进与加强农村（平民）教育的政策与计划，为农村学校及其文化发展奠定了良好的基础。如推行教育均衡发展的指导理念——走"第三条道路"，改造薄弱学校的有效尝试——"教育行动区"计划，改善处境不利地区和群体的教育状况——"教育优先区"计划。

在我国，严重的城乡差距、东西部差距，使得无论是教育资源的分配，还是政府教育财政拨款都显得尤为不均。农村学校的教学理念、教学设备等长期得不到有效更新，导致其学校文化也得不到很好的发展与创新。因此，提升农村学校文化，要从加强教育公平、注重农村学校理念与设备更新入手，在充分发挥教师教育潜能、充分利用学校教育教学资源的基础上，通过制订有利于农村学校发展的各种政策计划，为农村学校文化的发展创设良好的契机。对于现代学校教育来说，良好的教育

教学设施与优秀的师资队伍有效结合，特别是教师潜能的充分激发，乃是提高教育质量、促进学生发展的基本保证。[①] 同时，不搞"一刀切"的形式统一，要根据实际情况制订不同倾向性的政策或计划，确保不同形式、不同类型的农村学校同时存在，在兼收并蓄的基础上实现农村学校整体提升，以及在此基础上的农村学校文化的有效融合。

（三）达成校际互动，持续传承优秀学校文化

英国在其农村学校发展的进程中，注重各类学校办学优势的发挥，多种类型学校在办学理念、培养方式、课程设置、教学方式、评价机制等方面相互补充、相互融合，共同构成英国农村学校的整体构架，为教育均衡发展提供了契机。

农村学校只有不断地从外部汲取变化的信息，吐故纳新，才能达成学校文化内部的转型和更新。[②] 在我国，农村学校之间、农村学校与城市学校之间的互动相对较少，因而在学校文化方面的交流与沟通就更少，不利于优秀学校文化的传承与发展。在实现城乡教育一体化的进程中，应该增加学校间交流与互动的机会，通过比较其他学校与自己学校的不同，不断反思其他学校的优势所在，使自身价值观、世界观得到持续不断的更新，积极主动地吸收优秀的学校文化，在各学校优势互补的基础上，积极主动地使优秀学校文化得到传承。

（四）优化布局调整，形成合理体量，更新学校文化

一般而言，学校布局的调整大都是针对小规模学校的，主要体现为随着小规模学校的合并或重组，学校在规模及数量上所发生变化的过程。英国在学校的布局调整方式方面可谓独树一帜，例如，威尔士的圭内斯郡（Grynedd）在初等学校的布局调整中，不仅采用了关闭学校、维持原有学校和建立区域学校的方式，使小规模学校的规模和数量发生了改变，而且还采用了一种创新的方式——联盟学校（Federal School），即学校间进行联合，各学校仍在原地点为学生提供教育，在组织运行管理上由一

---

① 周兴国：《农村学校改进问题与出路》，《中国教育学刊》2014 年第 5 期。

② 张新海、李婕：《农村学校文化调查》，《教育理论与实践》2014 年第 1 期。

名校长进行统一领导，也由一个统一的管理委员会来负责管理所有
学校。①

　　在我国农村学校布局调整的过程中，存在盲目合并小规模学校，片
面注重规模与效益的现象，缺乏具体问题具体分析的责任感，不利于农
村学校文化的多样化协调发展。因此，在农村学校布局调整上，就需要
打破原有的思维定式和行为模式，改变单一调整学校规模或数量的片面
举措，以科学发展的思维来创新学校布局调整，使农村学校达到合理的
体量。经调整的学校，在学校文化建设中，能够对各学校传统文化保持
传承与发扬，同时摒弃消极的成分。使得农村学校文化在使学生感受亲
切与温暖的同时，给予学生心灵的慰藉，以满满的正能量激励农村学生
坚定发展的愿望，享受学习的乐趣，促进农村学校文化融会贯通与多元
和谐的稳步发展。

第三节　法国农村学校文化转型的历程与特点

　　法国农村学校文化在历史长河的发展进程中，大致经历了萌发奠定
阶段，寻求"统一化"阶段、追求"民主化"阶段和探求"优质化"阶
段，成为城乡教育一体化发展的典范。

一　法国农村学校文化转型发展的历程

　　法国农村学校文化的发展紧紧跟随不同时期法国基础教育改革的时
代步伐。在历史长河的不断探索中，法国农村学校文化经过挣扎、思考，
取得长足发展。综观其整个发展历程，大致可以分为如下几个阶段：

　　（一）萌发—奠定阶段（18世纪末—19世纪）

　　1789年法国大革命确立了法国教育改革自由平等的思想基础。18世
纪末至19世纪，法国农村学校文化伴随基础教育改革的步伐处于萌芽—
奠定阶段。综观整个发展阶段，法国政局先后经历了君主立宪制、吉伦
特派共和国、雅各宾派民主专政、法兰西第一帝国（1799—1815）、复

---

　　①　王建梁、帅晓静：《威尔士农村小规模学校布局调整的创新及启示》，《外国中小学教
育》2012年第3期。

辟王朝（1815—1830）、七月王朝（1830—1848）、法兰西第二帝国（1852—1870）、第三共和国初期（1871—1898）等历史时期，并确立了中央集权的教育管理体制和基础教育体制，农村学校文化随之萌发并且得以初步奠定。1833年颁布的《基佐法案》规定建立乡镇一级小学，实行部分免费教育。法案具体内容包括：政府与教会应携手发展初等教育；扩大初等学校自主办学权；初级小学的教育任务在于向学生传授生活上所必需的基本知识，开设职业课程，使学生获得有关工厂和田间活动的实际知识。[①] 1882年出台的《费里法案》规定了公立小学要全部免费，确立了法国教育"免费、义务、世俗"的三原则。法案中的规定对农村义务教育的普及提起了重视，农村学生可以免费接受教育，并且受法律保护。同时，这些教育政策为法国现代教育的发展奠定了良好基础，有利于农村学校文化的自主选择与发展，为法国农村学校文化的发展提供了物质支持和制度保障。

（二）寻求"统一化"阶段（20世纪上半叶）

20世纪上半叶，法国农村学校文化发展处于寻求"统一化"阶段。尽管《费里法案》的颁布使国民教育在"免费、义务、世俗"的原则下得到了很大发展，但到20世纪上半叶，这一时期法国基础教育改革主要集中在三个问题上，一是泾渭分明的双轨学制；二是注重古典人文学科；三是强调一致、忽视个性差异和个体发展倾向的教育方式和方法。[②] 针对这三方面的问题，1923年法国政府决定在初等教育阶段实行统一学制，即所有初等学校都必须遵循同样的教学大纲，开设同样的课程，所有6—13岁（后来延长至14岁）的儿童，不管在何种学校读书，原则上都能接受同样的教育。1936年，雅依（Jean Jay）受命主持教育部的工作，为了最大限度地挖掘学生潜能，他设想新教育体制最重要的特征就是取消双轨制，建立阶梯式学校系统，加强各级学校之间的联系，逐步实现"统一学校"计划。这些教育政策为农村学校文化的"统一化"发展提供了强有力的政策和制度支撑，农村学校的贫困阶层子弟可以接受同社会富

---

① 马健生：《比较基础教育》，江苏教育出版社2008年版，第132页。

② 刘琼：《教育平等的理想与追求——20世纪法国基础教育课程改革启示》，《阜阳师范学院学报》2009年第4期。

裕阶层子弟同等的基础教育，为农村学校文化的"统一化"发展创设了良好的平台。

（三）追求"民主化"阶段（20世纪50—70年代）

20世纪50—70年代，法国农村学校文化发展处于追求"民主化"阶段。二战后，法国现代经济迅猛发展，但基础教育仍然存在诸多严重问题，初等教育与中等教育、技术教育之间很难实现沟通，教育内容与现实生活及学科之间相脱节，教育方法因循守旧，教育体制未能体现平等民主。此时法国农村学校教育已经远远落后于整个社会的发展，农村学校文化发展也停滞不前，"教育改革迫在眉睫"。针对这一现状，法国教育界对教育政策和制度做出了重大调整和改革，其中包括"1947年教育改革""1959年教育改革""1975年哈比改革"等。

为了避免学生过早分流和定向所导致的弊端，建设统一小学，使所有的适龄儿童都有平等接受教育的机会，1947年《郎之万—瓦隆法案》颁布。它要求根据社会公正原则和各种类型的教育、训练方式价值平等原则，儿童和青年，不论男女，不论家庭、社会地位和种族出身如何，都有接受适合其自身才能的教育的平等权利；建立单一的前后连贯的学校制度，各级各类学校教育实行免费，培养现代生产者和现代公民。[①]1975年，哈比教育改革的原则是大力发展城市和农村的学前教育，保证机会均等；初等教育增设选修课，实现教育均衡；承认职业技术教育；培养中学生的公民意识和责任感等。[②]通过这些教育政策，农村学生均等享受教育的机会得到强有力的制度保障。同时，法国农村学校文化得以借鉴城市学校文化的精华，将其与自身特色相结合，农村学校文化发展向"民主化"阶段迈进了一步。

（四）探求"优质化"阶段（20世纪80年代—21世纪初）

20世纪80年代至21世纪初期，法国农村学校文化处于探求"优质化"发展阶段。经过50—70年代的变革，法国农村学校文化在20世纪80年代开始探求"优质化"，并且于21世纪初形成了具有现代意义的"学校文化"。20世纪80年代以来，法国基础教育方面存在很多问题。比

---

① 王晓辉：《比较教育政策》，江苏教育出版社2009年版，第96页。

② 马健生：《比较基础教育》，江苏教育出版社2008年版，第141页。

如，教育质量问题日益严重；重学术、轻技能；校园暴力事件频频发生；学校毕业生适应性差等。① 进入 21 世纪，法国教育领域方面依然存在学业失败与文盲比例居高不下、无资格与无文凭的青年有所增长、校园暴力未能得到有效遏制等严峻问题。②

针对上述问题，法国政府提出新的教育改革思想：放权、现代化和适应。1982 年，法国《权力下放法案》规定：大区、省、市镇分别负责高中、初中、小学的管理、建设、重建、扩建、大规模修缮、装备、运行。③ 1993 年，法国政府颁布《学校新契约》，目的在于提升教育质量，降低学校教育失败率，减轻学生负担，1993—1994 年度，这一改革方案在全国 367 所中学进行试点，1995—1996 年度又在 5128 所国立中学进行推广。④ 2005 年，为了促进教育质量的优质化提升，法国政府颁布《学校未来的导向与纲要法》，该法案围绕"为了一个更公正的学校：可信任的学校""为了一个更有效率的学校：高质量的学校"和"为了一个更开放的学校"三个方面制定了具体的战略。⑤ 基于新时期的教育政策，通过实行权力下放，降低学校教育失败率，建立更公正、更有效率、更开放的学校等途径，农村学校文化取得"优质化"发展。

二　法国农村学校文化转型发展历程的特点

法国农村学校文化伴随基础教育改革的步伐，在探索中不断完善与发展，它先后经历了萌芽奠定阶段、寻求"统一化"阶段、追求"民主化"阶段和探求"优质化"阶段。纵观整个发展历程，法国农村学校文化彰显出基于历史变革渐进发展、依托体制法规科学发展和重视本土特色创新发展的特点。

---

① 《法国公民教育的理论与当前改革》，《教育科学》2009 年第 3 期。

② 王晓辉：《法国新世纪教育改革目标：为了全体学生成功》，《比较教育研究》2006 年第 5 期。

③ 韩永敏、徐学莹：《教育民主化视野下的法国基础教育改革》，《教学与管理》2012 年第 12 期。

④ 刘琼：《教育平等的理想与追求——20 世纪法国基础教育课程改革启示》，《阜阳师范学院学报》2009 年第 4 期。

⑤ 韩永敏：《20 世纪末 21 世纪初法国基础教育改革及启示》，《比较教育研究》2011 年第 3 期。

（一）基于历史变革渐进发展

法国农村学校文化伴随着近代法国政局更迭和基础教育改革的步伐取得阶段性和连续性的渐进式发展。综观整个发展历程，法国政局先后经历了法兰西第一帝国（1799—1815）、复辟王朝（1815—1830）、七月王朝（1830—1848）、法兰西第二帝国（1852—1870）、第三共和国（1871—1940）、第四共和国（1946—1959）、第五共和国（1959年至今）等历史时期。在历史变革的过程中，法国确立了中央集权的教育管理体制和完整的学制，其中不乏具有"民主化"和"现代化"特点的教育法案和政策，农村学校基础教育和农村学校文化在变革中不断适应、渐进发展。比如，1833年颁布的《基佐法案》规定建立乡镇一级小学，实行部分免费教育；1882年出台的《费里法案》规定了公立小学要全部免费，确立了法国教育"免费、义务、世俗"的三原则；1947年颁布的《郎之万—瓦隆法案》要求根据社会公正平等原则，儿童和青年，不论男女，不论家庭、社会地位和种族出身如何，都有接受适合其自身才能的教育的平等权利，各级各类学校教育实行免费。这些不同历史时期的教育法案和举措为法国初等义务教育和农村学校文化的发展提供了政策支持和制度保障。在此基础上，法国农村学校文化逐步实现了统一化、民主化和优质化的渐进发展与稳步提升。

（二）依托体制法规科学发展

在法国农村学校文化科学发展的过程中，教育体制和政策法规发挥了重要的作用。法国政府针对不同时期农村学校及其文化的发展状况，合时宜地制定相应的体制法规，促进农村学校文化的科学发展。针对双轨学制问题，1923年法国政府决定在初等教育阶段实行统一学制，即所有初等学校都必须遵循同样的教学大纲，开设同样的课程，所有6—13岁（后来延长至14岁）的儿童，不管在何种学校读书，原则上都能接受同样的教育。针对教育不平等问题，1975年哈比制定政策法规，大力发展农村的学前教育，保证机会均等；初等教育增设选修课，实现教育均衡；承认职业技术教育；培养中学生的公民意识和责任感等。针对学业失败、教育质量差强人意的问题，1993年法国政府颁布《学校新契约》，目的在于提升教育质量，降低学校教育失败率，1993—1994年度，这一改革方案在全国367所中学进行试点，1995—1996年度又在 5128 所国立中学进行推广，农村学校及其文化取得科学发展。这些具有科学探究性的体制法规很大程度上促使农村学校文化的发展指向未来。上述不同时期的教育体制和政策法规，推进法国农村学校教育事业的不断发展、完善和提升，促使农村学校及其文化取得科学性和创新性发展。

（三）重视本土特色创新发展

任何文化的发展都具有独特创新性，法国农村学校文化的发展历程彰显出本土特色和创新性，具体表现在农村学校文化主体针对自身独特性，精心地选择着具有本土特色的文化精华以及适合自己的行为方式，去创新那些适宜于在法国农村学校土壤上成长的文化形态，同时也精心地选择农村学校中那些有益于自身发展的文化因素充实进来，以形成具有自身特色的文化形态。在法国农村学校文化发展的过程中，农村学校根据自身所处区域的特色，制定针对性的教学目标，设置具有本土风格的课程内容。比如，在通修法语和数学的基础上，各地区政府和学校可以设置本地区的历史和地理课程，让学生更透彻、更容易地去掌握基础知识，进而接受公民教育。[①] 通过这种方式，法国农村学校可以挖掘自身蕴藏的文化积淀和历史底蕴，将其进行本土化提升和现代化创新，开发具有本土特色的学习指导资料，让学生感受当地农村学校文化的价值和魅力。20 世纪 80 年代法国教育改革总的指导思想是：放权、现代化和适应。放权就是实行权力下放，给予地方和学校享有更大的自主权，让农村学校可以根据自身特色大胆创新，充分调动农村学校办学的积极性和主动性。比如，1982 年法国《权力下放法案》规定：大区、省、市镇分别负责高中、初中、小学的管理、建设、重建、扩建、大规模修缮、装备、运行。依托本土特色，借助政策支持，法国农村学校的基础教育取得长足发展，农村学校文化得以不断提升与完善。

三 法国农村学校文化转型发展的启示

（一）潜心思考，挖掘农村学校文化的历史起源

塑造优秀的农村学校文化，首先要了解和挖掘其文化起源。哈特

---

① 俞国良、王卫东、刘黎明：《学校文化新论》，湖南教育出版社 1999 年版，第 36 页。

（M. Van Houtte）认为学校文化有三种起源：[1] 第一种是学校所处的社会环境。它是最难以操控的，改变它意味着整个社会心智模式的改变；第二种来源是学校内部结构，它也不容易被改变，因为学校要在林立的社会组织中保持存在的合理性，就要保持结构的独立性、自治性和一定程度上的封闭性；第三种来源则是较为容易的，即是学校领导行为。法国农村学校文化在探索中不断完善与发展，各学区、省、市镇的学校领导结合时代背景和社会环境，根据本地区的文化特色和学校自身的发展状况，通过与师生间的交流沟通，引导师生建言献策，经过创新思索，最终制定出既遵循传统又与时俱进的教育发展规划，为农村学校文化的发展奠定了良好基础。

对于我国而言，发展农村学校文化，同样是一个综合性、系统性的工程。我们应深刻挖掘农村学校的历史底蕴和文化内涵，以农村学校所在地区的本土特色文化为出发点，掌握学校文化的内部结构及发展机理，充分调动领导、教师和学生的积极性和主动性，加强学校领导与组织成员的沟通，平等交流，协商对话，让新理念、新想法相互碰撞融合。在遵循学校价值观的基础上，经过创新思索，最终制定具有特色的学校规划和目标。

（二）循序渐进，完善农村学校文化的管理体制

法国农村学校文化伴随基础教育的改革与发展呈现出"统一化""民主化"和"优质化"的特点。在农村学校文化发展的各个时期，法国政府针对农村地区的基础教育进行立法，将教育纳入法制化轨道。比如，法国相继颁布了《基佐法案》《费里法案》《教育改革法案》《教育方针法》等教育法律法规。法国的教育行政是典型的中央集权制，国家、学区、省、市镇四级的教育行政部门各有职责，并接受上一级部门的指导与管理。[2] 通过加大教育立法力度，有利于基础教育的全面可持续发展，保证农村学生和教师的基本权益，达到教育机会均等，加快城乡教育一体化进程，进而促使农村学校在文化传承与教育发展等方面协调发展。

---

[1] M. Van Houtte, "Climate or Culture? A Plead For Conceptual Clarity in School", *School Effectiveness and School Improvement*, No. 16, 2005.

[2] 马健生：《比较基础教育》，江苏教育出版社 2008 年版，第 111 页。

对我国而言，政府也要加强法规体制建设，完善基础教育体系。中央、省市、区县、村镇四级管理机制应明确彼此职责，相互协调，形成完善的农村教育管理体制。比如，通过教育立法，切实完善农村学校基础设施的建设，提高农村教师待遇，加大对农村贫困学生的补助，提升农村学校的发展空间。同时，农村学校也应努力突破发展困境，扎根当地土壤，让农村学校教育充满生机与活力，使学生真正热爱农村学校文化，让农村学校文化得以传承和发扬。

（三）因地制宜，加强农村学校文化的特色建设

回顾法国农村学校文化的发展脉络，可以看出法国农村学校在普及和扩大教育、完善和提升文化的过程中，依托当地的乡土风情，挖掘农村蕴含的文化积淀和历史底蕴，将乡土文化与学校文化结合起来，将学校文化建设完全纳入学校工作中去。在法国农村学校文化发展进程中，各农村学校通过开发校本教材和传统文化资源，为农村学校文化发展提供了契机。校本教材立足当地具体实情，挖掘与提炼当地传统文化并将其提升，乡土文化与农村生活可以作为校本课程研发的厚重土壤，学生可以在学习中加深对"熟悉而又陌生"的农村生活、农村文化的认识，扩展对家乡历史名人、风俗民情、民间艺术、文化遗产的了解。校本教材为儿童接触家乡文化开辟了捷径，并借此增强对家乡建设的责任感。传统文化资源是农村宝贵的文化遗产，始终处于动态变化之中，经由人们的传承而得以发扬。通过学校教育和学生的全方位介入与相传，民俗文化得以挽救和发展，同时又赋予传统民俗文化新的生命。在此过程中，学生承载着历史的厚重感，并赋予其新的情感。同样，这个过程也为学生树立文化保护意识、养成文化敏感性及培养文化情感搭建了良好平台。

对于我国而言，各农村学校应依据自身特色和经验，传承传统文化资源，编制当地的校本教材。同时，为适应城乡教育一体化进程的需要，我们应改革农村学校的课程设置，制定适合农村学校环境、文化、适应性的课程，开发与之配套的教学方法，以适应农村对人才多样化的需要。这不仅有利于我国农村基础教育的发展，也为农村学校文化的发展创设了平台。

第四节　韩国农村学校文化转型的历程与特点

韩国农村学校及其文化自近代以来经历了独特的发展历程，成为城乡教育一体化发展的典范，在世界范围内产生了一定的影响。

一　韩国农村学校文化转型发展的历程

韩国农村学校文化的发展与韩国基础教育改革政策的逐步完善和农村学校优先发展政策的有效推行是分不开的，大致经历了如下几个阶段：

（一）走向"平等化"阶段（1948—1981 年）

农村学校及其文化走向"平等化"阶段主要发生在韩国普及农村初等义务教育时期、岛屿偏僻地区教育振兴时期和普及农村中等教育时期。韩国在建国之初就重视普及农村初等义务教育。例如，在 1948 年 8 月 15 日大韩民国政府正式宣告成立，在宪法中就明确规定"所有公民享有均等地接受教育的权利，至少在初等教育阶段是义务的和无偿的"。随后在 1949 年 12 月 31 日颁布的《教育法》对韩国义务教育政策的发展起到了推动作用。1954 年韩国政府制订"初等义务教育六年计划（1954—1959）"，主要目标是到 1959 年把学龄儿童入学率由 1954 年的 88.8% 提高到 96.1%。20 世纪 60 年代朴正熙上台后，政府开始积极推进工业化政策，在近代化过程中农村社会逐渐边缘化，使得城乡差距逐渐拉大，尤其是岛屿、偏僻地区的经济和教育远远落后。由此，韩国政府于 1967 年颁布《岛屿、偏僻地区教育振兴法》，其目的在于振兴岛屿、偏僻地区的义务教育。具体内容包括：国家要为振兴岛屿、偏僻地区的义务教育优先做出各项措施；地方自治团体要为振兴岛屿僻地的义务教育做出各项措施；给岛屿僻地学校任职的教员发放津贴。随着韩国普及初等义务教育这一政策目标的实现，韩国中等教育的升学竞争变得日趋激烈。为此，韩国政府及时调整政策重点，将大力普及中等教育作为政策制定的目标。① 例如，1963 年韩国政府颁布《私立学校法》，以促进私立学校的发

---

① 张红、杨颖秀：《二战后韩国基础教育改革政策的嬗变与成效》，《外国教育研究》2008 年第 5 期。

展，缓解日益增多的初中教育需求。1968 年改革初中入学考试制度，实施根据学生的居住地就近入学制度。1971 年开始改革教育税，以期扩充教育经费，保障小学义务教育与初中教育的迅速普及。为了普及农村中等教育，政府大力增加农村学校数量，通过增加师资、教学设施等措施，来实现中学教育平等化。

农村学校文化作为一种历史现象，深受社会政治、经济、教育政策制度等因素的影响。韩国成立初期制定的普及初等义务教育的政策，促使农村学校的办学主体在教育理念上发生改变，他们突破传统观念的束缚，开始重视农村学校的初等义务教育。农村学校通过新建校舍、免费向偏僻地区儿童和一般地区儿童提供教科书等途径为农村学校文化的发展创设了良好的环境和物质保障。20 世纪 60 年代，伴随着韩国政府对工业化政策的推进，农村学校文化也得以全面与深化发展。一方面表现为农村学校文化与城市学校文化的碰撞与融合，农村学校文化在与城市学校文化及其他地区学校文化的交流中得以快速发展；另一方面表现为农村学校文化自身的不断更新与积淀。农村学校作为义务教育改革的主要阵地，贯彻落实《岛屿、偏僻地区教育振兴法》的各项规定。这些政策给予农村教师提供生活上的物质支持。在普及农村中等教育时期，政府改革教育税和扩充教育经费，增加校舍、师资和教学设施，为农村学校文化的发展提供了物质基础。《私立学校法》的颁布和入学考试制度的改革，促使农村学校的办学主体开始转型，这些为韩国农村学校文化的多元发展提供了政策支持和制度保障。

（二）步入"现代化"阶段（1982—2004 年）

农村学校及其文化走向"现代化"阶段主要发生在韩国农村小规模学校合并时期、扩大农村学生接受高等教育时期和扶持农村教育发展时期。由于韩国农村人口城市化水平的提高，农村学龄儿童数量锐减，农村小规模学校数量的剧增，导致韩国农村学校教育质量低下。针对这种情况，韩国政府从 1982 年开始分四个阶段实施了小规模学校合并政策，调整了农村学校布局。[①] 这四个阶段分别为：引进小规模学校合并政策时

---

① 韩春花、孙启林：《韩国农村小规模学校合并政策实施效果及对策研究》，《外国教育研究》2010 年第 11 期。

期、稳定推行小规模学校合并政策时期、强力推行小规模学校合并政策时期和自律推行小规模学校合并政策时期。随着 20 世纪七八十年代韩国农村中等教育的普及，越来越多的农村高中毕业生开始寻求接受大学教育的机会。为此，韩国政府于 1996 年本着"对处于相对劣势地位者予以补偿的原则"，对农村地区考生采取特殊政策。如在原定大学招生数额外针对农村地区再多招收 3% 的高中毕业生，考核选拔对象包括：在农村地区高级中学完成三年高中教育课程的在校学生；在高中三年学习期间，学生与父母均在农村地区居住或者中学 6 年或中小学 12 年均在邑、面地区学校学习的在校学生。① 到了 20 世纪 70—80 年代，韩国城市经济迅速发展，与此形成鲜明对比的是落后的农村社会。城乡的经济文化差距扩大，农村社会面临巨大危机。韩国政府又重新开始制定系列扶持农村教育发展政策与措施，1994 年 6 月 14 日韩国政府重新制定了《农渔村发展对策与农村改革推进方案》，之后又在 9 月份制定 164 个具体实施项目。其中有关扶持农村教育发展的政策包括：② 改善农村教育条件，主要改善农村学校教育设施，建立农村公共图书馆，给农村小学配备计算机，政府补贴购置校车，扩大农村学校供餐范围；促进农村高中教育发展，改善农村教师待遇；扩大农村学生受高等教育机会；减轻学生教育费负担，提高对农村高中生减免学费比率，城区建立农村学生宿舍，建立农村大学生奖学金制度等。这一时期的系列政策与措施为韩国农村学校逐渐步入现代化奠定了一定的基础和创造了充分的条件。

韩国政府自 1982 年开始推进的农村小规模学校合并政策，共计合并5211 所小规模学校，整合了农村师资队伍，发挥了学校的规模效益，农村学校学生可以接触到来自其他不同地区的学校文化，可以享受更均衡的学校文化熏陶③，促进了不同地区农村学校文化的交流和融合。扩大农村学生接受高等教育政策的推行，使农村学生接受高等教育的机会增多，教师和学生更加重视高中阶段的教育。农村学校文化主体的办学理念、

---

① 任燕基：《韩国农村教育政策演变、特点及课题》，《教育行政学研究》2006 年第 4 期。
② 崔京焕（김봉석）、马相镇（윤정일）：《有效利用农村学校现状及启示》，《韩国农村经济研究院政策研究报告》2009 年第 12 期。
③ 南宫胤：《农渔村小规模学校合并政策研究——以全北地区为中心》，《未来教育研究》2006 年第 5 期。

教育观念、学校管理制度等方面，均经受着一场文化的洗礼与重新定位，农村学校文化趋向完善化方向发展。韩国政府通过改善农村学校教育设施，购置校车，建立农村学生宿舍这些措施促进了农村学校物质文化的发展。通过扩大农村学生接受高等教育机会，减轻学费负担，建立奖学金制度等措施规范着农村学校的管理文化，为农村学校文化的现代化发展提供了有力的保障。

（三）追求"内涵发展"阶段（2004年至今）

农村学校及其文化追求"内涵发展"阶段主要发生在改善农渔民教育生活质量时期、建设适度规模农村学校时期和建设"田园式"农村学校时期。韩国政府于2004年颁布《关于加快提升农林渔业人口生活质量及开发农山渔村地区的特别法》，把改善农渔村教育环境视为推进区域间社会均衡发展中的一项重要措施，并要求政府重视改善农渔村的教育环境。[①] 该法中力求改善农村教育条件的政策包括：保障农渔村学校学生的学习权；对农渔村幼儿园儿童的教育及保护；提供农渔村学校学生的教育经费；培养农业、林业、渔业的基础人才；确保农渔村学校的教师人员配备；优待农渔村学校的教职员；组建农渔村教育发展地方协会；要求各级政府要优先确保农渔村学校的设施、设备及教具。2006年韩国教育人事资源部颁布《合并农山渔村小规模学校与建设适度规模学校计划》。该计划取消以往以100名为硬性指标来推进合并小规模学校的做法，转向以符合当地实际情况进行合并小规模学校的多种合并模式。政府积极推进适度规模学校的建设，财政拨款用于教育软件开发、实现教育设施现代化等。2009年韩国政府制定《建设田园学校的规划》，描绘出两个愿景：一是建设亲近大自然的教育环境，二是运用e-learning（网络教学）高新技术设备链接和共享各地教学资源推进公共教育发展。这一时期陆续出台的倾向农村教育发展的政策和规划，旨在使韩国农村学校在优化整合的基础上开始追求内涵式发展。

改善农渔村教育环境法规的制定和颁布，为农渔村学校文化的发展创设了优良的环境。农村学生学习权利得以保障、师生地位得到重视，教育理念发生变化，这有利于学校文化的良性发展。提供农渔村学生教

---

① 黄育林：《韩国发展农村基础教育政策研究》，硕士学位论文，延边大学，2013年。

育经费、确保农渔村学校教育设施等措施有利于农村学校物质文化和制度文化的发展和完善。适度规模农村学校的调整，使农村学校教学设施得以改善，教学资源的整合功能发挥得以最大化，农村学生享受到较为优质的学校教育，农村学校文化也向更高层次迈进。建设田园学校的规划，改善了学校文化环境，促进了高新技术的应用和先进文化的流入和互动，使农村学校文化在良好的自然环境与和谐的人文环境中得以跨越式提升与改观，逐步显示出内涵式发展的特征。

二　韩国农村学校文化转型发展的特点

韩国农村学校及其文化伴随着基础教育改革的步伐，逐步经历了走向平等化阶段、步入现代化阶段和追求内涵发展阶段，其在演变过程中也逐渐显现出自身的发展特点。

(一)　借力倾斜政策快速发展

倾斜政策在韩国农村学校及其文化发展过程中起到了决定性的作用。韩国政府在发展农村初等义务教育、中等教育、扩大农村学生接受高等教育时给予了农村学校各方面的政策、法规和制度方面的支持。20 世纪下半叶，韩国政府制定了很多政策来促进农村学校基础教育和农村学校文化的发展。例如，1954 年韩国政府制定"初等义务教育六年计划(1954—1959)"，其目的在于普及农村初等义务教育；1963 年韩国政府颁布《私立学校法》，以缓解日益增多的初中教育需求；1967 年韩国政府颁布《岛屿、偏僻地区教育振兴法》，其目的在于振兴岛屿、偏僻地区的义务教育，发展农村地区学校文化；1994 年，韩国政府重新制定了《农渔村发展对策与农村改革推进方案》，扶持农村学校及其文化发展等。这些倾斜教育政策为农村学校及其文化的发展提供了政策支持、制度保障和发展空间，韩国农村学校及其文化借助倾斜政策，逐步实现了平等化、现代化和内涵化的逐层转型与提升。

(二)　基于本土实际自主发展

任何事物的发展都具有自主性，农村学校及其文化的进步也是一个自主选择和自主发展的过程。自主选择和自主发展需要选择具有本土特色的文化精华和有益于自身发展的文化因素，思量适合自己的行为方式去培植具有自身特色的文化形态。关于这一点，韩国农村学校及其文化的发展体现得比较明显。例如，在《岛屿、偏僻地区教育振兴法》中提到，岛屿、偏僻地区的农村学校可以根据自身特殊情况，开发适合自身特点的学习指导资料。此种情况下，韩国农村学校可以挖掘自身蕴藏的文化积淀和历史底蕴，将其进行本土化和现代化提升，让学生感受当地农村学校文化的特色、价值和魅力。同时，韩国农村学校及其文化的发展一定程度上得益于有选择性地借鉴城市学校文化。韩国农村学校根据自身特点，自主选择有利于自身发展的文化因素，使农村学校文化不断提升与完善。

（三）尊重系统差异逐层发展

学校文化是由诸多结构、内容、功能组合成的特殊而复杂的社会文化系统，具有系统层次性①，也可称为系统差异性。韩国农村学校因其地理位置、所处地区经济发展水平和本土特色的不同，学校教育目标也有所差异，这就使得韩国农村学校文化发展的水平处于不同层次。随着韩国农村初等义务教育、中等教育和农村学生接受高等教育的普及和扩大，韩国农村学校及其文化发展也逐渐逐层得以完善和提升。例如，韩国政府1982—2004年分四个阶段调整了农村学校布局，韩国农村学校文化在交流与融合中得以逐步逐层提升与发展。自韩国政府成立至今，韩国农村学校及其文化发展在经历了走向平等化时期、步入现代化时期和追求内涵化时期，均取得阶段性和渐进性的深层次发展。

（四）重视前沿探究科学发展

前沿探究与科学发展相辅相成，前沿探究是科学发展的必要前提，科学发展是前沿探究的终极旨趣。在韩国农村学校及其文化的科学发展过程中，前沿探究起了关键作用。例如，在韩国农村小规模学校合并时期，四个阶段的农村学校布局调整在很大程度上促进了农村学校文化的发展，但也暴露了部分农村学校师资力量薄弱、教育质量下降等诸多现实问题。针对此状，开展前沿性探究，全面审视与客观调整，最终于2006年提出建设适度规模农村学校，决定取消以100名为硬性指标来推进合并小规模学校的做法，转向以符合当地实际情况进行合并小规模学校的多种合并模式。这种更具灵活性的学校布局调整极大地推动了农村

---

① 俞国良、王卫东、刘黎明：《学校文化新论》，湖南教育出版社1999年版，第34页。

学校及其文化的发展。此外,《建设田园学校的规划》的出台,将自然环境与人文环境高度结合,将高新技术与进步文化深度融合,也得益于前沿探究的结果,这将推进农村学校教育事业的发展、提升和完善。

三　韩国农村学校文化转型发展的启示

（一）利用城乡一体化的时代契机,完善相关政策法规,优先发展农村学校教育

纵观韩国的相关教育政策走向不难发现:韩国普及免费义务教育采取的是"逆向普及"方式,即首先从经济落后的地区开始,并逐步向经济发达地区过渡。20世纪50年代,由于政府财力有限,韩国在普及义务教育的过程中采取了先从农村、渔村、岛屿等偏远地区和教育条件不利地区实施,而后逐步扩大到其他地区。直至2004年,才在全国范围普及了免费的义务教育。这种优先扶持贫困地区和贫困人群的教育政策,极大地促进了城乡教育均衡发展和一体化进程,为韩国成功实现"二元经济"的转型和城乡一体化的发展奠定了坚实的基础。

韩国的经验对我国农村学校文化发展具有重要启示。我国在长期的二元管理体制下,城市处于优势地位,农村处于劣势地位,农村学校文化发展很滞后。譬如,实验学校、重点高中都设立在城市,政府对这些学校的教育财政支出都远远高于农村学校,导致我国城乡基础教育资源配置不均衡,农村学校文化,即师资力量、教学理念、教学设备、教学环境均处于落后地位。因此,农村学校文化的发展需要良好的教育环境和教育政策的支持。

（二）依托本土实际,坚持自主发展与特色发展

回顾韩国农村学校及其文化的发展脉络,可以看出韩国农村学校在普及和扩大教育、完善和提升文化的过程中,利用本土文化资源,提炼传统文化,自主制定出具有当地特色的校本教材。1967年颁布的《岛屿、偏僻地区教育振兴法》中提到,岛屿、偏僻地区的农村学校可以挖掘自身蕴藏的文化积淀和历史底蕴,开发适合自身特点的学习指导资料,进而实现自主发展和特色发展。这种依托本土特色的自主发展模式,加深了学生对农村学校文化的认识、理解与认同,培养了学生深厚的乡土情感,为韩国农村学校及其文化的发展搭建了良好的平台。

韩国的经验告诉我们，农村学校教材内容的乡土化已成为人们关注的话题。而在我国农村地区，缺乏适合农村学生环境、文化、适应性的教材，大部分学校依旧沿用缺乏本土特色或以城市文化为主导的教材内容，这些内容对于农村学生来说晦涩生疏，给农村学校贯彻课程标准带来难度。因此，农村学校及其文化的发展需要依托本土实际，坚持自主发展，编订出具有特色的教材内容，并开发与之配套的教学方法。

（三）遵循具体化原则，坚持差异发展与渐进发展

韩国农村学校及其文化伴随不同时期的逐步演进与完善，取得了长足发展。综观整个发展轨迹，可以看出韩国政府和农村学校都深刻认识到农村学校文化的系统差异性，并且针对农村学校文化不同层次的发展水平，坚持差异发展与渐进发展，制定出农村学校的教育目标和发展规划。1982—2004 年，韩国政府先后分四个阶段实施了小规模学校合并政策，调整了农村学校布局；1994 年，韩国政府制定了《农渔村发展对策与农村改革推进方案》，其内容涵盖诸项有关扶持农渔村教育发展的政策措施。这些教育政策和措施，让韩国农村学校实现差异发展与渐进发展成为可能，为韩国农村学校及其文化的进步与完善提供了良好契机。

韩国的经验对我国农村学校及其文化的发展具有重要启示。在我国一些农村学校长期存在着教育"一刀切"的局面，他们忙于效仿城市学校的发展规划，而对于自身差异性、本土特色却缺乏深度思考；还有些农村学校过于急功近利，为学校发展制定"跨越式"的发展规划，却无视学校自身所处的层次水平和发展步调。因此，农村学校及其文化的发展需要遵循具体化原则，坚持差异发展与渐进发展。

（四）重视科学研究与实验，提升人文关怀

综观韩国农村学校及其文化的发展历程，韩国政府和农村学校高度重视科学研究与实验，并且在农村学校及其文化科学发展的过程中注重提升人文关怀。20 世纪七八十年代，韩国政府认识到农村中等教育的普及将会带来学生对高等教育的渴求，针对此状，韩国政府审时度势，科学调研分析，最终对农村地区考生施以人文关怀，采取特殊政策，如在原定大学招生数额外针对农村地区再多招收 3% 的高中毕业生；2009 年韩国政府制定《建设田园学校的规划》，将人文关怀、自然环境与科学技术优化整合。这些教育政策建立在科学研究与实验的基础上，同时渗透出

韩国政府对农村学校和学生的人文关怀，促进了农村学校及其文化的完善和提升。

韩国的经验告诉我们，科学探究与人文关怀是发展农村学校及其文化的重要因素。在我国农村地区，由于信息技术落后，管理制度不完善，农村学校及其文化的发展缺乏科学探究与人文关怀。譬如，很多农村地区由于经济落后、技术不发达，无法运用高新技术进行科学研究与实验；一些农村学校过于强调管理制度的刚性要求，管理者、教师、学生缺少沟通与交流，缺乏人文关怀，这些都不利于农村学校及其文化的健全发展。因此，农村学校及其文化的发展需要重视科学研究与实验，提升人文关怀。

第 五 章

我国农村学校文化转型：现状考察

农村学校文化的转型其实质就是学校文化的变革，任何学校文化变革都要基于现实学校文化的基础，因此，考察当前农村学校文化建设与发展现状是研究学校文化转型不可或缺的重要环节。

第一节　调查工具与实施过程

学校文化的主体对学校文化的发展与转型起着决定性作用，学校文化建设的主体主要是教师和学生，本研究重点考察农村学校教师文化和学生文化，借以把握农村学校文化建设的整体现状。

一　研究工具的设计与检验

（一）问卷的设计

本书基于以往相关研究，设计了农村学校教师文化问卷和学生文化问卷。

（1）教师问卷：包括两个部分：第一部分是被试教师的个人基本情况，包括教师性别、教龄和受教育层次；第二部分是自编的农村学校教师文化现状调查问卷，包括课堂文化现状、教师自身发展现状、教师群体文化现状及传承乡土文化现状四个维度。

（2）学生问卷：包括两个部分：第一部分是被试学生的个人基本情况，包括学生性别、年级和角色（这里的角色主要分为学生干部和普通学生）；第二部分是自编的农村学校学生文化现状调查问卷，主要包括描述学生在学习、人际交往、娱乐以及理想与偶像方面体现出的价值观念与行为方式。

教师问卷与学生问卷中每一个维度涉及的题目数量不定，并适当地设计了相应的反向题目。问卷采用李克特（Likert）五点式量表进行设计，每一问题的选择项为：A. 完全符合，B. 多数符合，C. 基本符合，D. 少数符合，E. 完全不符合，分别给予 5、4、3、2、1 五种记分。

（二）预测问卷的被试选择

本研究于 2012 年 9 月对两份问卷进行了小范围的试测，随机选取了山西省灵石县南关镇中学、夏门镇中学、两渡镇中心小学以及南关村小学 4 所农村中小学的部分教师与学生作为被试，进行预测问卷的发放和回收，并采用 SPSS 18.0 对调查所得数据进行了录入、保存和统计分析。

（三）问卷的信度与效度检验

本研究问卷采用同质性信度来考察问卷的内部一致性程度。采用 SPSS 18.0 对试测所得数据进行统计，经过 Cronbach's Alpha 分析，得到教师问卷和学生问卷的内部一致性系数分别为 0.897 和 0.823。因此本研究的问卷设计在信度方面是非常好的，是可以进行接下来的数据分析的。具体结果如表 5—1、表 5—2 所示。

表 5—1　　　　　　　　文化现状教师调查问卷可靠性统计量

Cronbach's Alpha	项数
0.897	38

表 5—2　　　　　　　　文化现状学生调查问卷可靠性统计量

Cronbach's Alpha	项数
0.823	30

本研究采用专家效度法对问卷的效度进行检验，征求了五位专家的意见，其中三位同意，另两位专家对问卷中的个别题目提出了意见，根据专家的建议对问卷做了进一步修改和完善，使问卷具有了较好的效度。

二　调查实施过程

（一）调查对象

为了方便数据的采集，并且能够使数据具有一定的代表性，且考虑到农村每所学校教师及学生人数有限，我们选取山西省灵石县南关镇中

学、夏门镇中学、两渡镇中心小学以及南关村小学 4 所农村中小
分师生为调查对象，教师总体样本为 60 人左右，尽可能综合考虑教师年
龄、教龄、职称、受教育层次等因素；学生总体样本为 120 人左右，尽可
能保证男女比例一致，最大限度保证数据的代表性和有效性。调查结束
后，共收回教师问卷 58 份，回收率为 97%，剔除无效问卷后，教师有效
问卷为 50 份（见表 5—3）。共收回学生问卷 112 份，回收率为 93%，剔
除无效问卷后，学生有效问卷为 100 份（见表 5—4）。

表 5—3　　　　　　　　　　　被试教师基本情况统计

被试特征	类别	人数（人）	百分比（%）
性别	男	21	42
	女	29	58
教龄	5 年以下	28	56
	6—10 年	12	24
	11 年以上	10	20
受教育层次	大专	13	26
	本科	34	68
	硕士及以上	3	6
合计		50	100

表 5—4　　　　　　　　　　　被试学生基本情况统计

被试特征	类别	人数（人）	百分比（%）
年级	四年级	12	12
	五年级	16	16
	六年级	22	22
	七年级	19	19
	八年级	17	17
	九年级	14	14
性别	男	53	53
	女	47	47
角色	学生干部	29	29
	普通学生	71	71
合计		100	100

（二）调查工具与数据处理

本研究调查工具采用自编的"学校文化建设现状教师调查问卷"及"学校文化建设现状学生调查问卷"两份问卷，该问卷已在预测中通过信度、效度检验，符合进行调查研究的要求。本研究对问卷调查收集到的有效数据使用 SPSS 18.0 社会科学统计软件进行处理和分析，统计方法为百分比法、单一样本 t 检验、独立样本 t 检验和方差分析。

第二节　调查结果与结论

一　调查结果

（一）农村学校文化总体情况

采用 SPSS 18.0 中的单一样本 t 检验考察农村学校文化的总体情况。根据问卷记分情况，我们把各维度下所包含题目最高得分的 80% 作为各维度单一样本 t 检验的检验值，并认为达到此标准便说明农村学校文化在该维度上表现情况较好。具体如下：本问卷中涉及农村学校课堂文化的题目共 20 题，每题最高得 5 分，把课堂文化得分总和的 80% 作为检验值，即课堂文化的样本检验值为 80。同理，教师自身发展情况（共 6 题）t 检验的检验值为 24，教师群体文化（共 8 题）t 检验的检验值为 32，对乡土文化传承情况（共 4 题）t 检验的检验值为 16。学生学习情况、人际交往情况、理想与偶像、娱乐活动 4 个维度的检验值分别为 32，52，12，24。各维度统计情况如表 5—5 所示。

1. 农村学校课堂文化总体情况

表 5—5　　　　　　　　　　　　　课堂文化单个样本检验

| | 检验值 = 80 | | | | | 95% 置信区间 | |
	均值	t	df	Sig.（双侧）	均值差值	下限	上限
课堂文化	60.68	− 13.421	49	0	− 19.320	− 22.21	− 16.43

从表 5—5 中可以看出，课堂文化的均值为 60.68，检验值为 80 时，均值差值为 − 19.320，且当显著性水平为 0.05 时，$p = 0 < 0.05$，因此

可以认为农村学校课堂文化均值与 80 相比，存在显著差异，说明当前农村学校课堂文化总体情况没有达到较高水平。

从表 5—6 中的数据可以看出，在课堂文化的具体表现中，对于"书本知识的传授是第一位的，技能的训练次之"（第 2 题）选择"多数符合"的占 44.0%，选择"完全符合"的占 16.0%，说明当前农村学校教学仍然以传授书本知识为主，忽视学生的技能训练。有 61.0% 的被调查教师认为"教学的最终目标是让学生顺利升学，毕业后找到好工作"（第 3 题）（多数符合与完全符合相加）。有 36.0% 的教师对于"总是严格按照考试大纲来安排教学内容"（第 4 题）选择"多数符合"和"完全符合"，44.0% 的教师选择"基本符合"，而对第 6 题"教学内容要结合农村经济社会发展需要进行适当的增删"，仅有 11.0% 的教师认为"完全符合"，12.0% 的教师认为"多数符合"，而认为"少数符合"的人数多达 48.0%。对于"教育价值观的选择立足学生的内心需要，从农村生活实践中寻找"（第 11 题）认为"完全符合"的仅占调查总人数的 8.0%，认为"多数符合"的也仅有 22.0%。对第 16 题"现实中师生关系是知识上的'授—受'关系和行为上的'管理、控制—被管理、被控制'关系"调查结果显示，46.0% 的教师认为"基本符合"，仍然有 18.0% 的教师认为"完全符合"，说明当前农村学校教学中教师仍然处于权威地位。对第 24 题"考试成绩不仅是评价学生的重要标准，也是评价教师教学成功的主要尺度"，调查数据显示，64.0% 的教师选择"多数符合"和"完全符合"，说明当前农村学校教学中仍然过分注重学生考试成绩。

表 5—6　　　　　　课堂文化维度部分题目选择频率分析　　　　（单位：%）

	完全不符合	少数符合	基本符合	多数符合	完全符合
第 2 题	0	18.0	22.0	44.0	16.0
第 3 题	5.0	11.0	23.0	48.0	13.0
第 4 题	8.0	12.0	44.0	32.0	4.0
第 6 题	7.0	48.0	22.0	12.0	11.0
第 11 题	18.0	32.0	20.0	22.0	8.0
第 16 题	6.0	18.0	46.0	12.0	18.0
第 24 题	6.0	9.0	21.0	45.0	19.0

2. 农村学校教师自身发展情况

从表5—7中可以看出，教师自身发展情况的均值为20.80，检验值为24时，均值差值为－3.200，且当显著性水平为0.05时，p＝0＜0.05，因此可以认为农村学校教师自身发展情况均值与24相比，存在极其显著的差异，说明当前农村学校教师自身发展情况没有达到理想水平。

表5—7　　　　　　　　　教师自身发展情况单个样本检验

	检验值＝24						
	均值	t	df	Sig.（双侧）	均值差值	95% 置信区间	
						下限	上限
教师自身发展情况	20.80	－4.865	49	0	－3.200	－4.52	－1.88

从表5—8中调查结果可以看出，被调查教师对于"搞科研是教育专家、学者的事，与自己无关"（第12题）选择"完全符合"与"多数符合"的各占28.0%，还有24.0%的教师认为"基本符合"，说明农村学校教师的科研意识及追求自身专业发展意识并不强烈。对于"学校领导为我们进修与培训提供了很多便利"（第21题）选择"完全符合"的人数只有12.0%，有31.0%的人选择了"完全不符合"，说明当前农村学校领导对教师自身专业发展重视不够。对第26题的调查结果显示，共有68.0%的教师认为"自身的教学反思和经验积累对我的教学工作帮助很大"，说明大多数教师在课后都会进行教学反思和经验积累，注重从实践中吸取经验。在对"我经常阅读教育教学类报刊"（第30题）的调查中，仅有12.0%的教师选择"完全符合"，18.0%的教师选择"多数符合"，说明大多数农村学校教师都很少通过阅读教育教学类期刊来提高自己。对于第32题"参观观摩课、优质课的听课或比赛对我的教学工作帮助很大"，有62.0%的教师选择"多数符合"和"完全符合"，说明农村学校教师在参观观摩课与优质课过程中会吸取别人的优秀经验来提高自己。

表 5—8　　　　　　　教师自身发展维度部分题目选择频率分析　　　　（单位：%）

	完全不符合	少数符合	基本符合	多数符合	完全符合
第 12 题	6.0	14.0	24.0	28.0	28.0
第 21 题	31.0	16.0	25.0	16.0	12.0
第 26 题	0.0	10.0	22.0	52.0	16.0
第 30 题	12.0	20.0	38.0	18.0	12.0
第 32 题	2.0	18.0	18.0	42.0	20.0

3. 农村学校教师群体文化

从表 5—9 中可以看出，教师群体文化的均值为 25.40，检验值为 32时，均值差值为 -6.600，且当显著性水平为 0.05 时，p = 0 < 0.05，因此可以认为农村学校教师群体文化均值与 32 相比，存在显著差异，说明当前农村学校教师群体文化氛围不是很好。

表 5—9　　　　　　　　　教师群体文化单个样本检验

				检验值 = 32			
	均值	t	df	Sig.（双侧）	均值差值	95% 置信区间	
						下限	上限
教师群体文化	25.40	-10.034	49	0	-6.600	-7.92	-5.28

从表 5—10 中可以看出，被调查教师对于"虽然教师的声望、财富和权威都不高，我仍然乐于当教师"（第 18 题）选择"完全符合"的仅占 6.0%，"多数符合"的占 30.0%。从被调查教师对"为了学生的发展，我愿意付出无私的爱和辛勤的汗水"（第 20 题）的选择来看，有超过 50.0% 的教师选择"多数符合"与"完全符合"，这两题的结果表明，当前大多数农村教师对自己职业的认同程度并不是很高。对第 31 题"在有条件的情况下我会从事教师以外的行业"的调查结果显示，50.0% 的教师选择"少数符合"，16.0% 的教师选择"完全不符合"，说明当前农村学校教师虽然对自己的职业认同感并不强烈，但是大多数农村学校教师都不会选择从事教师以外的行业。对于第 28 题"我们年级组教师一般情况下都是集体备课"仅有 6.0% 的教师选择"完全符合"，16.0% 的教

师选择"多数符合",说明集体备课在当前农村学校是很少出现的。有
42.0%的教师认为"和同事们的交流对我的教学工作帮助很大"(第33
题),说明农村学校教师之间很少经常互相交流教学问题与经验。对于
"有组织的教研活动对我的教学工作帮助很大"(第34题)选择"多数符
合"与"完全符合"的人数共占48.0%,还有36.0%的教师选择"基本
符合",说明将近一半的教师通过有组织的教研活动吸取优秀经验,对自
己的教学工作产生帮助。

表 5—10　　　　　教师群体文化维度部分题目选择频率分析　　　(单位:%)

	完全不符合	少数符合	基本符合	多数符合	完全符合
第 18 题	4.0	16.0	44.0	30.0	6.0
第 20 题	10.0	12.0	26.0	22.0	30.0
第 28 题	20.0	36.0	22.0	16.0	6.0
第 31 题	16.0	50.0	22.0	10.0	2.0
第 33 题	2.0	26.0	30.0	24.0	18.0
第 34 题	6.0	10.0	36.0	38.0	10.0

4. 农村学校对乡土文化传承情况

从表 5—11 中可以看出,农村学校对乡土文化传承情况的均值为
13.92,检验值为 16 时,均值差值为 -2.080,且当显著性水平为 0.05 时,
$p = 0 < 0.05$,因此可以认为农村学校对乡土文化传承均值与 16 相比,存在
显著差异,说明当前农村学校对乡土文化传承情况没有达到理想水平。

表 5—11　　　　　　　乡土文化传承单个样本检验

	检验值 = 16						
	均值	t	df	Sig.(双侧)	均值差值	95% 置信区间	
						下限	上限
乡土文化传承情况	13.92	-5.414	49	0	-2.080	-2.85	-1.31

从表 5—12 中可以看出,被调查教师对于"当前农村学校文化体现
了农村世界的教育理想和期望"(第35题)选择"完全不符合"和"少

数符合"的人数共占 54.0%，而只有 10.0% 的教师选择"完全符合"，说明当前农村学校文化对乡土文化传承并不理想，没有更好地体现农村世界的教育理想与期望。从对第 36 题"我们在教学中开发和设置了体现乡土特色的课程与活动"的选择结果来看，大多数教师都认为他们在教学中并没有开发和设置能够体现乡土特色的课程与活动，其人数达到总人数的 54.0%（完全不符合与少数符合总数相加），只有 8.0% 的被调查教师认为自己做到了这一点。对第 38 题"要充分发挥乡土文化的优势，利用农村独特的教育资源，在此基础上来建设农村学校文化"调查结果显示，50.0% 的教师选择"多数符合"，20.0% 的教师选择"完全符合"，说明当前农村学校教师对乡土文化的态度以及建设农村学校文化的动机还是非常积极的，当然出现这个结果不排除本问题存在的倾向性与社会称许性。

表 5—12　　　　对乡土文化传承情况维度各题目选择频率分析　　（单位:%）

	完全不符合	少数符合	基本符合	多数符合	完全符合
第 35 题	12.0	42.0	16.0	20.0	10.0
第 36 题	22.0	32.0	28.0	10.0	8.0
第 38 题	6.0	6.0	18.0	50.0	20.0

5. 农村学校学生文化总体情况

从表 5—13 中可以看出，农村学校学生学习情况的均值为 24.42，检验值为 32 时，均值差值为 -7.580，且当显著性水平为 0.05 时，$p = 0 < 0.05$，因此可以认为农村学校学生学习情况均值与 32 相比，存在显著差异，说明当前农村学校学生学习情况没有达到理想效果。

表 5—13　　　　　农村学生学习情况单个样本检验

	检验值 =32						
	均值	t	df	Sig.（双侧）	均值差值	95% 置信区间	
						下限	上限
学习情况	24.42	-26.332	99	0	-7.580	-8.15	-7.01

从表5—14中可以看出，农村学校学生人际交往情况的均值为41.10，检验值为52时，均值差值为 - 10.900，且当显著性水平为0.05时，p = 0 < 0.05，因此可以认为农村学校学生人际交往情况均值与52相比，存在显著差异，说明当前农村学校学生没有形成良好的交往氛围和习惯。

表5—14 农村学生人际交往情况单个样本检验

		检验值 = 52					
	均值	t	df	Sig.（双侧）	均值差值	95% 置信区间	
						下限	上限
人际交往情况	41.10	- 34.912	99	0	- 10.900	- 11.52	- 10.28

从表5—15中可以看出，农村学校学生理想与偶像方面的均值为7.56，检验值为12时，均值差值为 - 4.440，且当显著性水平为0.05时，p = 0 < 0.05，因此可以认为农村学校学生在理想与偶像方面均值与12相比，存在显著差异，说明当前农村学校学生在理想与偶像方面表现不是很好。

表5—15 农村学生理想与偶像单个样本检验

		检验值 = 12					
	均值	t	df	Sig.（双侧）	均值差值	95% 置信区间	
						下限	上限
理想与偶像	7.56	- 26.657	99	0	- 4.440	- 4.77	- 4.11

表5—16是关于农村学校学生理想与偶像的描述，其中被调查学生对于第16题"我的理想是考上高中、考上大学，走出农村"选择"多数符合"和"完全符合"的共占62.0%，还有27.0%的学生认为"基本符合"，说明农村学校大多数学生学习的目的就是为了能够考上大学，离开农村。对于第17题"我最想从事的职业是教师、警察、医生、律师等传统职业"，选择"少数符合"的占30.0%，"基本符合"的占31.0%，可以看出选择各项的人数较为平均，说明农村学校学生只立志要考上大学，离开农村，

但对于未来的职业选择还没有明确认识。而在农村学校学生的偶像方面，超过 66.0% 的同学"喜欢的偶像都是当红的歌星、影星或体育明星"，说明农村学生在偶像方面的选择也只是根据自己一时的爱好。

表 5—16　　　　农村学生理想与偶像部分题目选择频率分析　　（单位:%）

	完全不符合	少数符合	基本符合	多数符合	完全符合
第 16 题	2.0	9.0	27.0	41.0	21.0
第 17 题	9.0	30.0	31.0	19.0	11.0
第 24 题	1.0	10.0	23.0	39.0	27.0

从表 5—17 中可以看出，农村学校学生娱乐活动的均值为 16.79，检验值为 24 时，均值差值为 -7.210，且当显著性水平为 0.05 时，$p = 0 < 0.05$，因此可认为农村学校学生娱乐活动均值与 24 相比，存在显著差异，说明当前农村学校学生娱乐活动情况没有达到很好效果。

表 5—17　　　　　农村学生娱乐活动情况单个样本检验

						检验值 = 24	
	均值	t	df	Sig.（双侧）	均值差值	95% 置信区间 下限	上限
娱乐活动	16.79	-26.255	99	0	-7.210	-7.75	-6.67

（二）农村学校文化的差异性

1. 农村学校教师在文化各维度上的性别差异

采用 SPSS 18.0 中的独立样本 t 检验考察农村学校文化在各维度上的表现是否因教师性别差异而存在显著差异。

从表 5—19 可以看出，农村学校教师在课堂文化维度上的方差齐性检验结果为 $p = 0.988 > 0.05$，因此认为不同性别教师在课堂文化维度上的方差是相等的。在 T 检验结果中显示，$p = 0.007 < 0.05$，说明农村学校教师在课堂文化维度上存在极其显著的性别差异。结合表 5—18 可以看出，女性教师在课堂文化表现均值为 63.93，男性教师为 56.19，说明农村学校女性教师在课堂文化维度上的表现明显好于男性教师。

表 5—18   组统计量

	性别	N	均值	标准差	均值的标准误
课堂文化	男	21	56.19	9.516	2.077
	女	29	63.93	9.517	1.767
教师自身发展情况	男	21	18.76	4.335	0.946
	女	29	22.28	4.366	0.811
教师群体文化	男	21	23.71	4.859	1.060
	女	29	26.62	4.161	0.773
乡土文化传承情况	男	21	13.81	2.994	0.653
	女	29	14.00	2.550	0.473

表 5—19   独立样本检验

		方差方程的 Levene 检验		均值方程的 t 检验				
		F	Sig.	t	df	Sig.（双侧）	均值差值	标准误差值
课堂文化	假设方差相等	0	0.988	−2.839	48	0.007	−7.741	2.727
	假设方差不相等			−2.839	43.253	0.007	−7.741	2.727
教师自身发展情况	假设方差相等	0.393	0.534	−2.817	48	0.007	−3.514	1.247
	假设方差不相等			−2.821	43.436	0.007	−3.514	1.246
教师群体文化	假设方差相等	0.642	0.427	−2.272	48	0.028	−2.906	1.279
	假设方差不相等			−2.215	39.020	0.033	−2.906	1.312
乡土文化传承情况	假设方差相等	0.452	0.505	−0.242	48	0.810	−0.190	0.786
	假设方差不相等			−0.236	38.867	0.815	−0.190	0.807

在教师自身发展维度上，表 5—19 中方差齐性检验结果显示，$p=0.534>0.05$，因此认为不同性别教师在自身发展维度上的方差是相等的。在 t 检验结果中显示，$p=0.007<0.05$，说明农村学校教师在自身发展维度上存在显著的性别差异。结合表 5—18 可以看出，女性教师在自身发展维度上的均值为 22.28，男性教师为 18.76，说明女性教师在追求自我发展维度上的表现明显好于男性教师。

在教师群体文化维度上，表 5—19 中方差齐性检验结果显示，$p = 0.427 > 0.05$，因此认为不同性别教师在教师群体文化维度上的方差是相等的。在 t 检验结果中显示，$p = 0.028 < 0.05$，说明农村学校教师在教师群体文化维度上存在显著的性别差异。结合表 5—18 可以看出，女性教师在教师群体文化的表现均值为 26.62，男性教师为 23.71，说明女性教师在教师群体文化维度上的表现明显好于男性教师。

在乡土文化传承维度上，表 5—19 中方差齐性检验结果显示，$p = 0.505 > 0.05$，因此认为不同性别教师在乡土文化传承维度上的方差是相等的。在 t 检验结果中显示，$p = 0.810 > 0.05$，说明农村学校教师在乡土文化传承维度上不存在性别差异。结合表 5—18 可以看出，女性教师在传承乡土文化维度上的均值为 14.00，男性教师为 13.81，也可以看出农村学校教师在乡土文化传承方面不存在性别差异。

2. 农村学校教师在文化各维度上的教龄差异

采用 SPSS 18.0 中的单因素方差分析来考察农村学校教师在文化各维度上是否存在教龄差异。

从表 5—20 的方差齐性检验结果中可以看出，不同教龄的农村学校教师在课堂文化、教师自身发展情况以及教师群体文化三个维度上 p 值分别为 0.034，0，0.001，说明在这三个维度上不具有方差齐次性（$p < 0.05$），在乡土文化传承维度上 $p = 0.910 > 0.05$，说明在这个维度上方差是齐性的。在此基础上，我们可以进一步考察表 5—21 的结果。

表 5—20　　　　　　　　　　方差齐性检验

	Levene 统计量	df 1	df 2	显著性
课堂文化	3.638	2	47	0.034
教师自身发展情况	9.670	2	47	0
教师群体文化	8.590	2	47	0.001
乡土文化传承情况	0.094	2	47	0.910

根据表 5—21 可以看出，农村学校教师在课堂文化维度上 $p = 0.009 < 0.05$，说明在此维度上存在显著的教龄差异。而在教师自身发展、教师群体文化以及乡土文化传承方面没有表现出明显的教龄差异（$p > 0.05$）。

那么究竟具体是哪两个教龄段或者是三个教龄段之间存在差异，从方差分析表中看不出来，因此我们需要进行所有维度的多重检验，详细地加以分析。从表5—20方差齐性检验结果我们已经知道，不同教龄教师在课堂文化、教师自身发展以及教师群体文化三个维度上的方差不具有齐次性，因此在这三个维度上我们需要考虑采用 Tamhane 法进行多重比较，而在乡土文化传承情况维度上的方差是齐性的，因此在此维度上我们需要考虑 LSD 法进行多重比较，所得结果如表5—22所示。

表5—21　　　　方差分析表

		平方和	df	均方	F	显著性
课堂文化	组间	931.301	2	465.651	5.279	0.009
	组内	4145.579	47	88.204		
	总数	5076.880	49			
教师自身发展情况	组间	70.421	2	35.211	1.672	0.199
	组内	989.579	47	21.055		
	总数	1060.000	49			
教师群体文化	组间	0.126	2	0.063	0.003	0.997
	组内	1059.874	47	22.551		
	总数	1060.000	49			
乡土文化传承情况	组间	14.149	2	7.075	0.957	0.391
	组内	347.531	47	7.394		
	总数	361.680	49			

表5—22　　　　多重比较

因变量		(I) 教龄	(J) 教龄	均值差 (I−J)	标准误	显著性
课堂文化	Tamhane	5 年以下	6—10 年	10.107 *	2.454	0.001
			11 年以上	0.007	3.984	1.000
		6—10 年	5 年以下	−10.107 *	2.454	0.001
			11 年以上	−10.100	3.834	0.062
		11 年以上	5 年以下	−0.007	3.984	1.000
			6—10 年	10.100	3.834	0.062

因变量		(I) 教龄	(J) 教龄	均值差（I－J）	标准误	显著性
教师自身发展情况	Tamhane	5 年以下	6—10 年	2.893	1.263	0.081
			11 年以上	0.743	1.621	0.958
		6—10 年	5 年以下	－2.893	1.263	0.081
			11 年以上	－2.150	1.479	0.421
		11 年以上	5 年以下	－0.743	1.621	0.958
			6—10 年	2.150	1.479	0.421
教师群体文化	Tamhane	5 年以下	6—10 年	0.012	1.182	1.000
			11 年以上	0.129	1.885	1.000
		6—10 年	5 年以下	－0.012	1.182	1.000
			11 年以上	0.117	1.693	1.000
		11 年以上	5 年以下	－0.129	1.885	1.000
			6—10 年	－0.117	1.693	1.000
乡土文化传承情况	LSD	5 年以下	6—10 年	－1.298	0.938	0.173
			11 年以上	－0.364	1.002	0.718
		6—10 年	5 年以下	1.298	0.938	0.173
			11 年以上	0.933	1.164	0.427
		11 年以上	5 年以下	0.364	1.002	0.718
			6—10 年	－0.933	1.164	0.427

从表5—22中我们可以看出，在课堂文化维度上，Tamhane 检验结果显示，5 年以下和6—10 年两个教龄段之间存在显著差异，p＝0.001＜0.05；5 年以下和11 年以上、6—10 年和11 年以上这两组教龄段之间均不存在显著性差异，p 值均大于0.05。在教师自身发展情况和教师群体文化两个维度上，三个教龄段之间均不存在显著性差异，p 值均大于0.05；在乡土文化传承维度上，LSD 检验结果显示，三个教龄段之间 p 值均大于0.05，说明三个教龄段之间均不存在显著差异。

3. 农村学校教师在文化各维度上的受教育层次差异

采用 SPSS 18.0 中的单因素方差分析来考察农村学校教师在文化各维度上是否因受教育层次不同而存在显著性差异。

从表5—23的方差齐性检验结果中可以看出，不同受教育层次的农村学校教师在课堂文化、教师自身发展情况、教师群体文化以及乡土文化传承四个维度上的 p 值分别为 0.016，0.010，0，0，说明在这四个维度上均不具有方差齐次性（p<0.05）。在此基础上，我们可以进一步考察表5—24 的结果。

表5—23 方差齐性检验

	Levene 统计量	df 1	df 2	显著性
课堂文化	4.549	2	47	0.016
教师自身发展情况	5.039	2	47	0.010
教师群体文化	13.367	2	47	0
乡土文化传承情况	23.285	2	47	0

表5—24 方差分析表

		平方和	df	均方	F	显著性
课堂文化	组间	810.190	2	405.095	4.462	0.017
	组内	4266.690	47	90.781		
	总数	5076.880	49			
教师自身发展情况	组间	82.200	2	41.100	1.976	0.150
	组内	977.800	47	20.804		
	总数	1060.000	49			
教师群体文化	组间	188.200	2	94.100	5.073	0.010
	组内	871.800	47	18.549		
	总数	1060.000	49			
乡土文化传承情况	组间	138.721	2	69.360	14.621	0
	组内	222.959	47	4.744		
	总数	361.680	49			

根据表 5—24 方差分析表可以看出，课堂文化维度上 p = 0.017 <
0.05，教师群体文化维度上 p = 0.010 < 0.05，在乡土文化传承维度上 p =
0 < 0.05，说明在这三个维度上，农村学校文化因为教师受教育层次不同
而存在显著性差异；在教师自身发展维度上 p = 0.150 > 0.05，说明在此
维度上不存在显著性差异。具体来说究竟是哪两个受教育层次或者是三
个受教育层次之间存在差异，从 ANOVA 表中看不出来，因此我们需要进
行所有维度的多重检验，详细地加以分析。从表 5—23 方差齐性检验结果
我们已经知道，不同受教育层次教师在课堂文化、教师自身发展、教师
群体文化以及乡土文化传承四个维度上的方差都不具有齐次性，因此在
这四个维度上我们都需要考虑采用 Tamhane 法进行多重比较，所得结果
见表 5—25 所示。

从表 5—25 Tamhane 检验结果我们可以看出，在课堂文化维度上，大
专与本科学历之间存在显著性差异，p = 0.029 < 0.05；本科与硕士及以
上学历之间存在显著差异，p = 0 < 0.05；而大专与硕士及以上学历之间
不存在显著差异（p > 0.05）。在教师自身发展维度上，大专、本科与硕
士及以上学历之间 p 值均大于 0.05，说明这三个受教育层次之间均不存
在显著性差异。在教师群体文化方面，本科与硕士及以上学历之间存在
显著性差异，p = 0.001 < 0.05；大专与本科、大专与硕士及以上学历之
间不存在显著性差异（p > 0.05）。在乡土文化传承维度上，三个受教育
层次之间 p 值均大于 0.05，说明在这个维度上三个受教育层次之间均不
存在显著性差异。

表 5—25　　　　　　　　　　多重比较

因变量	(I) 受教育层次	(J) 受教育层次	均值差（I−J）	标准误	显著性
		Tamhane			
课堂文化	大专	本科	−8.672*	3.084	0.029
		硕士及以上	−.231	2.575	1.000
	本科	大专	8.672*	3.084	0.029
		硕士及以上	8.441*	1.697	0
	硕士及以上	大专	0.231	2.575	1.000
		本科	−8.441*	1.697	0

因变量	（I）受教育层次	（J）受教育层次	均值差（I−J）	标准误	显著性
			Tamhane		
教师自身发展情况	大专	本科	−2.830	1.589	0.247
		硕士及以上	−.487	1.426	0.982
	本科	大专	2.830	1.589	0.247
		硕士及以上	2.343*	0.846	0.028
	硕士及以上	大专	0.487	1.426	0.982
		本科	−2.343*	0.846	0.028
教师群体文化	大专	本科	−3.523	1.823	0.202
		硕士及以上	2.487	1.845	0.486
	本科	大专	3.523	1.823	0.202
		硕士及以上	6.010*	0.899	0.001
	硕士及以上	大专	−2.487	1.845	0.486
		本科	−6.010*	0.899	0.001
乡土文化传承情况	大专	本科	−2.557	1.030	0.079
		硕士及以上	3.385	1.417	0.139
	本科	大专	2.557	1.030	0.079
		硕士及以上	5.941	1.026	0.066
	硕士及以上	大专	−3.385	1.417	0.139
		本科	−5.941	1.026	0.066

*均值差的显著性水平为 0.05。

4. 农村学校学生文化的人口变量差异

（1）性别差异

采用 SPSS 18.0 中的独立样本 t 检验考察农村学校学生文化在各维度上是否因性别不同而存在显著差异。

从表 5—27 可以看出，农村学校学生在学习、人际交往、理想与偶像以及娱乐活动四个维度上的方差齐性检验结果分别为 0.583，0.584，0.280，0.052，均大于 0.05，因此认为农村学校学生文化在这四个维度上方差都具有齐次性。然后进行独立样本 t 检验，结果显示，农村学校学生文化在四个维度上均不存在显著的性别差异（p > 0.05）。结合表 5—26

组统计量也可以看出，男女学生在四个维度上的均值都很接近，不存在显著性差异。

表 5—26 　　　　　　　　　　　　　　组统计量

	性别	N	均值	标准差	均值的标准误
学习情况	男	53	24.58	3.035	0.417
	女	47	24.23	2.712	0.396
人际交往情况	男	53	41.42	3.439	0.472
	女	47	40.74	2.714	0.396
理想与偶像	男	53	7.64	1.820	0.250
	女	47	7.47	1.487	0.217
娱乐活动	男	53	16.62	3.046	0.418
	女	47	16.98	2.382	0.347

表 5—27 　　　　　　　　　　　　　　独立样本检验

		方差方程的 Levene 检验		均值方程的 t 检验				
		F	Sig.	t	df	Sig（双侧）	均值差值	标准误差值
学习情况	假设方差相等	0.303	0.583	0.606	98	0.546	0.351	0.579
	假设方差不相等			0.611	97.992	0.543	0.351	0.575
人际交往情况	假设方差相等	0.302	0.584	1.073	98	0.286	0.670	0.625
	假设方差不相等			1.088	96.751	0.279	0.670	0.616
理想与偶像	假设方差相等	1.182	0.280	0.518	98	0.606	0.173	0.335
	假设方差不相等			0.524	97.379	0.601	0.173	0.331
娱乐活动	假设方差相等	3.859	0.052	-.645	98	0.520	-.356	0.552
	假设方差不相等			-.655	96.545	0.514	-.356	0.544

（2）年级差异

采用 SPSS 18.0 中的独立样本 t 检验来考察农村学校小学（本研究小学

生选取的调查对象是 4、5、6 年级）与初中学生文化是否存在显著性差异。

从表 5—29 可以看出，农村学校小学与初中学生文化在学习、人际交往、理想与偶像以及娱乐活动四个维度上的方差齐性检验结果分别为 0.819，0.736，0.827，0.239，均大于 0.05，因此认为农村学校小学与初中学生文化在这四个维度上方差都具有齐次性。然后进行独立样本 t 检验，结果显示，农村学校小学与初中学生文化在学习和人际交往维度上的 p 值分别为 0.060，0.202，均大于 0.05，说明在这两个维度上不存在显著差异；在理想与偶像、娱乐活动维度上的 p 值分别为 0.002，0，均小于 0.05，说明在这两个维度上存在显著差异。结合表 5—28 组统计量也可以看出，在学习维度与人际交往维度上，小学生与初中生的均值差别很小，说明在这两个维度上不存在显著差异；在理想与偶像、娱乐活动维度上的均值差别较大，说明小学与初中学生文化在这两个维度上存在显著性差异。

表 5—28　　　　　　　　　　　　　　组统计量

	年级	N	均值	标准差	均值的标准误
学习情况	小学	50	24.96	3.044	0.430
	初中	50	23.88	2.624	0.371
人际交往情况	小学	50	40.70	3.164	0.447
	初中	50	41.50	3.059	0.433
理想与偶像	小学	50	8.06	1.570	0.222
	初中	50	7.06	1.621	0.229
娱乐活动	小学	50	17.82	2.768	0.391
	初中	50	15.76	2.326	0.329

表 5—29　　　　　　　　　　　　　　独立样本检验

		方差方程的 Levene 检验		均值方程的 t 检验				
		F	Sig.	t	df	Sig.（双侧）	均值差值	标准误差值
学习情况	假设方差相等	0.053	0.819	1.900	98	0.060	1.080	0.568
	假设方差不相等			1.900	95.915	0.060	1.080	0.568

		方差方程的Levene 检验		均值方程的 t 检验				
		F	Sig.	t	df	Sig.（双侧）	均值差值	标准误差值
人际交往情况	假设方差相等	0.115	0.736	-1.285	98	0.202	-.800	0.622
	假设方差不相等			-1.285	97.889	0.202	-.800	0.622
理想与偶像	假设方差相等	0.048	0.827	3.133	98	0.002	1.000	0.319
	假设方差不相等			3.133	97.899	0.002	1.000	0.319
娱乐活动	假设方差相等	1.40	0.239	4.029	98	0	2.060	0.511
	假设方差不相等			4.029	95.179	0	2.060	0.511

（3）角色差异

采用 SPSS 18.0 中的独立样本 t 检验考察农村学校学生文化在各维度上是否因角色不同而存在显著差异。

从表5—31 可以看出，不同角色农村学校学生在学习、人际交往、理想与偶像以及娱乐活动四个维度上的方差齐性检验结果分别为 0.517，0.794，0.318，0.532，均大于 0.05，因此认为不同角色农村学校学生在这四个维度上方差都具有齐次性。然后进行独立样本 t 检验，结果显示，农村学校学生文化在四个维度上均不存在显著的角色差异（$p > 0.05$）。结合表5—30 组统计量也可以看出，不同角色学生在四个维度上的均值都很接近，不存在显著性差异。

表 5—30　　　　　　　　　　组统计量

	是否班干部	N	均值	标准差	均值的标准误
学习情况	是	29	24.59	2.758	0.512
	否	71	24.35	2.943	0.349
人际交往情况	是	29	41.55	3.101	0.576
	否	71	40.92	3.134	0.372
理想与偶像	是	29	7.90	1.858	0.345
	否	71	7.42	1.574	0.187

续表

	是否班干部	N	均值	标准差	均值的标准误
娱乐活动	是	29	17.34	2.931	0.544
	否	71	16.56	2.655	0.315

表5—31　　　　　　　　　独立样本检验

		方差方程的 Levene 检验		均值方程的 t 检验				
		F	Sig.	t	df	Sig.（双侧）	均值差值	标准误差值
学习情况	假设方差相等	0.423	0.517	0.367	98	0.714	0.234	0.637
	假设方差不相等			0.378	55.305	0.707	0.234	0.620
人际交往情况	假设方差相等	0.068	0.794	0.924	98	0.358	0.636	0.689
	假设方差不相等			0.928	52.581	0.358	0.636	0.685
理 想 与偶像	假设方差相等	1.006	0.318	1.296	98	0.198	0.474	0.366
	假设方差不相等			1.208	45.250	0.233	0.474	0.392
娱乐活动	假设方差相等	0.393	0.532	1.296	98	0.198	0.781	0.603
	假设方差不相等			1.243	47.768	0.220	0.781	0.629

二　调查结论

（一）农村学校教师文化和学生文化总体情况

当前农村学校文化建设总体发展水平不高，教师文化在课堂文化、教师自身发展、教师群体文化、对乡土文化传承等方面没有达到理想的发展水平。学生文化在学习、人际交往、理想与偶像以及课外活动四个维度上均未达到理想的发展水平。

（二）当前农村学校教师文化的差异性

1. 课堂文化的差异性

第一，不同性别教师之间在这一维度上存在显著差异，女性教师的表现好于男性教师；

第二，不同教龄段教师之间在这一维度上存在显著差异，其中教龄在5年以下教师在课堂教学中的表现好于教龄在6年以上的教师；

第三，不同受教育层次教师之间在这一维度上存在显著差异，本科学历教师在课堂教学中表现好于大专及研究生学历教师。

2. 教师自身发展的差异性

第一，不同性别教师之间存在显著差异，女性教师表现优于男性教师；

第二，不同教龄段、不同受教育层次教师之间在这一维度上未表现出显著差异。

3. 教师群体文化的差异性

第一，不同性别教师之间存在显著差异，女性教师的表现更积极；

第二，不同教龄段教师之间在这一维度上不存在显著差异；

第三，不同受教育层次教师之间存在显著差异，具体表现为本科与研究生学历教师群体文化之间存在显著差异。

4. 对乡土文化传承的差异性

在这一维度上，不同性别、不同教龄以及不同受教育层次教师之间均未表现出显著差异。

（三）农村学校学生文化的差异性

1. 不同年级（小学与初中）学生在学习与人际交往维度上不存在显著差异，在理想与偶像及课外活动维度上存在显著性差异。

2. 不同性别、不同角色学生在学习、人际交往、理想与偶像以及课外活动四个维度上均不存在显著差异。

第 六 章

我国农村学校文化转型：影响因素分析

任何事物的发展变化都离不开一定的影响因素，影响因素制约或推动着事物的发展。同样，农村学校文化要实现顺利转型，不仅要考察和把握其发展现状，更要对决定或作用于农村学校文化转型的要素和条件进行分析，据此探寻和规划发展路线。

第一节　影响因素的理论分析

一　我国农村学校文化转型影响因素分析

纵观中国文化历史，农村学校文化在不同时期也在不断发展变化，并呈现不同的特点。在漫长的封建社会中，很长一段时期内农村学校文化并未产生真正的转型，影响农村学校文化的因素表现得也不明显。近代以前，传统中国社会中并没有城市与农村的明显分界。在农村盛行私学，其形式是多种多样的，包括蒙学、村学、社学、乡学、私塾、学堂等。许多农村知识分子设馆授徒、教化乡里。进入近代社会以后，科举制被废除，由于受到新式学堂的冲击，传统农村私塾教育基本处于瘫痪，农村学校文化的创造与传承受到影响，农村和城市之间的差异逐渐明显。具体表现为中等以上的学校主要集中在城市，农村学校一般只设立小学，农村受教育的机会受到严重限制。20 世纪中后期以来，由于"以城市为中心、先城市后农村"的城本主义价值取向的指导，国家有意识地将更多的教育文化资源投入城市，促使农村学校不得不更加依附于城市的教育现代化发展方向。

进入 21 世纪，农村教育在我国获得了进一步发展，对农村学校文化的研究也逐步增多。通过相关文献梳理发现，当前国内对有关农村学校文化转型的研究，大部分都是从有关农村教育、农村文化或者农村学校建设、文化困境、文化发展等角度进行的分析。综合已有相关文献，发现其中涉及农村学校文化转型的影响因素，既有农村学校环境以外的因素，也有农村学校内部因素，包含农村学校教学、课程、教师、学生等对农村学校文化的影响。通过对这些因素的整理与提炼，本研究将从农村学校外部和农村学校内部两个角度梳理与分析当前农村学校文化转型的影响因素。

（一）农村学校外部因素

根据对已有材料的梳理，农村学校文化转型发展的外部影响因素主要包括农村学校所在地的经济发展情况、文化传统、政府部门的政策以及城市文化对农村的影响程度等方面。

1. 地区经济

通常来说，经济的发展是进行其他发展的基石和支撑。因此，经济投入对农村学校的各项文化设施的建设具有基础作用，这也是农村学校文化转型的影响因素之一。通过经济投入，促进农村学校的基础设施建设，以物质条件向现代化转型发展为基础，促进文化的现代化发展。尽管当前我国许多农村地区的物质经济条件已经获得了极大的提高，但仍然存在着对教育的重视和投入不够的现象。甚至许多边远山区仍然缺乏发展教育最基础的物质条件和硬件设施。在这种经济发展条件下，能够支持农村文化尤其是农村学校文化发展的富余财力严重不足，导致农村地区基础文化设施严重匮乏。正是这种经济上的匮乏和不足影响着农村学校文化的进一步发展。有研究者明确指出，当前农村地区文化的基础设施相对缺少和落后，书店、报摊及文化馆等文化场所和设施比较缺乏。[1] 这种现象导致城乡文化沟通及农村文化传播受到阻隔，严重阻碍了我国农村学校文化的转型与发展。换言之，农村地区相对落后的经济基础难以为农村学校文化的转型提供肥沃的土壤和坚实的基础。"富裕成为

---

[1]　陈占江、王悦：《略论我国农村文化转型的困境和突围》，《中国农业教育》2005 年第 5 期。

农村人压倒一切的生活目标，经济成为农村生活中的强势话语"①，由此可见，正是这种对城市化经济的盲目追求导致了农村文化的脱节和农村精神的缺失，而这种外部环境导致的缺失现象同样也体现在农村学校文化上。此外，由于我国多民族国家的特殊性，许多农村地区同样是少数民族聚集地区，因此有研究者从民族中学学校文化建设的角度，分析了经济发展和外部文化环境对民族中学学校文化的影响，指出经济是文化发展的基础。② 体现出农村地区薄弱的经济现状使得这些地区关注点集中于物质条件的提高，而忽视文化。由此可见，农村地区的经济发展情况影响了农村学校文化的建设和发展，进而影响了其能否实现转型。

2. 文化传统

某一地区的文化传统一般是指经过长时间形成的，贯穿于该地区各个历史阶段的所有文化的核心精神，具有一定的根深蒂固性。正是由于这种根深蒂固性，导致农村学校所在地区的文化传统成为影响其文化转型的重要因素。有研究者指出，传统的农村文化有封闭性、边缘性、落后性的特征，并且由于这种特性使得我国农村文化的现代化与城市文化相比更为迟缓。③ 正是这种相对保守的农村文化传统在一定程度上对农村学校的文化转型起了阻滞作用。同时，也有研究者从农村学校对地区文化传统的作用角度进行了分析，即由于农村学校在保存并传承文化方面的重大作用，因此被视为传统乡土社会文化活动的主阵地，是乡土文化的坚守者、保存者、完善者和发扬者，担负着保存、传承乃至改造整个农村地区文化的重任。④ 坚守者、保存者体现着地区文化传统对农村学校文化的束缚和传承，同时，完善者和发扬者又体现着农村地区文化传统对农村学校文化转型的一些积极影响作用，这里从农村学校的文化转型既要保存乡土文化的优秀内容，又要根据先进文化不断进行发扬和完善的角度体现着地区长期以来的文化传统对于地区学校文化的重要影响。

---

① 钱理群、刘铁芳：《乡土中国与乡村教育》，福建师范大学出版社 2008 年版，第 98 页。
② 李蕴：《民族中学学校文化建设研究》，硕士学位论文，广西师范大学，2008 年。
③ 李长健、陈占江：《农村文化转型的化阻机制探析》，《理论研究》2005 年第 5 期。
④ 李伯玲：《布局调整中乡村学校文化的复归》，城乡教育一体化与教育制度创新—2011 年农村教育国际学术研讨会，2011 年，第 174 页。

3. 政策制度

政府部门的政策和制度作为宏观导向，对农村学校文化的转型有着重要的指导和领路作用。新课程改革作为国家推行的教育政策，已经被众多研究和实践证明，其不断推进是促进农村学校文化转型不可忽视的因素之一。新课改的实施促使农村学校也开始逐步学习新的办学理念，建设新的学校文化，开发学校优秀资源，发现学校优势，这对于农村学校文化来说是转型和前进的良好契机。此外，也有一些关于国家政策的变化而进行的一系列研究，如撤点并校的相关问题研究。有研究指出，农村中小学的撤并造成农村教育文化的消逝，由于未能认清农村学校文化与教育之间的内在逻辑性，忽视了学校教育在文化传播实施过程中的核心和关键作用，导致农村文化在物质、精神和制度方面都存在一定的缺失现象，很多被撤的学校中存在的优秀文化由于未得到足够重视和保护也随之消失。[①] 从中不难发现，撤点并校这一政策的实施，对如何更好地保存农村学校优秀文化传统，发扬农村学校文化优势等产生了巨大考验。农村学校在面对国家政策制度之时，如何在切实推行的同时，汲取精髓并与本校文化实际相统一，内化为适合自己的发展方向和转型模式，是一个值得思考的问题。这些都体现了在农村学校文化的转型过程中，国家和政府政策对其产生的重大影响。

4. 文化交流

城市文化代表了相对比较先进的现代文化内容，在城乡教育一体化的不断推进过程中，相对先进的城市文化也开始慢慢进入农村学校，带来先进的教育理念、教育教学方式方法等，引导农村学校的文化向着现代化方向发展，也取得了一些成就，如农村学校中义务教育的普及、学生认识及眼界的拓宽等。但是，城市文化涌入农村学校，导致农村学校文化出现很多问题，其转型受到阻滞。有研究者认为，正是当代乡土社会的精神危机直接导致了乡土社会教育荒漠化的现象。[②] 这也从另外一个角度反映了对当前农村文化中单一的城市化倾向、缺少自身本土特点的

---

① 张丹：《农村中小学撤并衍生文化中心消逝问题研究》，硕士学位论文，沈阳师范大学，2011 年。

② 钱理群、刘铁芳：《乡土中国与乡村教育》，福建师范大学出版社 2008 年版，第 100 页。

反对和批评。强调要想改善农村文化在价值上的困境，必须从农村自身文化价值意蕴出发，根据农村社会实际，选择适合本地区特点的文化内容。此外，还有研究者以农村学校文化与城市文化产生冲突的角度为切入点，指出"农村学校文化的现实样态呈现多元性与复杂化"①，指出了其面临的一系列困境并提出相应建议。相关研究表明，当前城乡之间的文化冲突表现还是十分明显的。可见，在农村学校文化的转型过程中，其所处地区的城市文化与农村文化之间的激烈碰撞对农村学校文化的未来走向有重要影响。同时，也有研究者从价值取向的角度诠释了当前农村学校文化的发展困境表现。在城乡二元对立的教育制度的长期统治下，农村学校文化往往照搬城市，缺乏自身本土特色，存在"价值取向上的矛盾，包括教育目标、教育功能、教育内容上的价值冲突和矛盾"②。这里指出的就是长期以来的教育体制和教育理念对农村学校文化的进一步转型的阻碍作用。

（二）农村学校内部因素

农村学校内部因素主要是指在农村学校环境以内并且组成农村学校教育活动的各种因素。从农村学校内部角度来看，农村学校文化的影响因素主要包括教师、学生和家长、学校管理者、学校管理制度、学校组织结构特点以及乡土资源开发等几个方面。

1. 主导性的教师文化

教师在教育活动中发挥主导作用，是一种重要的创造者和学校文化的继承者。农村教师作为农村学校文化建设的重要参与群体，在农村学校文化转型过程中的作用也是极为明显的。有研究者从当前农村教师文化现状的角度出发，分析当前农村学校存在的不同类型教师的文化生存现状及带来的问题，通过分析发现出现问题的原因在于农村教师对于文化并非是主动构建，而是被动接受，并且对于文化并没有多少话语权，在文化价值观上呈现一种顺从城市并与农村实际不符的混乱状态。研究

---

① 纪德奎、赵晓静：《城乡教育一体化背景下乡村学校文化的现实形态与价值取向》，《当代教育与文化》2012 年第 6 期。

② 王勇：《城乡教育一体化视野下的农村基础教育价值取向研究》，《教学与管理》2012 年第 4 期。

指出了农村教师对农村学校文化的共线性应该在于理解并接受多元文化，主动去挖掘和创造有价值的农村文化。① 有研究者通过个案调查的方式指出当前农村教师文化存在一系列教育理念、价值观念以及行为上的失范的问题。② 这些农村教师所表现出来的文化现状和倾向都会对农村学校的文化转型产生一定程度的影响。有研究者从农村教师文化受阻的原因及改进对策方面进行了一系列研究，③ 关注点在于如何从文化角度对农村教师进行专业化培养和培训，以带动农村学校文化的转型。有研究者则指出要正视农村教师文化的现存不足，促进农村教师的职业发展。④ 这些则表现了当前研究中，研究者已经开始关注到教师这一角色及其表现出来的文化特点对农村学校文化的转型的重要影响，关注到教师素质和能力对促进教学及文化转型的重要作用。可见，农村学校教师文化亦成为影响农村学校文化建设的重要影响因素。值得注意的是，从农村教师文化的角度对农村学校文化转型的影响因素进行研究，一定要立足于城乡教育一体化的时代背景，立足于中国农村现实教育教学实践，立足于浸润着中国乡土文化的农村教师职业状态和日常生活，立足于农村学校文化发展的实际，从而促进其良好转型。

2. 复杂环境下的学生及家长

随着社会发展和城市化的推进，在农村出现了许多有关农村学生教育的问题。学生作为教学的重要组成部分之一，对农村学校能否构建和谐学校文化起着至关重要的作用。由于农村在与城市同时发展的过程中各方面均处于相对劣势地位，在农村家庭之中受教育水平高的人并不多，他们难以很快接受新兴经济发展，难以从事新型农业，因此很多家长会选择外出打工，从事相对只依靠体力的劳动。农村人口向城市流动造成农村留守儿童在学习、情感、生活、心理、品行和安全等多方面极易出

---

① 高小强、王成军：《多元文化视野下乡村教师的文化生存》，《继续教育研究》2009 年第 12 期。

② 冯宇红：《论专业视阈下的乡村教师文化重构——以河南为例》，《继续教育研究》2011 年第 8 期。

③ 肖正德：《文化视野中的乡村教师专业发展》，《教育理论与实践》2006 年第 11 期。

④ 顾建德、喻志军：《乡村学校教师文化的现时缺失与建设取向》，《现代中小学教育》2011 年第 6 期。

现问题。导致了农村学校学生家庭教育的缺失与不足，极易出现流动儿童与留守儿童等教育问题，这也影响了良好农村学校文化的构建。

3. 领导者的文化指引

在文化发展和转型过程中，领导者向来必不可少，他们作为文化发展的风向标，指引文化转型方向，农村学校文化发展也不例外。早在民国时期，晏阳初、梁漱溟、陶行知、黄炎培等人面对当时的国情，就主张通过农村教育来实现救助国家的目的。当时的农村学校文化实际也面临了转型的现实，农村学校在农村教育家教育实践活动和教育理念的影响之下，农村文化发展如火如荼。他们进行了一系列农村教育改革实验，倡导从农村到城市的发展模式，强调以农村为中心，反对教育内容脱离农村社会的发展实际，强调教育内容满足农民和农村文化的现实需要。具体到当前城乡教育一体化的推进中，究竟该由谁来做这个文化的引导者呢？毫无疑问，校长应该是农村学校文化建设中的领头人。事实上，不仅仅是课程，就农村学校整体发展来说，都应该有这样一个领导者指引大方向，这其中当然包括了文化。从这一角度来说，教师、学生、家长以及文化领头人作为行为文化的主体，迫切需要携起手来，组成一个和谐的文化圈，从而促进城乡教育一体化进程中农村学校文化的不断发展。

此外，学校管理制度、学校组织结构特点以及校本课程的开发也是影响学校文化建设的不可忽视的因素。有研究表明，学校管理制度是否够灵活和弹性化，是否有利于教师的进一步成长，能否最大效率最优化地实现教育教学任务，这都是在制度方面值得深思的问题，并且这些对农村学校文化发展路向影响颇大。[1] 在农村课程改革文化方面，要重构合作型文化、开放型文化、民主型文化以及创生型文化。[2] 农村学校文化转型过程中要重新确立文化取向，依托乡土文化特色，加强学校自身文化建设，同时密切村校双向联系，发挥学校文化堡垒作用。[3] 开发民俗资源

---

[1]　杨勇：《初中生进城背景下学校文化建设的个案研究》，硕士学位论文，鲁东大学，2012年，第25页。

[2]　肖正德：《农村课程改革文化阻隔与突围》，《中国教育学刊》2009年第4期。

[3]　李伯玲：《布局调整中乡村学校文化的复归》，城乡教育一体化与教育制度创新—2011年农村教育国际学术研讨会，2011年。

的同时将学校文化与农村地区文化统一，确保农村学校文化在农村文化建设中的中心地位，这也体现了乡土文化资源开发对农村学校文化转型的影响力。

二　国外农村学校文化转型影响因素分析

在国外，对于农村学校文化的相关研究很少，通过文献查阅，发现国外农村学校文化有独特特点，而能够在其转型过程中起到影响力的因素主要有以下几点。

（一）高投入的文化设施

与我国农村地区普遍存在文化设施不足的现状不同，国外许多国家社区文化做得相当出色，他们在教育文化领域投入比重高，教育文化设施相对比较齐全。除去欧美等发达国家不谈，就印度喀拉拉邦这样一个人均收入甚至低于印度平均水平的贫困地区来讲，乡镇图书馆及其藏书数量相当惊人，并且更新速度快，适应农民实际需求，既有技术类书籍，也有时事等，农民的精神世界非常丰富。可见，的确"可怕的不是物质上的匮乏，而是精神文化上的匮乏"①。这种独秀一面的社区文化在提升农民精神文化修养的同时，对于农村学校文化的发展也是非常积极的。在美国，非常注重通过建立学习型社区来进行学校文化建设②，政府会提供一切需要的基础文化设施，而这种社区建设自然也将农村包含其中，对于农村地区构建积极向上的精神文化，促进农村学校文化发展有重大意义。

（二）弹性灵活的多元文化

由于19世纪末期开始的城市工业化运动以及20世纪以来国际竞争的越来越激烈，美国也出现了农村优秀人才向城市流动的现象，农村地区学校不得不面临着转型和改革的现状。这种情况下，美国农村学校进行合并，并逐步沿着"多元均等"的路径发展。人们不再盲目追求规模的

---

① 钱理群、刘铁芳：《乡土中国与乡村教育》，福建师范大学出版社2008年版，第247页。
② 王天晓：《美国近年学校文化研究简述》，《教育科学》2005年第8期。

农村学校合并，但农村学校与城市学校要实现教育机会均等。① 重视教育政策和当地的实际情况，以促进农村学校文化的发展。美国多元文化的教学理论极大地鼓舞了中国农村学校的文化建设。它认为教学必须培养能够适应社会多元化需求的人才；强调尊重不同学生的文化差异，并提供不同的教学内容；关注不同阶层和文化背景的学生，并根据他们的不同特点采取适当教学策略，帮助每个人获得成长和进步。因此，美国多元文化教学对我国农村学校文化发展的启示在于，"从教学目标上，培养适合新农村经济与社会文化发展有教养的文化人；从教学内容上，建构富有灵活性和选择性的农村学校课程文化体系；从教学策略上，构建新形式教学文化，促使农村学生多维能力的培养"②。这都强调了农村学校对新式教学方法、教学策略、教学内容、教学目标的尝试，也会在一定程度上影响农村学校文化的转型。

同样多元文化的思想在芬兰农村学校文化转型中也有所体现，而芬兰的农村学校文化与其教育文化的关注点一致，强调的是均衡、多元和信任。在教育资源的分配上相对均衡，开设综合学校，进行弹性分组，对于不同的文化持相对宽容的态度，并且信任学校及教师，给予他们足够的自主权，在管理上实行交互责任制。这些措施均体现了芬兰农村学校文化所独有的特点，在其转型过程中也一直坚持这几点，促进了农村学校文化的发展和整个国家教育水平的提高。

（三）特色开发的本土文化

美国农村诗人温德尔·拜瑞在其作品中涉及的农村教育哲学思想，反映出了大量有关农村教育和农村文化的观点。他强调建立一个科学合理可行的农村伦理价值体系，在农村学校中，能够帮助学生在潜移默化中形成正确的文化认识，促进农村学校文化体系的改进。同时，他还认为"农村学校的课程内容应该是本土化的农村知识"③。可见，温德尔非常强调从农村本土实际来构建农村学校文化体系，促进农村学校文化向

---

① 田静：《美国"农村学校合并运动"的历史原因、利弊及启示》，《中国农业教育》2010年第1期。

② 肖正德：《美国多元文化教学及对我国乡村学校教学的启示》，《当代教育与文化》2011年第1期。

③ 谢镒逊：《乡村教育之文化困境与出路探析》，《教育科学论坛》2011年第4期。

着现代化、大众化以及人文化方向发展。这对于如何真正开发出具有本
土特色的、适合本地特点的农村课程和乡土教材具有极大的启示作用。
可见，这里所强调的是农村本土文化传统这一因素对农村学校文化的重
要影响，甚至本土文化资源的开发情况决定了农村学校文化能否顺利转
型，转型后能否适应农村发展实际，能否长期起到促进农村地区整体发
展的作用。

（四）良性的管理制度与教师发展

这里所说的管理制度既包括政府颁布的某些相关政策，也包含了农
村学校内部管理方式。俄罗斯政府在进行农村教育现代化之时，认为面
对农村学校文化转型，应该做到积极进行农村学校结构调整，改善财政
投入，并加强农村教育质量管理。[①] 在发展农村学校教育文化的问题上，
澳大利亚则非常重视对教师和学校管理人员的培训和优待，特别强调教
师在农村教育发展以及农村学校文化形成过程中不可或缺的地位。可见，
农村学校文化的转型既要充分发挥政府政策的总体调控作用，依托政府
来促进农村学校文化转型发展，又不能忽视教师作为学校文化的重要传
播者，其素质的提高和文化水平的发展，对农村学校文化转型起到的至
关重要的作用。这与我国研究者的一些相关研究具有一致性。

三 理论分析结果

基于以上分析可知，影响农村学校文化发展的因素很多：包括物质
上的，如学校位置、当地经济发展情况、交通情况、学校硬件设施情况
等；包括行为上的，如教师素质与教学水平、学生与外界的沟通情况、
家长的开明程度、先进文化领头人的领导作用等；也包括制度上的，如
政府的政策倾斜、先进教育理念的推行等；还应该包括了精神上的，如
城市文化与本土文化的冲突、乡村对外来文化的认同与融合等。这些因
素从内部和外部两个方面对乡村学校文化产生影响，有显性的，也有隐
性潜移默化的。农村学校外部因素具体包括当地经济条件、政府制度与
政策倾向、学校周边环境、当地文化传统、文化的多元性、社区资源提
供等。农村学校内部因素主要包括学校管理制度、课程资源的开发、教

---

① 于海波：《俄罗斯农村教育现代化及其启示》，《外国教育研究》2007 年第 12 期。

师、学生、家长以及文化领导者等。

通过对这些因素整理和综合，结合农村学校文化实际，本研究将这些因素进行了重新归类。将城乡一体化进程中农村学校文化转型的主要影响因素归纳为资源投入、文化交流、个体因素、文化开发四个角度。

（1）资源投入。包括基础物质设施投入和文化设施投入，是农村学校文化建设的基础，是文化转型的基石。基础物质设施的投入情况，影响了农村学校的整体发展和农村学生对文化的整体认知，文化设施投入情况，则直接影响着农村学校文化的发展方向。可以说，资源投入直接影响了农村学校文化能否有进行发展和转型的条件。

（2）文化交流。包括本土文化传统、外来城市文化影响以及二者在交流中所产生的矛盾与冲突等。本土文化传统是农村地区长期以来形成的固有的为地区大多数人所认同和坚持的文化内容，既有优秀部分，也存在保守、止步不前、故步自封的内容，正是这种具有双面性的传统文化，影响了农村学校文化的转型方向。外来城市文化是随着城乡交流的频繁，城市现代化、外来化的文化内容和政策等，这种城市文化与农村文化之间碰撞交流究竟对农村学校文化转型产生了怎样的影响，农村学校应如何把握本土优势、发扬外来城市文化长处，找出二者的平衡点，通过科学的文化交流促进农村学校文化转型，这正是我们研究的问题所在。

（3）个体因素。它是指在农村学校文化发展中起作用的所有群体，包括学生、家长、领导者和教师。也就是说，这些个体因素在农村学校文化转型中，各自起到了什么样的作用，如何发挥其个体优势，规避不足，正确利用个体因素对农村学校文化转型的影响，将转型应然方向转化为实然状态，这是研究的重点之一。

（4）文化开发。包括农村学校对乡土文化的重视程度和开发等。这一因素是由一系列内容组成的，包括如何备课授课、如何编写乡土特色教材、如何开发特色校本课程，都从文化开发这一角度影响着农村学校文化的转型。

基于以上理论分析结果，本研究将通过问卷调查法和访谈法进行实地调查，对调查数据进行量化分析，来进一步考证和深入分析城乡一体化进程中农村学校文化转型的影响因素，并试图揭示这些因素间的相互作用关系。

第二节　影响因素的调查分析

一　研究对象与调查设计

（一）研究对象

本研究选取河北省唐山市的四所农村学校为代表进行研究，分别为乐亭县一所镇中心小学和两所普通村小学，迁西县山区较偏远落后的小学，其中镇中心小学，记作学校 A；两所普通村小学，分别记作学校 B、C；较偏远的山区村小学，记作学校 D。这次调查主要采取了访谈法和问卷调查法相结合的方式。访谈随机选择每所农村学校的 1 名管理者（主要为校长）和 5 名教师进行，了解农村学校的管理层及一线教师对城乡教育一体化进程中农村学校文化转型的影响因素的认识与态度。问卷调查的对象主要为 4 所学校的一线教师，其中镇中心小学 A 的教职工共 28 人，B 小学教职工共 23 人，C 小学教职工共 25 人，D 小学教职工共 20 人。本次调查主要发放的是教师问卷，每所学校发放 20 份，共发放 80 份问卷，发放数量符合农村学校的实际情况。访谈和问卷调查的结果将共同为本研究的结果提供依据和支持。

（二）问卷设计与编写

此次研究的问卷设计主要采取的是自编问卷。依据理论分析结果，结合调查地区的实际情况，设计问卷调查的维度，编写问卷进行调查，然后用 SPSS18.0 进行数据录入、分析和整理。问卷为五点式量表，一共设置了 38 道题目，每道题都有非常符合、比较符合、一般、不太符合、非常不符合五个程度，分别记作 5 分、4 分、3 分、2 分和 1 分。根据理论分析结果，问卷分为四个维度，第一个维度为资源投入，相对应的题目为 1—12 题；第二个维度为文化交流，相对应的题目为 13—20 题；第三个维度为个体因素，相对应的题目为 21—32 题；第四个维度为文化开发，相对应的题目为 33—38 题（见表 6—1）。

表6—1　　　　　　　　　　　　调查问卷维度情况表

维度	数目（道）	题号
资源投入	12	1—12
文化交流	8	13—20
个体因素	12	21—32
文化开发	6	33—38

问卷发放前进行了小样本调查测试，随机挑选一所农村学校发放问卷进行预调查，调查结果证明问卷具有一定的科学性和有效性，可以进行大规模问卷发放。问卷投放前对主试进行统一培训，包括对指导语、施测时间，以及可能出现与问卷有关的问题进行讲解，然后才进行问卷的实地发放，测试结束后，统一收回问卷。此次问卷共发放80份，收回问卷80份，收回问卷均可用，问卷的收回率和有效率为100%，此次问卷的收回率和有效率符合统计要求。

（三）信度与效度检验

信度分析即问卷的可靠性分析，是调查问卷稳定可信的重要测定标准和有效手段。在本研究中采用的是 Cronbach's Alpha 系数法进行信度分析。此次调查问卷的信度为0.861，属于可以接受的信度范围，具体情况如表6—2所示。

表6—2　　　　　　　　　　　　问卷信度检验表

Cronbach's Alpha	项数
0.861	38

为了保证问卷调查结果的有效性，同时进行专家效度检验，本研究主要采用的是德尔菲法——专家效度检验，证明了问卷设计的有效性。

二　调查结果

（一）问卷发放的基本情况

调查4所农村学校，每所学校选取20名教师进行调查。问卷发放共80份，收回80份。具体统计结果如表6—3所示。

表 6—3　　　　　　　　　　　问卷发放的基本情况

	类别	人数（人）	百分比（％）
性别	男	20	25
	女	60	75
师范生	是	36	45
	否	44	55
教龄	5 年及以下	10	12.5
	6 到 15 年	30	37.5
	15 年以上	40	50
学历	中专、高中及以下	28	35
	大专	32	40
	本科及以上	20	25

从表 6—3 可以看出，此次收回的 80 份问卷中，从性别角度看，男教师 20 人，占总比例的 25％，女教师 60 人，占总比例的 75％；从师范生类型来看，师范生毕业的教师 36 人，占总数的 45％，非师范类毕业的教师 44 人，占 55％；就从教时间来说，5 年及以下的教师共 10 人，占总数的 12.5％，6 到 15 年的教师共 30 人，占总数的 37.5％，15 年以上的教师有 40 人，占总数的 50％；从学历角度看，农村教师中专、高中及以下学历的教师有 28 人，占总数的 35％，大专学历的教师有 32 人，占总数的 40％，本科及以上的教师有 20 人，占总数的 25％。

（二）各因素与整体的相关性

相关性统计主要调查的是问卷所涉及的四个维度与城乡教育一体化进程中农村学校文化转型是否存在相关性，以及不同因素与整体的相关程度。研究采用 SPSS 17.0 中的相关分析，统计结果如表 6—4 所示：

表 6—4　　　　　　　　各因素与整体的相关性分析

维度	资源投入	文化交流	个体因素	文化开发	总计
资源投入	1				
文化交流	0.242 *	1			
个体因素	0.652 **	0.384 **			

维度	资源投入	文化交流	个体因素	文化开发	总计
文化开发	0.340 **	0.186	0.153	1	
总计	0.953 **	0.451 **	0.784 **	0.449 **	1

注：* 表示在 0.05 水平上十分显著（双侧）** 表示在 0.01 水平上十分显著（双侧）。

在表6—4中发现，资源投入、文化交流、个体因素、文化开发四个维度之间的相关性在0.153—0.652，且大多数都呈现显著性相关。资源投入、文化交流、个体因素、文化开发四个维度均与农村学校文化转型在0.01水平上呈现显著性相关，其相关系数在0.449—0.953。其中资源投入维度的相关度为0.953，文化交流维度的相关度为0.451，个体因素维度的相关度为0.784，文化开发维度的相关度为0.449，四个维度与整体的相关度都比较高。其中，与农村学校文化转型相关度最高的因素为资源投入，个体因素次之，再次是文化交流，最后是文化开发。表6—4证明了这四个影响因素与农村学校文化转型的相关性比较高，说明这四个因素是农村学校文化转型的主要影响因素。

（三）各因素在不同农村学校产生影响的差异性

差异性统计主要研究四个影响因素在调查选取的四所农村学校文化转型中的影响是否存在差异性，以探讨各个因素在不同农村学校是如何对学校文化转型产生影响的（见表6—5）。

表6—5　　　　　　　　影响因素在不同农村学校的表现差异

项目	A 小学	B 小学	C 小学	D 小学	F	p
	（M + SD）	（M + SD）	（M + SD）	（M + SD）		
资源投入	41.45 + 2.328	36.55 + 2.685	36.80 + 2.375	24.85 + 2.925	149.357	0
文化交流	26.90 + 1.861	25.85 + 1.040	25.65 + 1.387	25.45 + 1.317	4.070	0.010
个体因素	41.60 + 1.231	39.55 + 1.932	39.20 + 1.609	37.15 + 1.348	27.508	0
文化开发	21.80 + 1.105	20.20 + 1.240	19.70 + 1.342	17.45 + 1.19	4.760	0.004

从表 6—5 中可以看出，资源投入、文化交流、个体因素、文化开发四个维度的 F 值分别为 149.357，4.070，27.508，4.760，相对应的 p 值分别为 0，0.010，0，0.004，p 值均 <0.05，说明四所学校在四个维度上面均存在差异性。这一点从均值中也可以表现出来：在资源投入维度，理论上 12 道题的平均得分为 36 分，其中 A 小学的均值得分为 41.45，B 小学的均值得分为 36.55，C 小学的均值得分为 36.80，D 小学的均值得分为 24.85；在文化交流维度，理论上 8 道题的平均得分为 24 分，其中 A 小学的均值得分为 26.90，B 小学的均值得分为 25.85，C 小学的均值得分为 25.65，D 小学的平均得分为 25.45；在个体因素维度，理论上 12 道题的平均得分为 36 分，其中 A 小学的均值得分为 41.60，B 小学的均值得分为 39.55，C 小学的均值得分为 39.20，D 小学的均值得分为 37.15；在文化开发维度，理论上 6 道题的平均得分为 18 分，其中 A 小学的均值得分为 21.80，B 小学的均值得分为 20.20，C 小学的均值得分为 19.70，D 小学的均值得分为 17.45。具体是哪些学校、哪些内容之间存在差异性，我们需要进行进一步的分析。

（四）资源投入因素影响的差异性

资源投入差异性是指各农村学校资源投入方面的不同情况，通过资源投入差异分析来了解资源投入对学校文化的影响程度。

从表 6—6 中可以看到，在资源投入维度，A 小学与 B、C、D 三所小学之间的显著性差异均为 0<0.05，B、C 小学之间的显著性差异为 0.761 >0.05，B、C 小学与 D 小学之间的差异均为 0<0.05。说明在资源投入维度上，A 小学与另外三所小学之间存在显著性差异，B、C 小学之间不存在差异，B、C 小学与 D 小学之间存在显著性差异。在资源投入维度上，理论上平均得分为 36 分，结合表 6—5 中的均值发现，在此项上 A 小学的得分为 41.45 分，B、C 小学的得分分别为 36.55 和 36.80，得分较为接近平均值，而 D 小学的得分仅为 24.85，远远低于其他三所村小学。说明 A 小学在资源投入方面做得最好，B、C 小学做得一般，D 小学在资源投入方面做得较差。

表 6—6   资源投入因素影响差异

项目	（I）学校	（J）学校	均值差（I－J）	标准误	显著性
资源投入	A 小学	B 小学	4.900*	0.819	0
		C 小学	4.650*	0.819	0
		D 小学	16.600*	0.819	0
	B 小学	C 小学	－0.250	0.819	0.761
		D 小学	11.700*	0.819	0
	C 小学	D 小学	11.950*	0.819	0

结合表 6—7 数据，通过资源投入这一维度的差异性分析和均值比较也可以证明上述结论。四所学校在资源投入维度的两个方面，即物质资源投入和文化资源投入的 p 值均 <0.05，存在显著性差异，且均表现为 A 小学与另外三所小学之间存在显著性差异，B、C 小学之间不存在差异，B、C 小学与 D 小学之间存在显著性差异。通过对均值的比较发现，无论是物质资源还是文化资源投入，相对其他三所小学，D 小学得分均明显偏低，A 小学的得分明显最高，B、C 两所小学得分相近。具体情况如表 6—7 所示。

表 6—7   资源投入因素具体影响差异

项目	（M＋SD）	F	p	（I）学校	（J）学校	均值差（I－J）	标准误	显著性
物质资源	27.00＋1.622	162.903	0	A 小学	B 小学	3.600*	0.571	0
	23.40＋1.759				C 小学	3.450*	0.571	0
	23.55＋1.504				D 小学	12.100*	0.571	0
	14.90＋2.245			B 小学	C 小学	－0.150	0.571	0.793
					D 小学	8.500*	0.571	0
				C 小学	D 小学	8.650*	0.571	0
				D 小学				

续表

项目	（M＋SD）	F	p	（I）学校	（J）学校	均值差（I－J）	标准误	显著性
文化资源	14.45＋1.146	44.685	0	A 小学	B 小学	1.300*	0.407	0.002
					C 小学	1.200*	0.407	0.004
					D 小学	4.500*	0.407	0
	13.15＋1.424			B 小学	C 小学	－0.100	0.407	0.807
					D 小学	3.200*	0.407	0
	13.25＋1.164			C 小学	D 小学	3.300*		
	9.95＋1.395			D 小学				

　　具体来说，第 1、2、3、6、8、9、11 题中 A 小学与其他三所小学之间比较 p 值均 <0.05，存在显著性差异；第 4、5、7、10、12 题中 A 小学与 B、C 小学比较 p 值均 >0.05，不存在显著性差异，与 D 小学比较 p 值均 <0.05，存在显著性差异；B、C 两所学校与 D 小学在 12 道题中比较后 p 值均 <0.05，存在显著性差异。结合均值来看，在第 4、5、6、7、8 五道题中，D 小学的得分远低于其他三所小学，这几题涉及的主要为资源的利用效果，可见 D 小学对已有资源的利用方面做得较差。

（五）文化交流因素影响的差异性

　　文化交流差异性是指各农村学校在文化交流方面存在的不同，通过其差异性来分析各学校文化建设与转型中所受文化交流的影响程度（见表 6—8）。

表 6—8　　　　　　　　文化交流因素影响差异

项目	（I）学校	（J）学校	均值差（I－J）	标准误	显著性
文化交流	A 小学	B 小学	1.050*	0.453	0.023
		C 小学	1.250*	0.453	0.007
		D 小学	1.450*	0.453	0.002

续表

项目	（I）学校	（J）学校	均值差（I－J）	标准误	显著性
文化交流	B 小学	C 小学	0.200	0.453	0.660
		D 小学	0.400	0.453	0.380
	C 小学	D 小学	0.200	0.453	0.660

从表6—8 中可以看到，在文化交流维度，A 小学与其他三所小学之间的显著性差异分别为 0.023，0.007，0.002，均＜0.05，B 小学和 C 小学之间的显著性差异为 0.660＞0.05，B、C 小学与 D 小学之间的差异分别为 0.380 和 0.660，均＞0.05。说明在文化交流维度上，A 小学与其他三所小学之间存在显著性差异，B 小学和 C 小学之间不存在差异，B、C 小学与 D 小学之间不存在显著性差异。

在文化交流维度上，理论上平均得分为 24 分，结合表6—5 中的均值发现，在此项上 A 小学的得分为 26.90 分，B、C 小学的得分分别为 25.85 和 25.65，D 小学的得分为 25.45。四所小学的得分较为相近且接近平均分，A 小学得分略高于其他三所学校。

结合表6—9 数据，通过文化交流这一维度的差异性分析和均值比较也可以证明上述结论。通过 p 值检测发现，四所学校在本土文化传统、外来文化两个角度的 p 值分别为 0.020 和 0，均小于 0.05，说明在这两个方面，四所学校存在显著性差异。而文化冲突方面的 p 值为 0.115＞0.05，说明四所学校在这一方面不存在显著性差异。通过表6—9 中的具体数据进一步分析发现，四所农村学校在本土文化传统方面表现为 A、B、C 小学之间不存在差异，C、D 小学之间不存在显著性差异，A、B 小学与 D 小学之间均存在显著性差异。四所学校在外来文化方面表现为 A 小学与其他三所小学之间均存在显著性差异，其他三所小学之间均不存在显著性差异。通过对均值的比较发现，在文化冲突角度，D 小学的得分高于其他三所小学，可见，在 D 小学中，城乡文化冲突表现得更为明显一些。通过对第18、20 题的均值观察发现，两题中四所学校得分相近，且都比较高，说明在按教材授课和坚持文化传统上，各农村学校有比较一致的认识。

表 6—9　　　　　　　　　文化交流因素影响具体差异

项目	（M＋SD）	F	p	（I）学校	（J）学校	均值差（I－J）	标准误	显著性
本土传统	8.90＋0.852	3.463	0.020	A 小学	B 小学	0.200	0.258	0.441
					C 小学	0.350	0.258	0.180
					D 小学	0.800＊	0.258	0.003
	8.70＋0.571			B 小学	C 小学	0.150	0.258	0.563
					D 小学	0.600＊	0.258	0.023
	8.55＋0.605			C 小学	D 小学	0.450	0.258	0.086
	8.10＋1.119			D 小学				
外来文化	6.50＋0.827	8.663	0	A 小学	B 小学	1.000＊	0.273	0
					C 小学	1.100＊	0.273	0
					D 小学	1.250＊	0.273	0
	5.50＋0.827			B 小学	C 小学	0.100	0.273	0.715
					D 小学	0.250	0.273	0.362
	5.40＋0.883			C 小学	D 小学	0.150	0.273	0.584
	5.25＋0.910			D 小学				
文化冲突	11.50＋0.889	1.796	0.115	A 小学	B 小学	－0.150	0.270	0.581
					C 小学	－0.200	0.270	0.462
					D 小学	－0.600＊	0.270	0.029
	11.65＋0.933			B 小学	C 小学	－0.050	0.270	0.854
					D 小学	－0.450	0.270	0.100
	11.70＋0.801			C 小学	D 小学	－0.400	0.270	0.143
	12.10＋0.773			D 小学				

（六）个体因素影响的差异性

个体因素差异性是指在各农村学校文化转型中个体因素在其中所起作用的不同情况。通过差异性分析来了解个体因素对各农村学校文化转型的影响程度。如表 6—10 所示。

表6—10 个体因素影响差异

项目	（I）学校	（J）学校	均值差（I−J）	标准误	显著性
个体因素	A 小学	B 小学	2.050*	0.491	0
		C 小学	2.400*	0.491	0
		D 小学	4.450*	0.491	0
	B 小学	C 小学	0.350	0.491	0.478
		D 小学	2.400*	0.491	0
	C 小学	D 小学	2.050*	0.491	0

从表6—10中可以看到，在个体因素维度，A 小学与其他三所小学之间的显著性差异均为 0 < 0.05，B、C 小学之间的显著性差异为 0.478 > 0.05，B、C 小学与 D 小学之间的差异均为 0 < 0.05。说明在个体因素维度上，A 小学与其他三所小学之间存在显著性差异，B、C 小学之间不存在差异，两所 B、C 村小学与 D 小学之间存在显著性差异。在个体因素维度上，理论上平均得分为 36 分，结合表6—5中的均值发现，在此项上 A 小学的得分为 41.60 分，B 小学和 C 小学的得分分别为 39.55 和 39.20，D 小学的得分为 37.15，三所学校得分均低于 A 小学，且 D 小学得分较其他三所学校差距较大。

表6—11中呈现了农村学校文化转型的个体因素中不同群体在不同学校的差异。其中调查的学生群体和家长群体的 p 值均大于 0.05，说明四所学校的学生群体和家长群体对农村学校文化转型的影响不存在明显差异性。而领导者和教师群体得到的 p 值均为 0 < 0.05，说明这两种个体因素在不同学校表现出较大的差异性，具体数据情况见表6—12。

表6—11 不同群体的差异性

项目	A 小学（M + SD）	B 小学（M + SD）	C 小学（M + SD）	D 小学（M + SD）	F	P
学生	12.45 + 0.759	12.50 + 0.889	12.40 + 0.883	12.65 + 0.813	0.333	0.802
家长	4.00 + 0.649	3.95 + 0.510	3.80 + 0.523	4.05 + 0.759	0.609	0.611

续表

项目	A 小学	B 小学	C 小学	D 小学	F	P
领导者	9.10 + 1.021	8.90 + 0.553	8.80 + 0.834	7.50 + 0.761	16.151	0
教师	16.05 + 0.510	14.20 + 1.196	14.20 + 1.196	12.96 + 0.759	35.279	0

表 6—12　　　　　　　　　领导者与教师因素影响具体差异

项目	（I）学校	（J）学校	均值差（I－J）	标准误	显著性
领导者	A 小学	B 小学	0.200	0.256	0.437
		C 小学	0.300	0.256	0.245
		D 小学	1.600 *	0.256	0
	B 小学	C 小学	0.100	0.256	0.697
		D 小学	1.400 *	0.256	0
	C 小学	D 小学	1.300 *	0.256	0
教师	A 小学	B 小学	1.850 *	0.304	0
		C 小学	1.850 *	0.304	0
		D 小学	3.100 *	0.304	0
	B 小学	C 小学	0	0.304	1.000
		D 小学	1.250 *	0.304	0
	C 小学	D 小学	1.250 *	0.304	0

表 6—12 的数据清晰体现了领导者和教师两个群体对农村学校文化转型的影响。在文化领导者方面，A 小学与 B、C 小学比较所得 P 值，B、C 小学相比 p 值分别为 0.437，0.245 和 0.697，均大于 0.05，说明 A、B、C 三所小学在领导者因素上差异性不明显。A、B、C 与 D 小学比较差异性均为 0 < 0.05，说明 D 小学的文化领导者与其他三所小学相比存在显著性差异。在教师因素方面，除了 B、C 两所学校之外，检测出的数据均显示两两之间存在显著性差异。

（七）文化开发因素影响的差异性

文化开发差异性是指在各农村学校文化转型中文化开发因素在其中所起作用的不同情况。通过差异性分析来了解文化开发因素对各农村学校文化转型的影响程度（见表 6—13）。

表6—13   文化开发因素在不同农村学校的差异

项目	（I）学校	（J）学校	均值差（I－J）	标准误	显著性
文化开发	A 小学	B 小学	0.600	0.387	0.125
		C 小学	1.100 *	0.387	0.006
		D 小学	1.350 *	0.387	0.001
	B 小学	C 小学	0.500	0.387	0.200
		D 小学	0.750	0.387	0.056
	C 小学	D 小学	0.250	0.387	0.520

从表6—13中可以看到，在文化开发维度，A 小学与其他三所小学之间的显著性差异分别为 0.125，0.006，0.001，B 小学和 C 小学之间的显著性差异为 0.200 > 0.05，B、C 小学与 D 小学之间的差异分别为 0.056 和 0.520，均 > 0.05。说明在文化开发维度上，A 小学与 C 小学和 D 小学之间存在显著性差异，与 D 小学之间不存在差异，B、C 小学之间不存在差异，B、C 小学与 D 小学之间不存在显著性差异。在文化开发维度上，理论上平均得分为 18 分，结合表6—5中的均值发现，在此项上 A 小学的得分为 21.80 分，B、C 小学的得分分别为 20.20 和 19.70，得分较为接近平均值，D 小学的得分为 17.45，三所学校得分均低于 A 小学，且 D 小学得分低于平均分。

表6—14是对文化开发这一因素具体内容的差异性分析和均值比较。表中显示四所学校在校本课程开发方面的 p 值均大于 0.05，说明四所学校不存在显著性差异。在文化发展规划方面，A 小学与 B、C、D 三所小学相比较 p 值均 < 0.05，说明 A 小学与其他三所小学在该方面存在显著性差异。B、C、D 三所学校的检验结果显示 p > 0.05，说明三所学校互相之间不存在显著性差异。通过对均值的比较发现，在校本课程开发方面，四所学校得分相似，且都略高于平均分 12；在文化发展规划方面，A 小学的得分要高于其他三所小学。

表6—14　　　　　　　文化开发因素在不同乡村学校差异的具体表现

项目	（M＋SD）	F	p	（I）学校	（J）学校	均值差（I－J）	标准误	显著性
校本课程	14.60±0.503	1.527	0.214	A 小学	B 小学	－.100	0.272	0.715
					C 小学	0.300	0.272	0.274
					D 小学	0.400	0.272	0.146
	14.70±0.979			B 小学	C 小学	0.400	0.272	0.146
					D 小学	0.500	0.272	0.070
	14.30±0.865			C 小学	D 小学	0.100	0.272	0.715
	14.20±1.005			D 小学				
发展规划	7.20＋0.834	5.764	0.001	A 小学	B 小学	0.700 *	0.248	0.006
					C 小学	0.800 *	0.248	0.002
					D 小学	0.950 *	0.248	0
	6.50＋0.688			B 小学	C 小学	0.100	0.248	0.688
					D 小学	0.250	0.248	0.317
	6.40＋0.883			C 小学	D 小学	0.150	0.248	0.547
	6.25＋0.716			D 小学				

（八）小结

（1）通过相关性分析证明，资源投入、文化交流、个体因素、文化开发四个维度与农村学校文化转型的相关性较高，说明其是影响农村学校文化转型的四个主要因素。

（2）不同因素对农村学校文化转型的影响程度不同，影响程度最大为资源投入因素，个体因素次之，再次是文化交流因素，最后是文化开发因素。

（3）相同因素对不同农村学校文化转型的影响存在差异。

在资源投入因素上，物质文化资源投入较多的镇中心小学学校文化发展程度要高于其他学校，一般村小学次之，偏山区的小学学校文化转型做得相对较差。

在文化交流因素上，镇中心小学的文化交流相对其他三所学校做得更为出色，一般村小学次之，偏山区的小学学校文化交流机会和能力相对较差。

在个体因素上，农村学生和家长对学校文化建设的影响较大，且不同农村学校之间的差别较小，在师资队伍和文化领导者方面，镇中心小学有更多机会获得文化建设指导，教师有更多的机会和条件实现自我发展和提高，偏山区的小学相对薄弱。

在文化开发因素上，镇中心小学的文化规划与开发能力相对其他三所学校做得更为出色，但总体来说，农村学校已经意识到对本土文化和校本课程开发的重要性。

三　调查结果分析

（一）认识的表面性与影响程度的不平衡性

1. 对农村学校文化及其影响因素认识的表面性

随着城乡教育一体化的不断推进，城乡交流日益加深，政府对农村学校文化的建设日益关注，城乡教育理念发生相互碰撞，城市的部分先进教育理念开始慢慢渗透并影响到农村。农村学校若想融入教育文化发展的洪流之中，需要改变现有的文化模式，构建新的文化体系，形成自身文化特色，促进自身文化转型。究竟转型目标是什么，转型过程中有哪些因素对其产生影响，这是我们需要重点关注的问题。近年来课程改革的实施，针对学校管理者的培训得以先行，促使他们的教育理念和思想观念发生一定变化。校长作为农村学校的一线领导，是农村学校发展的领头人，直接面对农村学校发展的挑战与机遇。访谈中发现，五位校长都非常重视学校文化的发展和建设，对农村学校要改变以往发展模式和道路有一定的意识和认识，并有着强烈的期盼。然而，对于学校文化的具体转型方向，他们的视角往往偏于片面化。对于城乡教育一体化的认识不够全面和准确，对于农村学校文化的转型方向认识不清晰，片面地认为"现代化""城市化""先进化""创新化"等诸如此类的词语才是农村学校未来的发展方向，而对于如何结合本土特点，发展本校特色的认识和重视不够。

本研究提出的资源投入、文化交流、个体因素及文化开发四个因素，也在对农村学校领导者和教师的访谈中有所体现。下面的内容摘自对两位不同农村学校校领导的访谈：

问：农村学校文化转型会受到哪些因素的影响？

　　领导一："我觉得这是一个见仁见智的问题。就我们学校来讲，作为镇属小学，各项条件要比村小稍好一些，政府每年拨款也相对及时，但是与县里乃至市里的小学相比，差得不是一星半点儿。在投入的资源上，还是有所欠缺，这样就导致学校缺少了发展的最基础的条件，学校的物质和文化投入是远远不够的。还有，现在的教育政策还是倾向于城市的比较多，对我们农村小学来说，有些地方还是不太适合的。此外，教师也是一个非常重要的因素，他们直接影响了学生和学校的未来发展，所以我觉得应该提供更多条件对农村教师加强培训。最后，光学习那些城市现代化的内容也不好，因为我们毕竟不是生活在那个环境中的。所以，我觉得农村学校应该开发一些自己的特色文化内容。以上这些就是我关于这个问题的一点看法。"

　　领导二："我们学校在整个地区来说算是比较落后的，不管是基础设施还是师资水平，跟镇小学都没法相比。我们也知道要向城市学习，但是教材内容和我们的实际情况是严重不符的，有些内容甚至教师自己也不是很清楚，有些从小形成的根深蒂固的认识不好改变，所以学生对知识的掌握和理解比较困难。就拿新课改来说，我们都知道它是一种很好的改革，可是有些内容比较模糊，具体到我们这里应该如何实施，我们需要专家们的指导。还有师资的问题，我们学校的师资水平很低，新教师不爱来，现有教师都是以前的老教师了，学历水平不高，接受的再培训也不多。我认为上面这些因素都严重制约了我们学校的进一步发展和转型。"

　　从以上两位领导的谈话中可以发现，在农村学校领导者的眼里，现有的资源投入、本土文化固守和城市文化的冲击、师资水平等都是影响农村学校文化转型的重要因素。

　　访谈中在问及农村教师"农村学校的文化内容体现在哪里"这一问题的时候，教师们几乎都会首先想到学校的校训、各种文化设施等。在访谈中，八名教师中有三名教师提到了校园风气和学生的精神面貌，还有两名教师提出教师自身的教学水平、道德修养、人格魅力等也是学校文化的重要组成部分。下面摘自其中一位农村女教师的访谈：

　　某农村女老师："我们学校的文化设施还是有一部分的，比如说教室里的图书角，校园里也有一些名人名言等。其实这个文化应该就算是精神面貌一类的东西吧，比如对于我们老师来说，上课就要有精气神，能带动学生，还要能用自己的人格魅力去影响学生。我觉得这些都很重要。"

访谈表明，有一半老师都觉得近年来他们的培训和深造机会越来越多，他们也有机会去城市接受先进教育教学理念的洗礼。有三名老师指出，他们农村学校也开始关注当地的民俗文化传统，尝试开发校本课程，构建独特的农村学校文化。外来文化与农村本土文化的碰撞机会越来越多，也越来越激烈。

可见，对于农村学校来说，外来优秀文化资源的引入可以更好地促进文化的多元化发展，当地特色文化资源的开发是保持本土化特色的需要。新教师的引入有助于促进农村学校文化的现代化和开放性发展，对原有教师的培训可以进一步提高农村学校教师的整体素质水平，促进外生性与内生性变迁的有机结合，从而更好地帮助农村学校文化的顺利转型与发展，促进农村教育水平的提高。可见，本研究选取的农村学校文化转型的四个影响因素具有一定的代表性和科学性，并直接影响到农村学校文化的转型方向、步骤、需要时间等。

2. 不同因素对农村学校文化转型影响程度的不平衡性

并非所有因素对农村学校文化转型的影响程度都是相同的，也就是说，不同因素对农村学校文化转型的影响不同。调查结果显示，影响程度最大为资源投入因素，其次为个体因素次之，再次是文化交流因素，最后是文化开发因素。资源投入作为文化建设的基础，是农村学校文化发展的基石，是实现农村学校文化转型的根基。因此，资源投入的程度直接影响着农村学校文化建设能否顺利进行。这些内容在访谈结果中也有所体现：

在问到农村教师学校各项设施的利用情况如何时，有教师提出："我们学校的各种设施太少了，没法跟人家城市的比，而且现在有的一些设施也很少利用，一方面是不太会用，另一方面是太少了怕用坏了。"

与城市学校相比，农村学校不论是领导者、教师，还是农村地区的家长、学生，其整体文化素质偏低，而这些因素作为农村学校文化的主要个体因素，也影响着农村学校文化的建设情况。尤其是农村教师，作为文化和知识的直接传播者，承担着文化建设的重要责任，影响着农村学校文化是否能够顺利实现转型。因此，这两种因素对农村学校文化转型有着更为关键性的影响。此外，关于城乡之间文化交流带来的文化冲突，以及农村学校的本土文化开发，也对农村学校文化转型起到重要作用，影响着特色农村学校文化的建设。可见，不同因素对农村学校文化转型的影响程度是存在差异的、不平衡的。

（二）资源投入的不均衡化

在对四所农村小学的问卷调查中发现，资源的投入情况在不同的学校中表现不同。调查发现，镇中心小学中资源投入的情况较好，一般村小学次之，而相对偏远的村小学与镇中心小学差距较大。通过对农村小学的走访调查中发现，与其他小学相比，镇中心小学在物质基础、文化设施的投入方面好于其他学校，周边环境也相对较好，在文化建设方面做得也比较到位。学校设立了一系列文化墙、板报、布告栏、宣传栏等，学校的多媒体、计算机、图书室等设施比较全面。相较之下，较偏远农村小学中物资较缺乏，校舍破旧。在参观中发现，其图书资源有限且缺乏更新，计算机、多媒体等设施仅有一两台可以用，但利用率基本为零，校园缺少文化宣传材料和文化设施，学校没有明确的文化建设目标。

可见，当前农村学校资源投入是不均衡的，资源投入良好的学校文化往往先一步获得发展，物质和文化资源充足的同时，学校文化的建设也受到重视，学校也开始思考未来文化的转型方向。往往资源充足的农村学校中，对自我的认知与思考更多，对多元文化的渴求越多，对开发本土优秀文化的欲望越强烈，与文化转型靠得越近。

这种不均衡化还体现在资源投入的形式化上，首先是投入力度的问题，文化是一个整体彻底转变的过程，转型的实现需要强大的物质条件作为基础，用以确保农村学校文化转型过程的需求。然而当前的事实是，不论是国家、社会对农村学校的投入，还是农村学校本身的认识与准备，都没有达到转型的要求。其次是投入的持久性问题，在农村学校中，新政策、新理念的"雷声大、雨点小"现象，以及资源投入的"前期有、后期少而无"的现象是普遍存在的。最后，农村学校文化转型中还存在将优秀资源生拉硬拽、照搬照抄的问题，浪费了大好资源不说，也不利于本地学校文化的正确建设。这些问题的存在与我国国情现状是密切相关的，我国人口尤其是农村人口众多，农村学校各项设施简陋，因此对于农村地区的教育活动也提出了更大的挑战。

这些问题在对教师的访谈中也得以体现，例如，有教师提出，在对农村学校建设上，国家能不能再倾斜一些，尤其是那种基础设施非常不完备的地区，是否应该考虑优先发展，而不是最后发展。

（三）文化交流的边缘性

调查结果显示，选取的几所农村小学在文化交流方面做得相对较理想，然而实际情况是否如此呢？通过实地走访发现，文化交流做得相对出色的镇中心小学确实文化发展要更好一些，通过问卷显示，其他学校的文化交流也都在平均分以上的水平。然而实际上，这是一种表面上的乐观。在农村学校中，大部分缺乏自己的文化特征，所谓的交流还是以听取居多，城市带给农村的冲击力要远远大于农村学校对城市文化的内化力量。这种文化交流的边缘性使得农村学校缺少自己的文化话语权，难以形成自己的文化发展特色，往往沦为继续按照城市发展的脚印前行，导致所谓的转型实际上并不适合本土的特色，处于文化发展的边缘化境地。所以说，这种外生性的文化交流模式实际上扼杀了农村学校文化的转型萌芽，只是一种形式上的交流，农村学校沦落至默默承受冲击，缺少自己文化价值根基的文化状态。城乡文化交流中产生的文化冲突所体现的正是城乡文化交锋过程中所产生的矛盾，城市和农村处于不同的生存环境，在很长一段时间内，农村包括农村学校处于封闭的状态，农村文化多是封闭的、保守的、传统的，而城市文化的更新和变化速度迅猛，城市学校更易于接受先进文化，并发展自己学校的特色文化。随着城乡教育一体化的不断推进，越来越要求城市和农村学校的互相联系，城市学校优秀文化流向农村学校，农村学校学习城市的同时还要结合自己的实际情况，发展自己的优势特色。不同文化的碰撞产生激情的同时也产生火花，开创农村学校文化发展道路的同时也容易产生阻隔。那么，农村学校文化转型过程中，就一定要处理好不同文化的冲突，趋吉避凶，趋利避害，扬长避短。

当前城市文化的不断推进促使农村文化逐渐呈现出一种边缘化的态势，一方面城市文化在农村缺少根基，不可能完全占领农村；另一方面农村文化在城市文化的排挤下也逐渐失去其存在的位置。

访谈中问及近年来农村学校在文化上的变化这一问题时，很多教师是比较茫然的，有位教师说道："什么叫文化上的变化我其实不懂，我们学校一直就是跟着上面来的，上面让做什么，我们就做什么。其实我自己也感觉这样并不好，总是觉得缺点什么，学生的学习积极性不高，学习效果也差，老师们的工作积极性也不高，感觉一直学来学去好像少了自己的东西。"

对校领导的访谈中发现，他们对农村学校文化要改变以往发展模式和道路有一定的意识和认识。对于农村学校文化转型方向，出现在校长们口中最多的词语是"现代化""城市化""先进化""创新化"，很少有"本土化"和"特色化"的字眼。可见，在城乡文化交流过程中，农村学校往往还是处于被动接受的地位，即使认为传统文化应该予以保存和发扬，但是他们也并未能真正做到，只是觉得应该先学习、再发展。导致所谓的文化交流往往还是城市文化对农村的影响，农村学校文化缺少创生性，也就阻碍了其转型。

H校长在访谈中说："随着国家对农村学校的重视和倾斜，我们农村学校要抓住契机，逐渐发展成为和城市学校一样现代化、先进化的学校，让农村学生也能享受和城市学生一样的条件和机会。"另外几位校长的言谈中也体现了这种热切的渴望和期盼。

（四）个体管理的不确定性

随着城乡一体化的深入发展，许多农村地区已经实现了手机通信和互联网的覆盖，学生通过网络可以接触到更多的文化内容。通过电视、网络等媒体，家长也可以接收到更多最新的讯息。这种讯息在学生头脑中无意识地形成了一定的文化积淀，而这种文化，好坏未辨。同样的，在学校管理者身上，已有的所谓培训内容能否真正令其起到"领头羊"的重要作用，管理者是否能够承担得起这样的重担，一切都是未知。

在个体因素上，我们看到镇中心小学和其他两类学校之间的差异是很明显的，而一般的村小学与较偏远的村小学之间的差异也是比较明显的。在对小学的参观和访谈中，发现个体因素对学校文化转型的影响主要是通过课堂教学实现的。造成这种明显差异的主要原因就在于，较贫穷偏远的农村学校师资严重缺乏，新老师不去，已有教师留不住，师资结构老化，教师素质偏低，则必然缺乏文化发展的动力和能力。与其他农村学校相比，偏远的村小学师资结构中，毕业于正规师范院校的只占很少一部分，从教时间都比较长，且中专、高中及以下学历水平的教师还有相当大的一部分，教师的流动性也比较大。通过访谈得知，该校教师上课普遍缺乏激情，讲课形式比较单调，内容比较枯燥，也没有创新的欲望，对新知识的态度漠然。当然，这只是这所学校的现状，并不能代表所有农村学校。

教师作为教学工作中最重要的组成因素之一，直接承担了与学生之间文化交流、传递、共享与创造的工作，也直接参与农村学校文化的构建。农村学校文化要想顺利实现转型，就必须处理好农村教师的培养与培训工作，这对于文化转型的实现起着至关重要的作用。本研究的调查结果可以表明，当前农村学校为农村教师提供的培训和深造机会越来越多，基本所有的农村教师也都或多或少接受过培训。尤其是新课改以来，对中小学教师的集中课程与教学培训很多，农村教师可选择的机会也越来越多。然而其中不可忽视的一个问题是，这些种类繁多的培训活动和项目，能否达到其开展实施的目的，农村教师在接受了这样一次或者几次的培训之后，能否真正改变以前的教学方式，农村学校课堂能否发生一些变化，究竟该如何利用好教师这个重要的中间人和媒介者合理定位农村学校地位，形成一整套符合农村学校实际的文化构建体系，促进农村学校文化转型成具有多元化、本土特色化、开放化、动态性等特点的文化，这些都是值得思考的问题。

（五）文化开发的向城性

在文化开发角度，镇中心小学依托地区的文化特色，开发和设计自己的本土文化课程，包括校本课程、特色教材等，将地区的传统优秀文化融入其中。比如在参观中发现，该校依托地区皮影制作传统工艺，将皮影制作、演唱、伴奏、操作、皮影剧本的创作等与手工、音乐、语文等课程相结合，创生出新式的皮影戏剧，这不失为一种出色的乡土文化开发。该校的文化发展如火如荼，蒸蒸日上，学校的综合实力也得到极大提高，这是将城市文化与乡土文化融合创生的典范。

随着教师深造机会和与外界联系机会的增多，农村学校和教师开始接触到新课程倡导的许多新的教学理念，包括校本课程的开发与设计，或者是在课堂中有意识地将教材与本土实际相结合，外来文化与农村本土文化的碰撞机会越来越多，也越来越激烈。这些都无形中改变着农村学校文化，促使其转型为更适合农村学校发展、促进农村教育水平提高的模式。

　　然而，当前的实际情况是，更多的农村学校并没有注意到这种文化发展形式，对教师的访谈中也发现，当前已有培训对农村学校教师的教学针对性不够；教材的制定也多为城市的内容，很难让农村学生形成共鸣，而具有本土特色的校本文化开发缺乏正确指导；一些所谓先进设备的引入也并不能完全适合农村学校发展实际；在城乡教育一体化背景下，外来文化与本土文化之间的碰撞也日益激烈。这些都是在访谈中所体现出来的问题。随着城乡一体化，城市和农村文化得以相互交流，一方面城市文化流入农村，给农村地区初始的生活方式、价值观念、精神认识产生冲击；另一方面农村地区的人有更多机会进入城市进行工作，农村面临多种文化碰撞的同时，农村地区人们的思想认识也在悄然发生变化。农村学校的教育目标要么沿用原有的"为农"思想，因循守旧的传统文化占了主导地位，要么盲目跟从城市的发展步调，坚持"离农"的态度。两种思想在农村地区产生剧烈的冲击，农村学校文化的城市化是指很多农村学校在文化建设上缺乏自己的特色，面临城乡文化差异的时候，盲目选择和追求与城市相同的所谓的现代化和先进性。而在农村学校和城市学校文化的交流中常常出现的一种情况是，一方面城市优秀文化资源在农村由于缺少好的传播途径和生存空间，难以在农村落地生根；另一方面农村本土优秀文化又受到了城市文化的影响，逐渐失去存在空间，难以固守下去，甚至城市文化中的一些糟粕内容对农村传统伦理价值观产生了极大冲击，造成农村学校文化出现一种"文化缺失"状态。这些也直接影响到了农村学校文化发展，导致农村学校缺少自己的发展特色，缺少符合农村学校实际的教育目标、教育内容和评价标准，在追求所谓的城市现代化文化内容的道路中，失去了农村发展的根基，又难以完全达到城市文化的条件，促使农村学校文化夹于其中，难以为继。

四　建议

　　根据以上调查结果，通过对四种影响因素的分析，笔者发现了城乡教育一体化进程中农村学校文化实现转型所面临的问题，针对这些问题，结合农村学校文化建设的实际，本研究认为农村学校文化转型是一个迫切需要实现的任务，是一个需要国家、社会、学校、教师、学生、家长、社区政府等参与其中，分工协作，将各种影响因素考虑其中并有机整合后才能最终实现的任务。根据对其影响因素的研究和分析，提出如下建议：

（一）加大资源倾斜，构建生态文化场

资源投入是影响农村学校文化转型的重要因素，农村学校文化的建设与发展是一个长期系统的工程，从开始的转变思想、尝试构建，到后来的思维创新、突出特色，以致最后农村学校文化转型的实践与实现，构建出一个构成丰富的生态文化场，不断挖掘农村学校文化特色，创新优秀文化底蕴。

首先，保证物质资源投入的平衡性。在资源投入上应该更倾向于农村地区和农村教育，加强农村学校建设，构建良好的物质基础设施环境，这是农村学校文化发展建设的基本保障。同时，保障物质资源的投入的持续性和长期性，投入要有始有终，根据地区实际制定切实可行的投资规划方案，确保前后期资源投入的一致性。此外，还要杜绝资源投入上的形式主义和照搬照抄，针对地区实际进行物质资源投入和建设。

其次，保证文化资源投入的可操作性。在进行文化资源的投入和建设中，要根据农村学校的发展实际，有针对性地进行。坚决杜绝形式主义，避免只从形式上学习城市文化资源建设，缺少本校文化特色的现象。文化墙、文化宣传栏、校训等的建设也突出文化特色，让人一目了然，从中获益。

总之，资源倾斜需要国家、社会、学校和社区通力协作，缺少任何一部分的配合都会难以达成最终目标。其中国家政策要突出向农村学校倾斜，优先考虑农村学校文化的转型结果与方式；社会要鼎力配合，为农村学校文化创新及建设提供协助；对于农村学校来讲，社区主要体现在村委会提供的各种文化娱乐设施和各项文化活动；农村学校作为文化转型构建的主体，需要根据自身特点，立足本地经济文化历史等实际情况，结合城乡教育一体化、城乡文化一体化的建设背景，利用各方帮助，构建国家、社会、学校、社区互惠互利的生态文化场，不断创新农村学校特色文化。在这个生态文化场中，各组成要素之间是密切联系的，它们之间互相关联，形成一种城市化与本土化达到平衡、具有本土化特色的农村学校文化。只有铺垫起文化发展的基石，才有可能在此基础上实现新的突破。

（二）转变文化观，由文化冲突到文化认同

由于城市和农村长期以来的教育教学活动均处于不同的文化背景与地域环境，形成了不同的文化积淀，因此，城乡学校的文化差异是明显存在的。相较而言，城市学校在长期以来的优势发展环境下，文化的发展相对多元化、开放化，较为成熟。而农村则由于很长一段时期内的闭合发展环境，学校文化相对落后，且缺少自己的发展目标与轨迹。城乡教育一体化进程中，城乡学校文化的交流日益增加，二者不可避免地要发生交汇、碰撞和摩擦，产生文化冲突。这种文化冲突对农村学校文化的发展、建设和转型都会产生重要的影响。因此，农村学校文化要立足城乡教育一体化的发展契机，敏锐发现自身优势，促进文化发展。不断汲取城市文化的先进部分，结合现实发展情况，将这些先进内容内化，进行本土化提升，并吸收其精髓，从中探寻出正确道路，实现城市学校文化与农村学校文化的融合，切忌照搬照抄、拿来主义。力争改善和避免城市和农村学校文化一直以来存在的文化冲突现状，实现由文化冲突到文化认同的转变，实现真正的文化交流，构建动态多元的特色文化，避免文化交流带来的不利影响。

在这种城乡之间互相认同，互相交流的文化观念指导下，要建立城乡学校文化长期交流沟通的合作机制，加强城市和农村学校之间教育资源的优势互补与差异合作，发挥各自的优势特色，共同建设同时适合城乡的公共教育文化资源。城市学校文化要用其先进的文化理念部分带领农村学校文化，开拓其眼界，拓宽其发展思路，加强对现代化文化的追求；农村学校要发现自身的优势所在，突出文化发展内涵，摆脱文化发展的边缘地位，正确定位自身文化特色，促进多元类型文化的发展。城乡学校文化要保持差异特色，发挥良性作用，促使农村学校文化加强内生性的文化建设，用发展性的态度对待文化发展，构建一种双边有机互动，发挥各自优势，互惠互利的长期合作的机制。通过城乡之间的文化交流，带动城市和农村实现差异性的文化发展，尤其对于农村学校文化来说，既能够学习城市优秀文化，又可以同时发挥地区学校文化特色，并将二者有机融合，突出科学文化交流的积极作用，实现农村学校文化的转型发展。

（三）关注人文个体，鼓励农村教师自我发展

农村学校是由不同个体组成的，并且个体有其自身的特色文化。

对待学生要给予更多的人文关怀，避免盲目的否定，关注其个体思想，关注其认知特点。在教育教学活动中关注学生个体的文化和心理特点，关注学生已有的知识文化结构内容，发现并建设学生各方面的最佳情境，扬长避短。一方面要构建有利于学生发展的教学情境，使学生有身临其境之感，促进学生对知识的理解，加深对所学书本知识的理解和掌握；另一方面要适当安排农村技能课程，帮助学生掌握地区文化发展特色，促使其将书本知识与地区实际相联系，培养学生通过分析自身和周边环境，做出正确选择的能力。

学校领导者作为文化进步的引领者，应该发挥其文化领导者的作用，积极学习，不断开拓学校新文化，发挥积极作用，融合城乡优势文化，引领农村学校文化发展道路。农村学校领导者往往承担了上传下达文化的作用，其思维观念的发展情况直接影响了其所在的农村学校文化的发展方向。因此，要加强对领导者的培训工作，帮助他们领会学校文化的精髓。

农村教师作为农村学校文化的创造者、传递者、接受者、改造者，在农村学校文化转型中起到至关重要的作用。农村教师直接承担了对农村学生的教育教学工作，其个人素质、价值观念、思维方式、教学能力等都直接影响了农村学校教育水平和农村学生的未来发展。在大部分农村学校中，依然沿袭长久以来传统的师道尊严，教师具有绝对权威的教师文化，教师在农村学校课堂中是主导者和把控者，这种传统的课堂教学文化现状严重阻碍了农村学校文化的转型。因此，农村教师必须改变以往传统化课堂教学模式，改变传统的师生授—受关系，建立新型民主平等的师生关系。同时还要加强教师间的沟通与交流，促进教师之间的合作互动，构建良性动态的教学模式。

因此，必须鼓励农村教师的自我发展，就是提高他们自我提升的积极性，提高他们的综合素质与能力，帮助他们能够真正掌握先进教学理念，并与农村学校实际结合，研究出真正能够提高农村学校教学水平的教学方法与模式。同时加强对教师的培训，避免不切实际、流于形式的

培训，多进行符合农村学校文化发展特点、可以提高农村学校教育水平的操作性强的培训活动。适当提高农村教师待遇，确保农村学校能够留得住好教师，为农村教师提供个人发展的良好渠道，发挥其个人发展的积极性。

（四）整合多元文化，开发特色校本文化

由于地处农村地区，不同农村学校由于地域特点的不同，也存在文化的不同，尤其是一些农村学校地处民族地区，文化碰撞与交融则更为明显。往往大多数城市的文化内容对他们完全不适用，甚至是适用于其他农村小学的成功模式也不一定能够在这里适用，所以绝对不能照搬照抄。因此需要整合多元文化特点，不断开发农村学校校本文化，开设适合地方和学校实际的课程。

校本文化的开发要求深入挖掘本校传统和本地区农村文化的历史与现在，传承有乡土价值的文化，立足农村学校的未来发展需要，选择那些具有地区特色、与学生和地区发展息息相关的精华来进行开发，建立文化共同体和基本发展模式，将多元文化、特色文化融入地方和校本课程之中，并传递给学生，促进农村学校文化转型。当前城乡教育一体化和发展农村学校和文化遗产构成了挑战，各种社会发展迫切需要农村学校文化的转型，在与时俱进的同时保存自己的核心文化特色，保持文化的生命与活力，最重要的是在保证农村学校文化内涵基础上，顺应时代要求，传承优秀本土文化，发展先进文化，实现农村学校文化的转型，保证农村学校文化的旺盛生命力。在农村学校进行课程开发的目的就在于将城市化的文化内容与农村本土特色融合，削弱完全依赖城市化教材、进行城市化教学内容给农村学生带来的距离感和无措感，将现代化教育理念与本土特色有机融合，开发校本文化特色，构建农村学校创新文化，推动农村学校文化转型。

第七章

我国农村学校文化转型：城乡比较

从方法论角度讲，比较是消解差距的前提和基本方法。毋庸置疑，城乡学校文化存在一定差距，但这也正是农村学校文化在城乡教育一体化背景下提升的空间与发展的方向。关于城乡学校文化比较的研究，与考察农村学校文化发展现状和分析其影响因素一样，是城乡教育一体化研究的有机组成部分，也是农村学校文化转型研究的必然之举。

第一节　城乡学校文化差异调查

一　研究对象的选取

（一）廊坊市的典型性

本研究在河北省廊坊市安次区与所属农村各选取一所小学。在此将选取的城市小学命名为 C 小学，农村小学命名为 X 小学。

在廊坊市选取两所学校，因为廊坊这座城市具有一定的典型性。廊坊作为一个年轻的城市，其城市化发展历程不过三四十年的历史。廊坊正式命名为廊坊市于 1982 年，经过国务院的批准，由原廊坊镇更名为廊坊市（地辖），原安次县于 1983 年并入廊坊市。廊坊市正式建市于 1989 年，经国务院批准撤地建市，廊坊地区改称廊坊市（省辖），原廊坊市改为安次区。经过三四十年的发展，廊坊市已从一块相对繁华的"三角地"发展为面积 6500 平方千米，总人口 420 万，市区建成区面积 54 平方千米的新兴城市，成为京津走廊上的明珠。因此，从廊坊市的发展历程来看，其发展速度是惊人的，城市化进程的速度也是较快的。当然，廊坊市的发展还在继续，城市化进程依然在进行，市区周边的很多农村也即将迎来城乡一体化建设，廊坊市的城乡教育一体化进程仍在继续，所以对于本研究来说，廊坊市具有一定的典型性。

（二）城市 C 小学简介

C 小学位于廊坊市安次区南端，是一所六年制国办小学，学校成立于 2003 年 12 月，其前身为市区近郊的两所村办完全小学。C 小学物质文化丰富，学校占地近 41 亩，建筑面积 1 万多平方米，绿化面积 5100 多平方米。拥有微机教室、语音教室、实验室各两个；书法教室、美术教室、音乐教室、舞蹈教室、图书阅览室、风雨操场、运动场各一个。学校现有教学班 24 个，学生 1200 多人，教职工 120 多人。其中，小学高级教师 66 人，河北特级教师 1 人，省级骨干教师 1 人，市级骨干教师 6 人，区级骨干教师 16 人，领军人物 2 人，学科带头人 6 人。

在制度文化与精神文化层面，随着城乡一体化进程的推进，C 小学经历了由村小到城市小学的蜕变，办学理念与教学思路也有了新的变化。C 小学以建设孔子学校、打造儒雅校园为目标，确立了"大国学观"的教育思路，普遍开设国学课程，将儒学名篇作为教学内容，如《弟子规》《三字经》等。学校一共成立了十余个具有优秀传统文化风格的社团，包括毛笔字社、腰鼓社、茶道社、古琴社、画社、棋社等，使学生从更多层次了解中国传统文化的内涵。除此之外，C 小学注重加强教学研究，拥有省级课题一个，市级课题两个，定期聘请名师培训，使教师在学习中成长，学校定期组织教师培训，通过广泛的学习与交流，使教师的综合素养不断提升。

学校注重学生行为文化的培养，重视学生建设工作，C 小学少先队工作形成了自身特色，是省级优秀少先大队，曾作为廊坊市唯一代表参加全国少代会，被时任国家主席胡锦涛总书记接见。C 小学办学成果丰硕，建校以来，受到包括中国少年报、德育报、燕赵都市报、廊坊电视台等多家媒体的百余次报道，同时还获得多项省级、市级荣誉称号，更曾得到教育部及省、市各级领导亲临学校指导工作。

（三）农村 X 小学简介

X 小学位于廊坊市安次区调河头乡下属 X 村的一所六年制国办村小，始建于 1949 年。在物质文化方面，随着学校建设的不断推进，X 小学的教学条件也得到了一定的改善，X 小学校园占地 5600 多平方米（约 8

亩），建筑面积 1000 多平方米，校舍 43 间，标准教室 12 间，并配有少先队活动室、图书阅览室、仪器室、实验室、语音室、电子备课室、音美教室、音体器材室、综合教室、微机室，配备电脑 36 台。各类实验仪器齐全，阅览室藏书 3000 多册。X 小学位置优越，位于 X 村北端，学校门口有一条自南向北的乡间公路，方便临近村子的学生往返，学校北面、东面都是果园，有梨树、桃树、李子树等多种果木，西面是农田，南面是居民住户，清幽怡人，为学校提供了良好的教育环境。X 小学生源为临近的几个村庄，现有教学班 6 个，在校生大约 130 人。教职工 12 人（暑假开学又有一名教师退休，现有实际人数 11 人），其中高级职称两人，一级职称 10 人。专科学历 6 人，中专学历 6 人，专任教师学历合格率为 100%。

在精神文化与制度文化方面，X 小学以"培养学生兴趣，提高学生成绩与素质，为国家培养优质人才"为办学目标，把促进学生品德学习、兴趣培养、交际能力、学习能力、综合素质的发展作为学校教育的总任务，以"团结、奋进、美德、成才"为校训，重视日常教育教学工作的开展，促进学生各方面素养的全面提升。在学校制度管理体系中，学校以"严格校规，教书育人"为思想指导，坚持在实际工作中，帮助师生构建和谐有序的校园环境，不断地探索新思路，改善旧制度，实现制度的创新与优化，为学校的民主化建设不懈努力。

在行为文化方面，X 小学重视对学生行为的塑造与培养，注重学生的全面发展，在不断完善与改进教学工作的同时，努力提升学生的综合素质，帮助学生实现全面的发展。

二　调查实施的过程

对研究对象的调查分为两个阶段：前期试测阶段与正式调查阶段。2013 年 9 月在 X 小学与 C 小学随机选取了两个小样本进行前期预试，通过对所得材料的总结、分析，对问卷进行了相应的调整，从而提高了问卷的科学性和严谨性。经过一段时间的修改，问卷在前期预试中所暴露的问题得到了解决。于是，在 2013 年 10 月中旬先后对 X 小学与 C 小学进行了正式调查，发放学生问卷，分别从五年级抽取一个自然班进行调查，对所调查班级的班主任进行了相关的培训，使其了解调查过程的注意事项，如发放时间、指导语以及语气语态等，以防范问卷发放过程中可能出现的任何问题；教师问卷的发放，则通过随机选取的方式，基于 X 小学教师规模的现状，从 C 小学选取了同等数量的教师进行调查。问卷测试结束之后，统一收回问卷。

（一）问卷回收统计情况

本次问卷调查共发放问卷 98 份，回收问卷 96 份，回收率为 97.96%，其中有效问卷 92 份，有效率为 95.83%，所以本次问卷调查的发放与回收情况符合统计要求。通过对问卷的初步统计，发现剔除的无效问卷大致存在重复选择以及全部选择"完全符合"一项等问题。在有效问卷当中：学生人数为 70 人，其中 X 小学学生数 20 人，男生 11 人，女生 9 人；C 小学学生数为 50 人，男生 19 人，女生 31 人。教师人数为 22 人，其中 X 小学教师 11 人，男教师 5 人，女教师 6 人。C 小学教师人数 11 人，男教师 3 人，女教师 8 人。

（二）问卷的设计与信效度检验

1. 问卷设计

研究问卷分为教师问卷与学生问卷，问卷包含精神文化、行为文化、制度文化以及物质文化四个维度。具体统计结果如表 7—1 所示。

表 7—1　　　　　　　　　　城乡学校文化调查问卷

维度	教师问卷		学生问卷	
	题目数（道）	题号	题目数（道）	题号
精神文化	12	1—12	9	1—9
行为文化	15	13—27	7	10—16
制度文化	7	28—34	3	17—19
物质文化	6	35—40	5	20—24

2. 教师问卷信度

信度是调查问卷的可靠性与一致性的重要衡量标准，是研究成果成形的重要保证。本研究采取此克隆巴赫 α（Cronbach α）系数法分别对教师问卷和学生问卷进行信度分析。

教师问卷的初始信度 Cronbach's Alpha 值为 0.863，项数为 40，有效案例 N = 22，有效率为 100% 。通过对统计量中如果项已删除则进行度量的进一步分析（见表 7—2），可以进一步优化教师问卷的信度系数。

表 7—2　　　　　　　　　　　教师问卷信度项总统计量

	项已删除的刻度均值	项已删除的刻度方差铉	校正的项总计相关性	项已删除的 Cronbach's Alpha 值
第 1 题	171.41	202.158	0.093	0.864
第 2 题	171.45	192.069	0.527	0.856
第 3 题	171.86	203.457	0.002	0.867
第 4 题	171.23	203.994	0.006	0.864
第 5 题	171.45	197.307	0.423	0.860
第 6 题	171.77	198.184	0.405	0.863
第 7 题	171.68	190.418	0.443	0.857
第 8 题	171.82	188.251	0.448	0.857
第 9 题	171.36	194.147	0.542	0.857
第 10 题	171.36	194.623	0.515	0.857
第 11 题	171.32	205.084	− 0.067	0.865
第 12 题	171.77	187.327	0.492	0.856
第 13 题	171.23	197.708	0.452	0.859
第 14 题	171.77	203.803	− 0.023	0.869
第 15 题	171.41	203.682	0.012	0.865
第 16 题	172.14	196.219	0.200	0.864
第 17 题	171.77	182.946	0.694	0.851
第 18 题	171.86	198.790	0.140	0.865
第 19 题	171.82	187.584	0.535	0.855
第 20 题	171.50	191.214	0.522	0.856
第 21 题	171.14	201.552	0.532	0.862
第 22 题	172.00	191.905	0.526	0.861
第 23 题	171.27	197.541	0.438	0.859
第 24 题	171.32	198.989	0.639	0.861
第 25 题	171.59	198.825	0.432	0.863
第 26 题	171.32	198.703	0.502	0.860

续表

	项已删除的 刻度均值	项已删除的 刻度方差铉	校正的项总计 相关性	项已删除的 Cronbach's Alpha 值
第 27 题	172.05	180.331	0.796	0.848
第 28 题	171.50	194.738	0.439	0.858
第 29 题	171.27	202.208	0.413	0.863
第 30 题	171.23	203.327	0.408	0.863
第 31 题	171.91	187.801	0.495	0.856
第 32 题	172.32	194.418	0.232	0.864
第 33 题	171.59	192.729	0.493	0.857
第 34 题	172.05	196.045	0.516	0.862
第 35 题	171.77	192.755	0.412	0.858
第 36 题	172.32	180.132	0.551	0.854
第 37 题	171.59	189.206	0.570	0.855
第 38 题	171.91	187.515	0.618	0.854
第 39 题	172.14	188.028	0.546	0.855
第 40 题	171.50	201.310	0.413	0.863

在表 7—2 教师问卷信度项总统计量中，校正的项总计相关性与项已删除的 Cronbach's Alpha 值为重要的参考值。校正的项总计相关性是指该题项与题项总分之间的相关性，其具体数值为相关系数，一般认为相关系数小于 0.400 的题项，与问卷中其他题项的同质性不高，则相关性较低的题项可以考虑删除。另外，是否删除题目还要参考表中最后一项项已删除的 Cronbach's Alpha 值，该数值表示在题目删除之后问卷内部一致性的改变程度，也就是题目删除之后调查问卷 Cronbach's Alpha 的大小。所以通过以上两个参考值的限定，可以发现教师问卷中第 1 题、第 3 题、第 4 题、第 11 题、第 14 题、第 15 题、第 16 题、第 18 题以及第 32 题的校正的项总计相关性系数分别为 0.093、0.002、0.006、-0.067、-0.023、0.012、0.200、0.140、0.232，均小于 0.400，所以这些题目与其他题目的相关水平较低，可以考虑删除，同时，这些题目的项已删除的 Cronbach's Alpha 值分别为 0.864、0.867、0.864、0.865、0.869、0.865、0.864、0.865、0.864，均大于问卷 Cronbach's Alpha 值 0.863，则

表示删除这些题目，问卷的 Cronbach's Alpha 值会相应地增大。因此，综合上述分析，删除教师问卷中的第 1 题、第 3 题、第 4 题、第 11 题、第 14 题、第 15 题、第 16 题、第 18 题以及第 32 题，删除之后共得到 31 个题目。对剩余的 31 个题目再次进行分析，得到教师问卷最终的 Cronbach's Alpha 值为 0.889，所以教师问卷的可信度是可以接受的。

3. 学生问卷信度

学生问卷的初始信度 Cronbach's Alpha 值为 0.829，项数为 24，有效案例 N = 70，有效率为 100%。通过对统计量中如果项已删除则进行度量的进一步分析（见表 7—3），可以进一步优化教师问卷的信度系数。

表 7—3　　　　　　　　　　学生问卷信度项总统计量

	项已删除的刻度均值	项已删除的刻度方差铵	校正的项总计相关性	项已删除的 Cronbach's Alpha 值
第 1 题	94.76	141.230	0.463	0.823
第 2 题	94.31	145.436	0.517	0.827
第 3 题	94.56	138.772	0.480	0.819
第 4 题	94.47	141.673	0.604	0.826
第 5 题	94.54	141.237	0.549	0.824
第 6 题	94.16	142.482	0.449	0.822
第 7 题	95.04	135.143	0.594	0.814
第 8 题	94.93	137.893	0.415	0.821
第 9 题	94.00	143.855	0.450	0.823
第 10 题	94.83	138.260	0.471	0.819
第 11 题	94.51	135.239	0.558	0.815
第 12 题	94.74	144.020	0.432	0.828
第 13 题	95.16	142.047	0.625	0.821
第 14 题	95.17	149.767	0.579	0.822
第 15 题	94.84	140.540	0.530	0.825
第 16 题	94.33	149.325	0.050	0.833
第 17 题	94.76	137.636	0.403	0.827
第 18 题	94.90	145.164	0.620	0.819
第 19 题	94.30	141.257	0.408	0.822

续表

	项已删除的 刻度均值	项已删除的 刻度方差铉	校正的项总计 相关性	项已删除的 Cronbach's Alpha 值
第 20 题	94.59	130.014	0.576	0.813
第 21 题	94.56	127.989	0.679	0.808
第 22 题	94.07	139.748	0.642	0.817
第 23 题	94.37	132.150	0.657	0.811
第 24 题	94.53	129.963	0.631	0.811

通过对表 7—3 学生问卷信度项总统计量中校正的项总计相关性与项已删除的 Cronbach's Alpha 值的观察与比较，可以发现第 16 题的相关系数为 0.050，小于 0.400，可以考虑删除该题目，同时其项已删除的 Cronbach's Alpha 值为 0.833，大于学生问卷信度系数 0.829，表示删除该题目后，问卷的信度系数将增大。因此，综合上述分析，删除学生问卷中的第 16 题。删除之后共得到 23 个题目。对剩余的 23 个题目再次进行分析，得到教师问卷最终的 Cronbach's Alpha 值为 0.833，所以学生问卷的可信度是可以接受的。

4. 效度

效度是指所要进行的调查测验能够达到的研究意图的程度。本研究主要采用专家效度对问卷进行分析。

本研究在大量参阅文献与资料的基础上，初步编制了城乡学校文化调查问卷，分为教师问卷和学生问卷两部分。在进行过格式、语气、字词、标点等初级的核对修改之后，将问卷送给教育领域的专家进行指导，并根据各位专家提出的修改意见对调查问卷进行了深入的修改，再将修改后的问卷请相关专家再次进行审阅，得到了他们的肯定与认可。因此，本研究所编制的调查问卷拥有一定的效度，能够支持研究的进行。

5. 各维度之间的相关性

各维度之间的相关性是指各维度之间关联的紧密程度，代表着问卷结构的严谨程度。因此，一份结构内容设计较好的问卷，其内部各维度之间的关联性是较强的，能够紧密地围绕着所要研究的核心问题展开调查。

首先，对教师问卷进行各维度间的相关性分析。如表7—4教师问卷各维度间的相关性所示，可以发现教师问卷中四个维度间的相关性较强。精神文化与行为文化、制度文化以及物质文化的相关系数分别为0.754、0.669、0.554，在0.01水平上，均显示出显著的相关性；行为文化与精神文化、物质文化的相关系数分别为0.754、0.556，在0.01水平上，均显示出显著的相关性，与制度文化的相关系数为0.525，在0.05水平上，显示出显著的相关性；制度文化与精神文化的相关系数为0.669，在0.01水平上，显示出显著的相关性，与行为文化、物质文化的相关系数分别为0.525、0.493，在0.05水平上，均显示出显著的相关性；物质文化与精神文化、行为文化的相关系数分别为0.544、0.556，在0.01水平上，均显示出显著的相关性，与制度文化的相关系数为0.493，在0.05水平上，显示出显著的相关性。

表7—4　　　　　　　　　教师问卷各维度间的相关性

		精神文化	行为文化	制度文化	物质文化
精神文化	Pearson 相关性	1			
	显著性（双侧）				
行为文化	Pearson 相关性	0.754 **	1		
	显著性（双侧）	0			
制度文化	Pearson 相关性	0.669 **	0.525 *	1	
	显著性（双侧）	0.001	0.012		
物质文化	Pearson 相关性	0.544 **	0.556 **	0.493 *	1
	显著性（双侧）	0.009	0.007	0.020	
	N	22	22	22	22

其次，对学生问卷进行各维度间的相关性分析。如表7—5学生问卷各维度间的相关性所示，可以发现学生问卷同样显示出了四个维度间较强的相关性。精神文化与行为文化、制度文化以及物质文化的相关系数分别为0.606、0.313、0.492，在0.01水平上，均显示出显著的相关性；行为文化与精神文化、物质文化的相关系数分别为0.606、0.353，在0.01水平上，均显示出显著的相关性，与制度文化的相关系

数为 0.258，在 0.05 水平上，显示出显著的相关性；制度文化与精神文化、物质文化的相关系数分别为 0.313、0.560，在 0.01 水平上，均显示出显著的相关性，与行为文化的相关系数为 0.258，在 0.05 水平上，显示出显著的相关性；物质文化与精神文化、行为文化以及制度文化的相关系数分别为 0.492、0.353、0.560，在 0.01 水平上，均显示出显著的相关性。

表 7—5　　　　　　　　　　学生问卷各维度相关性

		精神文化	行为文化	制度文化	物质文化
精神文化	Pearson 相关性	1			
	显著性（双侧）				
行为文化	Pearson 相关性	0.606 **	1		
	显著性（双侧）	0			
制度文化	Pearson 相关性	0.313 **	0.258 *	1	
	显著性（双侧）	0.008	0.031		
物质文化	Pearson 相关性	0.492 **	0.353 **	0.560 **	1
	显著性（双侧）	0	0.003	0	
	N	70	70	70	70

最后，通过以上分析，可以发现城乡学校文化的调查问卷各维度间的相关性是较强的，问卷的结构较为严紧，能够通过对城乡学校教师与学生的问卷调查获取有效的信息，为研究的继续提供了保障。

三　调查结果

（一）城乡学校文化的差异性

城乡学校文化差异的研究是基于城乡教育一体化的大背景，从廊坊市安次区选取 X 小学与 C 小学为代表，分别对教师与学生进行调查研究。对城乡学校文化差异的分析，分别来自于对教师问卷与学生问卷整理与统计。

首先，从教师问卷层面分析城乡学校文化的差异性。

表7—6   教师问卷城乡学校教学文化差异性统计量

维度	学校	N	M + SD	t	p
精神文化	X 小学	11	4.1705 ± 0.43038	− 3.451	0.003
	C 小学	11	4.7500 ± 0.35355		
行为文化	X 小学	11	4.2479 ± 0.52238	− 2.998	0.010
	C 小学	11	4.7521 ± 0.19536		
制度文化	X 小学	11	4.2121 ± 0.44778	− 3.294	0.005
	C 小学	11	4.6970 ± 0.19462		
物质文化	X 小学	11	3.6970 ± 0.72195	− 4.063	0.001
	C 小学	11	4.6515 ± 0.29302		

从表7—6可知，两所学校在各维度的均值统计中的表现存在一定差异。在精神文化、行为文化、制度文化以及物质文化四个维度中，C小学的均值 M，分别为 4.7500、4.7521、4.6970、4.6515，而 X 小学分别为 4.1705、4.2479、4.2121、3.6970，可以发现 C 小学的 M 值分别相应地大于 X 小学的 M 值。所以，通过初步的统计，可以认为在 C 小学教师在文化方面的得分高于 X 小学，城市学校教师在文化方面优于农村教师。而二者的差异程度如何，则需要做进一步的分析。

在精神文化维度，观察到 t 值等于 − 3.451，p = 0.003 < 0.01，达到 0.01 的显著水平，因此，X 小学与 C 小学教师在精神文化维度，显示出来非常显著的差异，结合二者的 M 值的比较，C 小学的 M 值（4.7500）大于 X 小学的 M 值（4.1705），可以得出，在城乡学校文化的比较中，城市学校教师在精神文化方面显著地优于农村学校教师。

在行为文化维度，观察到 t 值等于 − 2.998，p = 0.010 < 0.05，达到 0.05 的显著水平，因此，X 小学与 C 小学教师在行为文化维度，显示出来显著的差异，结合二者的 M 值的比较，C 小学的 M 值（4.7521）大于 X 小学的 M 值（4.2479），可以得出，在城乡学校文化的比较中，城市学校教师在精神文化方面显著地优于农村学校教师。

在制度文化维度，观察到 t 值等于 − 3.294，p = 0.005 < 0.01，达到 0.01 的显著水平，因此，X 小学与 C 小学教师在制度文化维度，显示出来非常显著的差异，结合二者的 M 值的比较，C 小学的 M 值（4.6970）

大于 X 小学的 M 值（4.2121），可以得出，在城乡学校文化的比较中，城市学校教师在制度文化方面显著地优于农村学校教师。

在物质文化维度，观察到 t 值等于 -4.063，p = 0.001 < 0.01，达到 0.01 的显著水平，因此，X 小学与 C 小学教师在物质文化维度，显示出来非常显著的差异，结合二者的 M 值的比较，C 小学的 M 值（4.6515）大于 X 小学的 M 值（3.6970），可以得出，在城乡学校文化的比较中，城市学校教师在物质文化方面显著地优于农村学校教师。

其次，从学生问卷层面分析城乡学校文化的差异性。如表 7—7 所示。

表 7—7　　　　　　　　学生问卷城乡学校文化差异性统计量

维度	学校	N	M + SD	t	p
精神文化	X 小学	20	3.9167 + 0.51599	-2.782	0.007
	C 小学	50	4.2911 + 0.50589		
行为文化	X 小学	20	3.5500 + 0.43293	-3.056	0.004
	C 小学	50	3.9533 + 0.63446		
制度文化	X 小学	20	3.4333 + 0.69333	-5.390	0
	C 小学	50	4.3133 + 0.58480		
物质文化	X 小学	20	2.9000 + 0.86450	-14.277	0
	C 小学	50	4.8480 + 0.28157		

从表 7—7 可知，两所学校在各维度的均值统计中的表现存在一定差异。在精神文化、行为文化、制度文化以及物质文化四个维度中，C 小学的均值 M，分别为 4.2911、3.9533、4.3133、4.8480，而 X 小学分别为 3.9167、3.5500、3.4333、2.9000，可以发现 C 小学的 M 值分别相应地大于 X 小学的 M 值。所以，通过初步的统计，可以认为在 C 小学学生在文化方面的得分高于 X 小学，城市学校学生在文化方面优于农村学生。下面就二者的具体差异程度，可以做进一步的分析。

在精神文化维度，观察到 t 值等于 -2.782，p = 0.007 < 0.01，达到 0.01 的显著水平，因此，X 小学与 C 小学学生在精神文化维度，显示出来非常显著的差异，结合二者的 M 值的比较，C 小学的 M 值（4.2911）

大于 X 小学的 M 值（3.9167），可以得出，在城乡学校文化的比较中，城市学校学生在精神文化方面显著地优于农村学校学生。

在行为文化维度，观察到 t 值等于 - 3.056，p = 0.004 < 0.01，达到 0.01 的显著水平，因此，X 小学与 C 小学学生在行为文化维度，显示出来非常显著的差异，结合二者的 M 值的比较，C 小学的 M 值（3.9533）大于 X 小学的 M 值（3.5500），可以得出，在城乡学校文化的比较中，城市学校学生在行为文化方面显著地优于农村学校学生。

在制度文化维度，观察到 t 值等于 - 5.390，p = 0 < 0.01，达到 0.01 的显著水平，因此，X 小学与 C 小学学生在制度文化维度，显示出来非常显著地差异，结合二者的 M 值的比较，C 小学的 M 值（4.3133）大于 X 小学的 M 值（3.4333），可以得出，在城乡学校文化的比较中，城市学校学生在制度文化方面显著地优于农村学校学生。

在物质文化维度，观察到 t 值等于 - 14.277，p = 0 < 0.01，达到 0.01 的显著水平，因此，X 小学与 C 小学教师在物质文化维度，显示出来非常显著的差异，结合二者的 M 值的比较，C 小学的 M 值（4.8480）大于 X 小学的 M 值（2.9000），可以得出，在城乡学校文化的比较中，城市学校学生在物质文化方面显著的优于农村学校学生。

最后，通过上述对教师问卷与学生问卷的分析，可以发现城乡学校文化存在显著地差异，在四个维度的分析比较中都显示出城市学校的文化显著的优于农村学校。而城乡学校文化的具体差异表现在哪些方面，则需要做进一步的数据分析。

（二）教师层面数据分析

1. 精神文化差异分析

从精神文化所包含的层面进行分析，可以发现城乡学校教师在精神文化维度的具体差异（见表7—8）。

表7—8　　　　　　　　　教师问卷精神文化总统计量

层面	学校	N	M + SD	t	p
职业理念	X 小学	11	4.36 ± 1.027	- 1.366	0.187
	C 小学	11	4.82 ± 0.405		

续表

层面	学校	N	M + SD	t	p
学生观	X 小学	11	4.36 ± 0.924	− 1.494	0.151
	C 小学	11	4.82 ± 0.405		
教学观	X 小学	11	4.09 ± 1.136	− 0.908	0.375
	C 小学	11	4.45 ± 0.688		
知识观	X 小学	11	3.9091 ± 1.11396	− 2.162	0.043
	C 小学	11	4.6818 ± 0.40452		
探索创新	X 小学	11	4.55 ± 0.820	− 0.989	0.334
	C 小学	11	4.82 ± 0.405		
品德培养	X 小学	11	4.45 ± 0.820	− 1.725	0.109
	C 小学	11	4.91 ± 0.302		
学习精神	X 小学	11	3.73 ± 1.348	− 2.449	0.028
	C 小学	11	4.82 ± 0.603		

如表 7—8 所示，除了 X 小学在知识观与学习精神两方面的均值 M 大于 3 小于 4 以外，在其他项目中，两所小学的 M 值均大于 4，接近 5；另外，C 小学在七个层面的 M 值均大于 X 小学的 M 值。因此，可以得出两所学校的教师在职业理念、学生观、教学观、探索创新、品德培养五个层面均表现较好；C 小学教师在精神文化的七个层面均优于 X 小学。

通过对教师问卷精神文化七个层面进一步的数据分析，可以发现除知识观与学习精神的 p 值以外，其他五个层面的 p 值均大于 0.05，所以这五个层面差异不显著。在知识观层面，观察到 t 值等于 − 2.162，p = 0.043 < 0.05，达到 0.05 的显著水平；在学习精神层面，观察到 t 值等于 − 2.449，p = 0.028 < 0.05，达到 0.05 的显著水平。因此，城乡学校文化在精神文化维度的差异主要体现为城乡学校教师在知识观与学习精神层面的显著差异，城市学校教师显著地优于农村学校教师。

2. 行为文化差异分析

从行为文化所包含的层面进行分析，可以发现城乡学校教师在行为文化维度的具体差异（见表 7—9）。

表7—9   教师问卷行为文化总统计量

层面	学校	N	M + SD	t	p
师生关系	X 小学	11	4.73 ± 0.647	− 0.845	0.408
	C 小学	11	4.91 ± 0.302		
教学反思	X 小学	11	3.91 ± 1.375	− 1.647	0.115
	C 小学	11	4.64 ± 0.505		
板书	X 小学	11	3.91 ± 1.300	− 1.435	0.167
	C 小学	11	4.55 ± 0.688		
课堂管理	X 小学	11	4.27 ± 1.104	− 1.539	0.139
	C 小学	11	4.82 ± 0.405		
言行榜样	X 小学	11	4.82 ± 0.405	− 1.491	0.152
	C 小学	11	5.00 ± 0		
活动指导	X 小学	11	3.64 ± 1.433	− 1.643	0.116
	C 小学	11	4.45 ± 0.820		
教材呈现	X 小学	11	4.64 ± 0.674	− 1.225	0.235
	C 小学	11	4.91 ± 0.302		
教学对话	X 小学	11	4.55 ± 0.820	− 1.38	0.183
	C 小学	11	4.91 ± 0.302		
课余活动	X 小学	11	3.8636 ± 1.00227	− 2.254	0.042
	C 小学	11	4.5909 ± 0.37538		
人文关怀	X 小学	11	4.55 ± 0.688	− 1.606	0.124
	C 小学	11	4.91 ± 0.302		

如表7—9所示，除了 X 小学在教学反思、板书、活动指导与课余活动等方面的均值 M 大于 3 小于 4 以外，在其他层面中，两所小学的 M 值均大于 4，接近 5；另外，C 小学在所有层面的 M 值均大于 X 小学的 M 值。因此，可以得出两所学校的教师在师生关系、课堂管理、言行榜样、教材呈现、教学对话与人文关怀等层面均表现较好；C 小学教师在行为文化的几个层面均优于 X 小学。

通过对教师问卷行为文化几个层面进一步的数据分析，可以发现除课余活动层面的 p 值以外，其他层面的 p 值均大于 0.05，所以这些层面差异不显著。在课余活动层面，观察到 t 值等于 − 2.254，p = 0.042

＜0.05，达到 0.05 的显著水平。因此，城乡学校文化在行为文化维度的差异主要体现为城乡学校教师在课余活动层面的显著差异，城市学校教师显著地优于农村学校教师。

3. 制度文化差异分析

从制度文化所包含的层面进行分析，可以发现城乡学校教师在制度文化维度的具体差异（见表7—10）。

表 7—10　　　　　　　　教师问卷制度文化总统计量

层面	学校	N	M + SD	t	p
制度意识	X 小学	11	4.2424 + 0.63405	− 2.434	0.029
	C 小学	11	4.7576 + 0.30151		
自律意识	X 小学	11	4.64 + 0.674	− 1.225	0.235
	C 小学	11	4.91 + 0.302		
制度执行	X 小学	11	4.18 + 0.982	− 1.664	0.112
	C 小学	11	4.73 + 0.467		
制度目的	X 小学	11	3.73 + 1.272	− 1.268	0.219
	C 小学	11	4.27 + 0.647		

如表7—10所示，除了 X 小学在制度目的方面的均值 M 为 3.73 以外，在其他项目中，两所小学的 M 值均大于4，接近5；另外，C 小学在四个层面的 M 值均大于 X 小学的 M 值。因此，可以得出两所学校的教师在制度意识、自律意识与制度执行等层面均表现较好；C 小学教师在制度文化的几个层面均优于 X 小学。

通过对教师问卷制度文化四个层面进一步的数据分析，可以发现除制度意识层面的 p 值以外，其他层面的 p 值均大于 0.05，所以这些层面差异不显著。在制度意识层面，观察到 t 值等于 − 2.434，p = 0.029 ＜0.05，达到 0.05 的显著水平。因此，城乡学校文化在制度文化维度的差异主要体现为城乡学校教师在制度意识层面的显著差异，城市学校教师显著地优于农村学校教师。

4. 物质文化差异分析

从物质文化所包含的层面进行分析，可以发现城乡学校教师在物质文化维度的具体差异（见表7—11）。

表7—11　　　　　　　　教师问卷物质文化总统计量

层面	学校	N	M + SD	t	p
图书资源	X 小学	11	3.73 + 1.009	− 3.328	0.005
	C 小学	11	4.82 + 0.405		
计算机资源	X 小学	11	2.82 + 1.537	− 3.592	0.003
	C 小学	11	4.64 + 0.674		
多媒体设备	X 小学	11	4.09 + 1.136	− 2.000	0.059
	C 小学	11	4.82 + 0.405		
办公条件	X 小学	11	3.55 + 0.934	− 3.753	0.002
	C 小学	11	4.73 + 0.467		
教室环境	X 小学	11	3.45 + 1.036	− 2.294	0.033
	C 小学	11	4.36 + 0.809		
网络资源	X 小学	11	4.55 + 0.820	0	1.000
	C 小学	11	4.55 + 0.522		

　　如表7—11所示，除了X小学在计算机资源方面的M值为2.82，在图书资源、办公条件、教室环境方面的均值M均大于3小于4，在其他项目中，两所小学的M值均大于4，接近5；另外，C小学在六个层面的M值均分别大于X小学的M值。因此，可以得出两所学校的教师在多媒体设备与网络资源等层面均得分较高；C小学教师在物质文化五个层面（除网络资源层面以外）均优于X小学。

　　通过对教师问卷物质文化六个层面进一步的数据分析，可以发现除网络资源、多媒体层面的p值以外，其他层面的p值均小于0.05，所以网络资源、多媒体设备层面差异不显著。在图书资源、计算机资源、办公条件层面，观察到t值分别为 − 3.328、 − 3.592、 − 3.753，p值分别为0.005、0.003、0.002，均小于0.01，达到0.01的显著水平；在教室环境层面，观察到 t = − 2.294，p = 0.033 < 0.05，达到0.05的显著水平。因此，城乡学校文化在物质文化维度的差异主要体现为城乡学校教师在图书资源、计算机资源、办公条件与教室环境层面的显著差异，城市学

校教师显著地优于农村学校教师。

（三）学生层面数据分析

1. 精神文化差异分析

从精神文化所包含的层面进行分析，可以发现城乡学校学生在精神文化维度的具体差异。通过对学生问卷精神文化进行初步的统计（见表7—12），可以发现除了 X 小学，C 小学在学习态度、学习理想、知识观与品德学习等层面的均值 M 均大于4，接近5；同时在学习目标、探索创新与学习精神等层面 M 值均大于3小于4；另外，C 小学除学习态度外所有层面的 M 值均大于 X 小学的 M 值。因此，可以得出两所学校的学生在学习态度、学习理想、知识观与品德学习层面均表现较好；同时在学习目标、探索创新与学习精神表现一般；C 小学学生在精神文化的几个层面均优于 X 小学。

表 7—12　　　　　　　　　　　学生问卷精神文化总统计量

层面	学校	N	M + SD	t	p
学习目标	X 小学	20	3.95 + 1.099	− 0.038	0.970
	C 小学	50	3.96 + 0.968		
学习态度	X 小学	20	4.60 + 0.821	1.320	0.191
	C 小学	50	4.32 + 0.794		
合作精神	X 小学	20	3.80 + 1.196	− 1.953	0.055
	C 小学	50	4.30 + 0.863		
学习理想	X 小学	20	4.00 + 1.338	− 1.135	0.260
	C 小学	50	4.34 + 1.042		
学习目的	X 小学	20	3.50 + 1.192	− 3.223	0.003
	C 小学	50	4.44 + 0.837		
知识观	X 小学	20	4.45 + 0.826	− 0.769	0.444
	C 小学	50	4.60 + 0.700		
探索创新	X 小学	20	3.15 + 1.268	− 2.351	0.026
	C 小学	50	3.88 + 0.895		
学习精神	X 小学	20	3.35 + 1.226	− 1.977	0.052
	C 小学	50	3.96 + 1.142		
品德学习	X 小学	20	4.45 + 0.887	− 2.338	0.022
	C 小学	50	4.82 + 0.438		

通过对学生问卷精神文化几个层面进一步的数据分析，可以发现除学习目的与探索创新、品德学习层面的 p 值以外，其他层面的 p 值均大于 0.05，所以这些层面差异不显著。在学习目的与探索创新层面，观察到 t 值分别为 - 3.223、- 2.351，p 值分别为 0.003（小于 0.01）、0.026（小于 0.05），分别达到 0.01 与 0.05 的显著水平。因此，城乡学校文化在精神文化维度的差异主要体现为城乡学校学生在学习目的与探索创新层面的显著差异，城市学校学生显著地优于农村学校学生。

2. 行为文化差异分析

从行为文化所包含的层面进行分析，可以发现城乡学校学生在行为文化维度的具体差异。通过对学生问卷行为文化进行初步的统计（见表 7—13），可以发现除了 X 小学在所有层面的均值 M 均大于 3 小于 4 以外；C 小学的 M 值除了在课余活动与学习状态层面均大于 3 小于 4 以外，在其他项目中的 M 值均大于 4，接近 5；另外，除课余活动层面以外，C 小学在其他层面的 M 值均大于 X 小学的 M 值。因此，可以得出 X 小学学生在课余活动层面优于 C 小学学生；C 小学学生在师生关系、学习方法、学生评价层面表现较好；X 小学学生在各层面表现一般。

表 7—13　　　　　　　　　学生问卷行为文化总统计量

层面	学校	N	M + SD	t	p
师生关系	X 小学	20	3.15 + 1.137	- 3.664	0.001
	C 小学	50	4.18 + 0.850		
学习方法	X 小学	20	3.55 + 1.356	- 2.773	0.010
	C 小学	50	4.46 + 0.885		
学生评价	X 小学	20	3.30 + 1.780	- 2.230	0.035
	C 小学	50	4.24 + 0.981		
课余活动	X 小学	20	3.7750 + 0.786	1.212	0.230
	C 小学	50	3.4600 + 1.049		
学习状态	X 小学	20	3.75 + 1.118	- 0.580	0.564
	C 小学	50	3.92 + 1.104		

通过对学生问卷行为文化几个层面进一步的数据分析，可以发现课余活动与学习状态层面的 p 值均大于 0.05，所以这两个层面差异不显著。在师生关系、学习方法与学生评价层面，观察到 t 值分别为 −3.664、−2.773、−2.230，p 值分别为 0.001（小于 0.01）、0.010（小于 0.05）、0.035（小于 0.05），分别达到 0.01 和 0.05 的显著水平。因此，城乡学校文化在行为文化维度的差异主要体现为城乡学校学生在师生关系、学习方法与学生评价层面的显著差异，城市学校学生显著地优于农村学校学生。

3. 制度文化差异分析

从制度文化所包含的层面进行分析，可以发现城乡学校学生在制度文化维度的具体差异。通过对学生问卷制度文化进行初步的统计（见表7—14），可以发现除了 X 小学在班级制度与制度意识方面的均值 M 均大于 3 小于 4 以外，在其他项目中，两所小学的 M 值均大于 4，接近 5；另外，C 小学在三个层面的 M 值均大于 X 小学的 M 值。因此，可以得出两所学校的学生均在制度制定层面表现较好；C 小学学生在制度文化的几个层面均优于 X 小学。

表 7—14　　　　　　　　学生问卷制度文化总统计量

层面	学校	N	M + SD	t	p
班级制度	X 小学	20	3.05 + 1.761	−2.967	0.006
	C 小学	50	4.32 + 1.186		
制度意识	X 小学	20	3.25 + 1.618	−2.009	0.055
	C 小学	50	4.04 + 1.087		
制度制定	X 小学	20	4.00 + 1.214	−2.007	0.056
	C 小学	50	4.58 + 0.702		

通过对学生问卷制度文化三个层面进一步的数据分析，可以发现制度意识与制度制定层面的方差不相等，p 值均大于 0.05，所以这两个层面差异不显著。在班级制度层面，观察到 t 值等于 −2.967，p = 0.006 < 0.01，达到 0.01 的显著水平。因此，城乡学校文化在制度文化维度的差异主要体现为城乡学校学生在班级制度层面的显著差异，城市学校学生显著地优于

农村学校学生。

4. 物质文化差异分析

从物质文化所包含的层面进行分析，可以发现城乡学校学生在物质文化维度的具体差异。通过对学生问卷物质文化进行初步的统计（见表7—15），可以发现除了X小学在图书资源、教室环境与计算机资源方面的M值均大于2小于3，多媒体设备层面M值为3.95；C小学在四个层面的均值M均大于4接近5；C小学在四个层面的M值均分别大于X小学的M值。因此，可以得出X小学学生在物质文化四个层面均得分较低；C小学学生在四个层面的得分均优于X小学。

表7—15　　　　　　　　　学生问卷物质文化总统计量

层面	学校	N	M + SD	t	p
图书资源	X小学	20	2.60 + 1.17652	−7.899	0
	C小学	50	4.76 + 0.52722		
多媒体设备	X小学	20	3.95 + 0.945	−4.517	0
	C小学	50	4.92 + 0.274		
教室环境	X小学	20	2.95 + 1.317	−6.553	0
	C小学	50	4.90 + 0.303		
计算机资源	X小学	20	2.40 + 1.231	−8.973	0
	C小学	50	4.90 + 0.303		

通过对学生问卷物质文化四个层面进一步的数据分析，可以发现在图书资源、多媒体设备、教室环境与计算机资源层面，观察到t值分别为−7.899、−4.517、−6.553、−8.973，p值均为$0 < 0.01$，达到0.01的显著水平。因此，城乡学校文化在物质文化维度的差异主要体现为城乡学校学生在图书资源、多媒体设备、教室环境与计算机资源层面的显著差异，城市学校学生显著地优于农村学校学生。

（四）小结

在教师层面城乡学校文化的差异主要表现为：第一，在精神文化维度城乡学校教师在知识观与学习精神层面的显著差异，城市学校教师显著地优于农村学校教师；第二，在行为文化维度的差异主要体现为城乡学校教师在课余活动层面的显著差异，城市学校教师显著地优于农村学校教师；第三，在制度文化维度的差异主要体现为城乡学校教师在制度意识层面的显著差异，城市学校教师显著地优于农村学校教师；第四，在物质文化维度的差异主要体现为城乡学校教师在图书资源、计算机资源、办公条件与教室环境层面的显著差异，城市学校教师显著地优于农村学校教师。

在学生层面城乡学校文化的差异主要表现为：第一，在精神文化维度城乡学校学生在学习目的与探索创新层面的显著差异，城市学校学生显著地优于农村学校学生；第二，在行为文化维度城乡学校学生在师生关系、学习方法与学生评价层面的显著差异，城市学校学生显著地优于农村学校学生；第三，在制度文化维度的差异主要体现为城乡学校学生在班级制度层面的显著差异，城市学校学生显著地优于农村学校学生；第四，在物质文化维度的差异主要体现为城乡学校学生在图书资源、多媒体设备、教室环境与计算机资源层面的显著差异，城市学校学生显著地优于农村学校学生。

第二节　城乡学校文化差异分析

一　城乡学校文化差异表现

（一）城乡学校文化存在显著的差异

通过调查发现，城乡学校在文化的四个维度均体现出一定的差异性。城乡学校由于地域关系以及各种综合因素的影响，在文化方面有着各自的特征。城市学校与农村学校文化存在显著差异的显性因素在于二者地域分布层面，但究其造成差异的具体因素也是多种多样。城乡学校文化存在差异是客观存在的，是需要广泛接受的事实。城乡教育一体化的推进不是要将城乡学校同一化、一致化，而是在推进城乡教育发展进程的基础上，实现二者之间教育差距的缩小，而且城乡学校各自保持一定的特色与风格。这里的教育差距包括校园环境、教学设备等外在层面，也包括教学质量、教学理念等内在层面。所以，城乡学校文化存在一定的差异是符合城乡教育一体化思路与理念的，研究的聚焦点不在于城乡学校文化差异程度，而是在于透过差异找出城乡学校在文化层面各自的不足；不在于如何消除文化差异，使城乡学校文化模板化、统一化，而是在于帮助城乡学校克服在文化层面各自的不足，提高文化实力，更好地适应城乡教育一体化进程。

（二）知识观和学习精神的深度、广度与创新度不平衡

在精神文化层面，城乡学校教师在知识观与学习精神方面存在显著差异。城市学校教师对知识的理解相对全面，能够鼓励学生广泛地学习，同时将本地的传统文化恰当地引入课堂教学当中，还要注重自身专业的学习；农村教师将知识理解为课本教材、练习册等，知识观相对狭隘，由于课业负担等原因，教师之间相互学习的机会较少。

城乡学校学生在学习目的与探索创新方面存在显著差异。城市学校学生在学习当中，重视个人的全面发展，学习范围相对广泛，同时乐于思考问题，对学习中遇到的问题积极探索创新；农村学校学生对分数比较看重，通过学习来达到提高分数以及升学的目的，拘泥于标准答案的束缚，较少地进行探索创新。

（三）专业学习和教学引导的重视度与交互性不平等

在行为文化层面，城乡学校教师在课余活动方面存在显著差异。城市学校教师在课余时间会安排一些学习活动，教师之间有良好的互动氛围，能够将学到的东西进行相互分享；农村学校教师在课余时间的主要活动中没有学习活动，除了统一的培训之外，很少有教师在课余时间进行专业学习，这容易影响教师知识的更新与理念的跟进。

城乡学校学生在师生关系、学习方法以及学生评价等方面存在显著差异。城市学校学生倾向于与教师沟通，与教师建立和谐亲密的关系，注重学习方法的运用，乐于开展合作学习活动，与班里同学建立良好的伙伴关系；农村学校学生在尊敬教师的同时也隐含着一些畏惧，学习方法相对单调，喜欢与成绩好的同学交流，比较排斥成绩落后的同学。

（四）制度理念和班级制度的制定与践行存在差异

在制度文化层面，城乡学校教师在制度意识方面存在显著差异。城乡学校教师都能认识到制度的重要性，但是具体的理解却不尽相同。城市学校教师认为制度是学生行为的塑造的工具，应该多进行鼓励与引导；农村学校教师将班级制度与教学纪律联系比较紧密，认为制度是保证教学秩序的重要手段，应该通过制度来规范学生的言行。

城乡学校学生在班级制度方面存在显著的差异。城市学校学生所在班级一般都有比较完善合理的班级制度，学生以它为导向，努力塑造自己的言行习惯；农村学校学生所在班级的制度，以强调课堂教学纪律为主，通过限制与惩罚，来规范学生的言行，缺乏一定的鼓励与引导。

（五）资源和教学技能的运用意识与应用能力不一致

在物质文化层面，城乡学校教师在图书资源、计算机资源、办公条件与教室环境方面均存在显著差异。这些方面都属于客观资源，其中办公条件与教室环境涉及学校办学条件，是教师无法改变而只能去适应的。城市学校教师对图书资源与计算机资源的利用率较高；农村学校教师很少借阅图书，同时由于缺乏专业的学习，老教师对计算机的利用率几乎为零。

城乡学校学生在图书资源、多媒体设备、教室环境以及计算机资源等层面存在显著差异。城市学校学生可以根据学校制度对图书进行借阅，在课堂学习中，能够通过教师对多媒体的熟练运用进行学习，在专业教师的指导下，学习信息技术课程，实现上机操作；农村学校学生对学校的图书利用率较低的原因，既包括学校制度因素，也包括学生自身因素，由于一部分教师不会运用多媒体设备，在课堂学习过程中，无法享受多媒体资源所带来的便捷与乐趣，而信息技术课程由于缺乏专业教师，则成为学生的自习课，无法实现上机学习，总体而言，农村学校学生对学校各项资源的利用率都比较低。

二　城乡学校文化差异分析

从调查问卷的统计结果来看，城乡学校文化的差异是比较明显的，从四个维度均显示出显著的差异性，结合调查问卷与访谈内容就城乡学校文化的具体差异进行进一步的讨论与分析。

（一）知识视域与创新动力

在精神文化层面，存在视域狭窄与创新动力不足现象，表现为城乡学校教师在知识观与学习精神层面差异显著，学生在学习目的与探索创新层面差异显著，这之间存在一定的联系。在与两所学校教师的访谈中可以了解到一些信息。

农村学校的教师在知识观层面比较保守，认为学校统一订购的教材与习题就可以满足学生的学习，比较反对学生阅读教材以外的、与课本知识"无关"的文本，在讲授知识的过程中，较少的将本地传统文化引入到课堂当中。在学习精神层面，农村学校教师并不是完全忽视同事之间的学习，他们在课间也会互相探讨学生、教学等方面的问题，但是相对而言这样的交流较少。这是因为在农村小学教师数量较少，每位教师的课业量都很繁重。X小学的老师说："咱们村里的学校老师少，每个老师除了要教本学科之外，还都担着其他的科目，比如咱学校五年级的数学老师，还带着全校的科学课，六年级的数学老师带着全校的体育课，我除了教全校的英语还带着两个班的美术课。我知道很多老教师在教学方面非常有智慧，但是一周要上的课太多，所以我们很少听其他老师的课，只是课间偶尔在办公室互相聊聊教学方面的问题……"正是这些因素导致了农村学校的教师只能忙碌地围绕着自己的教学任务，较少地互相学习；城市学校教师在知识观层面则相对比较开放，鼓励学生广泛地学习，同时积极地将本地传统文化引入到课堂中，增进学生对家乡的了解。C小学的老师说："我们学校办学比较开放，而且以打造儒雅学校为目标，把《论语》《三字经》这些著作引入到课堂中，所以我们比较支持学生广泛地阅读与学习……学校有定期的教研活动，我们同事之间互相交流、学习的时间比较充裕，其实平时我们在课间也经常聊这些问题……"相比而言，城市学校教师在学校办学目标的指引下，视域更加开阔，能够使学生进行广泛的学习，教师之间也有较多的交流时间与空间，这使得城市学校教师在知识观与学习精神层面表现较好。

农村学校的学生在学习目的与探索创新层面表现一般，这是因为在教师的影响下，学生长期地拘泥于课本知识与"统一的知识"，这导致他们对问题的探索兴趣淡化。在课堂中，教师经常采用"统一的知识"来帮助学生提高成绩。比如用"好"组词，最终的答案基本会是"好人"一词，而不是启发学生去组更多的词语。因为教师觉得这样的词汇简单又容易书写，不易出错，能够使学生在考试中"稳稳地拿分"，这就导致了师生对于高分的期望，忽视个人全面的发展，逐渐习惯于"统一知识"的学习；城市学校学生在学校办学目标的影响下，学习目的比较明确，分数对于他们来说只是一个参考值，他们重视全面的发展，对学习有着浓厚兴趣与探索创新精神，这使得城市学校学生在学习目的与探索创新层面要优于农村学校学生。

（二）学习习惯与教学指导

在行为文化层面，存在欠缺良好的学习习惯与教学指导等现象，表现为城乡学校教师在课余活动层面差异显著，学生在师生关系、学习方法以及学生评价等层面差异显著。

农村学校教师在课余时间基本处于休息状态，或居家生活或休闲娱乐，很少有教师在课余时间去学习相关的专业知识或关注教育动态。X小学的老师说："咱学校的老师除了上班以外基本不看什么书，也没空去上网学习，一天下来就够累了，回家还要做饭、洗衣服……周末或寒暑假基本就是做家务、休息，假期长可以出去旅旅游、走走亲戚，除了学校或乡里安排培训之外，很少有人去学习，毕竟对这些教材内容都很熟悉了，只要抽空备备课就行了……"农村学校教师的课余生活卸掉了"充电"的包袱，相对轻松惬意，自由支配课余时间，较少地进行学习活动；相对而言，城市学校教师的课余活动包括了学习的部分，他们除了居家、休息之外，会留出一部分时间看看相关书籍报刊，或上网查询相关资料。C小学教师说："我们同事之间有比较好的竞争状态，谁在哪里看到或学到了好的教学方法、理念什么的，都会拿来与大家分享……所以在课余时间特别是假期都会抽出时间看看书，或者在网上看看一些名师的教学视频，学习学习人家的先进方法……学校鼓励老师们承担科研任务，为我们提供一些资源进行科研活动，我们大多数人对科研比较陌生，基本都是从头学起，你看我们学校现在的科研成果都是我们努力的结果……"从这个层面来看，城市学校教师具有较好的学习习惯，能够合理地安排课余时间，通过不断的学习提高自身的专业水准，同时这也离不开学校的引导与鼓励。因此，在课余活动层面城市学校教师表现较好。

农村学校学生在师生关系、学习方法与学生评价方面表现一般，这主要是因为在日常的学习生活中，班主任对学生要求相对严格，学生对班主任有一种"敬畏"的心理，在班主任面前总是中规中矩。对于学习方法，由于学生的问题探究意识不强，所以合作学习的开展，也只局限于组长检查作业、背诵、默写等常规任务，学习活动与方法相对单调。同时，学生之间以成绩的高低来进行相互评价，他们倾向于与分数高的同学做朋友，这种现象是比较明显的。X 小学的老师说："班里的师生关系还不错，学生比较喜欢跟我互动，在英语课上爱说爱笑的，气氛挺活跃的，但是一般跟班主任上课就老实多了，可能是班主任比较严格吧，学生有点怕班主任……咱们这班里都有小组，也开展小组合作学习，每天组长都检查组员的作业、听写什么的……"农村学校学生比较乐于亲近任课教师，但是对班主任比较畏惧，小组合作学习的学习方法也只是发挥了最基本的作用，而分数的高低则成了他们择友的重要标准；城市学校学生在师生关系方面则比较融洽，特别是与班主任的关系也是比较亲近的，在课上能够积极配合老师的教学工作，小组之间的合作与竞争也是良好有序的，同时他们并不以分数来衡量同学，在班主任以及其他任课教师的引导下，他们能够发现身边同学身上的闪光点，乐于与班上的同学交流，同学关系比较融洽，班级有较好的氛围与较强的凝聚力。

（三）学校管理与班规制定

在制度文化维度，存在学校管理意识不全面与重视度不足等现象，表现为城乡学校教师在制度意识层面差异显著，学生在班级制度方面差异显著。在这个维度，由学生的差异验证了教师的差异，学生在班级制度层面的差异正是由教师制度意识所决定的。

教师的制度意识主要包括对班级制度重要性的认识，班级制度的制定以及制度与惩罚等相关内容。在调查与访谈的过程中，城乡学校的教师均对班级制度的重要性持肯定态度，但是就具体的制度细节，则有一定的差异。农村学校教师认为班级制度都是基于小学生行为规范等守则，一般都是以口头要求的形式出现，同时对违反班级制度的行为会根据情况进行惩罚，如给小组扣分、罚抄写等。X 小学老师说："一般情况下，老师都会在班里强调强调班规班纪，不会具体制定出来，就是说说纪律问题，让学生们遵守课堂纪律，只有这样调皮的学生才能安静下来，这样上课才能比较顺利……关于惩罚是肯定得有的，要不以后怎么管理其他的学生呢……对学生的惩罚方式不同，要是学习不好的就罚他抄写，这样也能帮他多学点东西，现在对学生不会体罚了，这个是学校和乡里明令禁止的，校长对学生的人身安全问题比较重视……"农村学校教师对班级制度的理解相对局限于课堂纪律的维持等方面，同时没有固定的措施，对学生的"惩罚"随意性较强，不过较之前来讲，在惩罚学生方面消除了体罚现象，这也是农村学校教师制度意识的进步；城市学校教师的制度意识相对较强，对制度的理解也更加全面。他们认为班级应该有明确的制度，而且制度本身不是限制与束缚学生的行为，而是对学生有一定的引导作用，制度不是意味着惩罚，是帮助学生形成较好的行为习惯。C 小学的老师说："班级通常都会制定具体的制度，而且班级制度的制定过程是学生完全参与的，而且惩罚性的条例较少，大多是对学生行为的鼓励，比如对拾金不昧、爱护公物、帮助同学等行为做具体的奖励，而且奖励的形式大多采取精神奖励的方式，像给贴小红花、给小组加分，都是比较好的方法，学生积极性较高……对于犯错误的同学通常不会在班内进行惩罚，老师会单独和学生谈，通过讲道理使他明白应该怎么做，这样的方式呢要远比罚学生怎么样，有更好的效果……"从这个角度来看，城市学校教师的处理方法是比较适宜的，对学生多鼓励、多引导，促进学生良好行为习惯的塑造，同时又没有束缚学生的自我发展，对学生的成长是十分有益的。

城乡学校学生在班级制度方面的差异，主要体现在班规班纪的具体内容与形式上，这个层面的差异是由教师在制度意识层面的差异决定的，同时也验证了城乡学校在制度文化维度确实存在一定的差异。

（四）资源配置与运用

在物质文化维度，存在资源闲置与浪费等现象。城乡学校在各个层面都表现出了显著差异。教师问卷与学生问卷相互验证，城乡学校教师在图书资源、计算机资源、办公条件、教室环境四个层面差异显著，学生在图书资源、多媒体设备、教室环境以及计算机资源四个层面差异显著。

近些年随着党和政府政策对教育的倾斜，增加了对基础教育的投入，农村学校的图书资源、多媒体设备、网络资源以及校园建设得到了改善。但是，城乡学校在物质文化方面还存在一定的差异，其背后的原因，是无法直接观察到的，下面对此进行深入的分析。

在两所学校调查的过程中，看到了图书室和室内丰富的图书，各个班内的多媒体设备，微机室等资源，在设计的访谈提纲中物质文化的题目只有一个："请您谈谈贵校的物质资源，如图书、多媒体、办公设备等，对您的工作与学习起到的作用如何？"X 小学教师说："要说这些资源，咱们农村学校在各方面都具备，你也看到了咱们的图书室、微机室和班里的多媒体，但是老师们对这些资源的利用率有点低……现在的图书室不单纯是为了应付上级检查，倒是也开放，但是没有管理员，管理起来很麻烦，老师们都不去图书室借书，至于学生们借书，一般都是老师组织，以班级为单位，在图书室开办的时候还组织过几次，但是借一次书还书挺麻烦的，以后也就不组织学生借书了……班里的多媒体设备的利用率也不高，因为咱学校的老教师比较多，他们都不会用电脑，像我这样30多岁的老师就几个，还是学校里最年轻的老师，一般迎接上级检查需要交电子版课件都是我们几个年轻的帮老教师们做好了，交上去……学校有微机室，里面的电脑也能用，但是信息技术课没有专门的老师教，课程表里的信息技术课也就变成了自习课或者班主任讲自己的课，学生没有实现上机学习的机会……"同时通过观察可以发现，学校的教室和办公室虽然经过了简单的修葺装修，但是整体变化不大，老师们依然在原来大办公室里集体办公，只是办公室内新添了计算机设备，而学生所用的教室依然是原来的老教室，教室里新添了一台多媒体设备。在学校的11位教师中，30—40岁教师4人，40—50岁教师5人，50岁以上教师2人，教师队伍平均年龄较高；在C小学，图书室有专门的管理员，老师和学生都可以去那里借书。通过学校培训，老教师也能熟练地运用多媒体设备，利用网络资源搜取相关信息。学校建筑都是楼房，教室宽敞明亮，教师办公室与宿舍、餐厅在同一座楼，办公条件较好。微机室也按照课程安排开发，有专门的教师带学生们学习信息技术课程。因此，综合来看，城乡学校物质文化的差异不是简单的"硬件"层面的差距，图书、计算机、网络、多媒体等资源的差异并不大，造成差异的关键在于"软件"层面，包括专业教师的配备、对老教师的培训、制度的完善等方面。

三　建议

（一）城乡学校切己践行，涵泳把握文化建设

城乡学校文化存在一定的差异，各有千秋，应该正确地认识这种差异，并在求同存异原则的指引下明确各自的发展方向。城乡学校在自身的发展规划过程中，应该明确本校文化的发展方向，构建宏伟蓝图的同

时，细化建设步骤与措施，使全校师生能够紧跟文化发展的方向，实现共同建设。首先，城乡学校要有鲜明的办学目标。一个学校的办学目标，是师生工作与学习的方向标，是文化发展的指向。培养什么样的人才，培养哪些方面的素养，都是办学目标所要明确的内容。其次，城乡学校文化建设需要制定相应的制度做保障。在方向明确的前提下，实际的操作层面，则需要具体的制度为依托。学校应该制定合理的管理制度、培训制度等，强化师生的制度意识，为教师培训、学习提供便捷的条件，特别是对老教师的培训，要做到有序有力有持。最后，城乡学校还应该完善师资队伍。教师作为文化创造的主体，在建设文化的同时，还深刻地影响着另一主体——学生作用的发挥。对教师要加强思想上的引导，同时合理优化教师配置，使教师数量与学校规模相符，减轻教师负担，使其全身心投入到教学工作中，带领学生共同构建学校文化。通过对学校自身现实的正确认知以及对文化的涵泳规划，使城乡学校形成各具特色的文化，使其模式与内容呈现多样化、科学化和规范化，从而避免了盲目化、同一化的错误倾向。

（二）扩充知识阈限，培养多向思维

在日常的教学中，农村教师应该树立科学的知识观，扩大知识阈限，同时以饱满的学习精神状态去完成教学工作。教师的知识观既决定了自身的专业发展方向，同时也影响了学生所涉猎的知识范围。将知识观教材化、习题化，都是对知识的片面理解，是有失偏颇的。教师应该不断开阔视野，扩大知识面，同时鼓励与引导学生广泛的学习，在教学过程中要注重对本土文化的引入，将本土的优秀传统文化，如风俗习惯、名胜古迹、名人典故、历史事件等，增进对家乡的了解，增强学生的归属感。

要引导学生形成积极的学习目的，注重思维能力培养，促进学生探索创新精神的形成。在传统的农村学校教学过程中，往往重视学生成绩的提高，导致学生形成以考高分或升学为学习目的，同时过多的知识灌输，束缚了学生的发散思维。学校与教师要帮助学生正确地认识学习过程，形成科学的学习观，树立积极的学习目的，同时鼓励学生多思考，从多层面、多角度思考问题，使学生能够积极主动、目的明确地学习，最终养成乐于探索、乐于创新的思维习惯。

（三）重视专业学习，加强行为引导

在专业学习方面，农村教师要充分利用课余时间，合理规划课余活动。教师在课余时间应该适当地安排学习活动。积极参加相关的培训，听取专家讲座，阅读专业书籍或在网上查阅相关的材料，与同事进行交流、互相听课沟通，都是教师可以灵活采用的学习方法。只有不断地学习，才能提升自身的综合素养以及责任意识，更好地促进教学工作的进行以及文化的建设。

引导学生塑造良好的行为习惯。学生的行为习惯具有很强的可塑性，应该抓住教育时机，对学生各方面的行为习惯进行培养，包括与人交往的方式方法、开展学习活动、健康的评价习惯等。通过这些行为习惯的培养，能够使学生在学习生活的过程中，形成良好的师生关系，改善学习方法，提高学习效率，同时还能增进学生之间的友谊，营造和谐的班级氛围。

（四）优化制度理念，规范班级制度

在班级制度方面，农村教师要增进对制度的理解，在承认制度的重要性的同时，建立科学规范的班级制度，这也是文化建设的一个重要方面。在班级制度建设中，要充分考虑学生的自主性与独特性，制度的制定要以鼓励与引导为主，减少对学生行为的束缚，避免学生对制度形成惩罚印象或恐惧意识，使制度意识不断得到强化，由制度的外在要求转化为内省意识，进而形成制度意识内驱力，帮助学生真正养成良好的行为习惯以及优秀的心理品质。只有这样才能拉近师生之间的距离，促进良好的师生关系形成，同时，还能使学生在自信、自主的氛围中学会与他人交往、沟通，从而促进文化的发展。

（五）强化资源意识，提高应用能力

在物质文化层面，农村教师应该强化资源意识，优化资源配置，充分合理地利用资源。随着对教育投入的不断增加，城乡学校的教学资源都得到了改善。学校在改善硬件设施的同时，应该保证"软件"的配套跟进，采用灵活的方式避免教学资源的边缘化、荒芜化。教师应该充分利用学校现有的资源，如图书资源、多媒体资源、网络数据资源等，实现资源价值。农村教师可以利用农村一些独特的资源，对相关的教学内容进行教学实践，如带领学生参观果园、古迹，观察植物、河流、山丘等，这胜过坐在课堂中纯粹的想象。农村学校教师也可以带领学生到市区参观博物馆、纪念馆，走进养老院，观察公园里的动植物等。只有充分强化资源意识，才能使这些资源发挥最大效用，从而可以提高教学物质资源的利用率，促进文化建设。

　　要鼓励农村学生合理地运用学校物质资源。学校的物质资源，很大程度是为了满足学生的发展需要而储备的。但是，通常情况下农村学生对学校物质资源的利用率是较低的，而且还存在着不合理的使用现象。学校与教师应该积极地引导学生充分、合理地利用学校的图书资源、计算机资源、体育设施等，介绍注意事项与使用方法，使学校的物质资源实现其应有的价值，促进学生的健康发展与学校的文化建设。

第 八 章

我国农村学校文化转型：问题与出路

基于对农村学校文化发展现状考察、转型影响因素分析和城乡学校文化比较，发现农村学校文化建设已取得不菲成绩，文化内涵得以更新，文化自信与日俱增，但由于历史和现实等诸多因素影响，当前农村学校文化的实然形态仍存在一些不容乐观和亟待改进的方面。重视和正视当前农村学校文化建设的现实样态，把握其文化特征，挖掘文化冲突根源，确立正确的价值取向和消解方案，是农村学校文化转型的当务之急。

第一节　现实形态与价值取向

一　城乡教育一体化与农村学校文化发展

（一）城乡教育一体化的统筹原则对农村学校文化发展的规定性

1. 城乡教育一体化的平等性原则要求农村学校首先应坚持教育的基础性

城乡教育一体化的平等性原则要求"城乡学校为学生提供平等的受教育的机会和条件，要求与之相应的入学招生制度、教育条件标准（物质条件和师资条件）必须以平等（均等、一样）为目标，确保城乡每一个受教育者在教育起点、教育条件方面的无差别对待"[①]。因此，

---

①　褚宏启：《教育制度改革与城乡教育一体化——打破城乡教育二元结构的制度瓶颈》，《教育研究》2010年第11期。

与城市学校一样，农村学校首先应该坚持教育的基础性，为农村每一位学生提供未来学些与生活所需的基本知识、基本技能和基本素养等。农村学校通过传播城市主流文化，积极传授现代社会科学文化知识，让农村学生掌握一定的基本知识和基本能力，提高基本素质，并学会学习，以便更好地适应未来的生活和工作。

2. 城乡教育一体化的差异性原则要求农村学校文化突出乡土文化特性

城乡教育一体化的差异性原则要求不同情况具体对待，"在城乡教育一体化过程中，要承认城乡不同区域、不同学校的特点差异，尊重差异，彰显差异，鼓励城乡学校根据各自的实际情况创造性地探索有特色的发展道路，最终实现特色发展、优势互补、整体提升"①。我国城乡教育是在不同的地域环境与文化背景下逐渐成长起来的，有其各自的生存空间与文化积淀，因承载着不同的文化而拥有不同的特性。城乡教育一体化是保持城乡教育各自优势和特色的一体化，城乡教育一体化不等于城乡教育一样化。城乡之间天然的地域差异短期内不可能消除，在此基础上形成的城乡文化差异也将在一定时期内长期存在，这就要求在城乡教育一体化视野下，农村学校教学在传播优秀城市文化的同时，更要突出自身文化的特性，保持自身的特点与优势，继承和发扬农村本土优秀传统文化，开发具有地方和农村学校特色的多样化课程，使城乡文化在教学中相互融合、相得益彰。

3. 城乡教育一体化的补偿性原则要求农村学校加强与城市学校的沟通与交流

城乡教育一体化的补偿性原则要求"关注受教育者的社会经济地位的差距，关注城乡间和学校间教育资源条件的差距，对落后地区、对薄弱学校、对处境不利的受教育者在教育资源配置上予以额外补偿；在进行资源配置时，对于落后地区、薄弱学校和弱势群体，与其他地区、学校、群体一视同仁还不够，应该多配置资源才公平，才能真正体现补偿的本意；城乡教育一体化进程中，补偿的直接目的和主要目的是实现城

---

① 褚宏启：《教育制度改革与城乡教育一体化——打破城乡教育二元结构的制度瓶颈》，《教育研究》2010 年第 11 期。

乡办学条件均等化"①。长期以来，城乡之间由于城乡二元结构以及地域、交通等差异而形成了很大的教育差距，城市教育往往代表的是文化的发展方向，教育资源相对丰富，科技发达，信息灵通；与之相比，农村教育资源则相对欠缺，由于交通不便等因素而造成农村学校获取信息困难。在城乡教育一体化背景下，要求从城乡教育资源统筹兼顾的视角出发，加强城乡学校之间的双向沟通与良性互动，具有优势的城市教育在教育资源配置和师资队伍等方面对农村教育进行补偿，从而提高农村教育质量，缩小城乡教育差距，促进城乡教育均衡发展，最终实现城乡教育一体化。

（二）农村学校文化发展进程与城乡教育一体化建设的关联性

1. 农村学校文化发展是推进城乡教育一体化进程的有效途径

农村学校是发展农村教育的主要场所，不同的学校文化决定着学校不同的命运与走向。从这个意义上说，一所学校的表层竞争力是质量的竞争，而深层竞争力是文化的竞争。通过建设农村学校文化，可以使农村学校确立正确的价值取向和发展目标，从而办好农村学校，发展好农村教育，缩小城乡之间的教育差距，最终促进城乡教育一体化建设的进程。

2. 农村学校文化发展程度制约着城乡教育一体化的发展进程

当前，农村教育的现代化速度落后于城市教育的现代化进程，近年来农村教育虽然取得了一定的成果，但城乡教育仍然存在不小的差距，还有许多问题没有得到解决，其中一个不容忽视的原因就是农村学校文化成为制约农村学校教育发展的一个重要内隐性因素，严重影响了城乡教育一体化的进程。通过建设农村学校文化，可以提高农村学校的教学质量，加速农村教育现代化的进程，促进城乡教育一体化的均衡发展。

二 当前农村学校文化的现实形态

笔者通过对天津、河北、山西农村学校文化进行实地考察，结合相关研究，发现农村学校文化建设已取得可喜成果。但随着城市化进程的

---

① 褚宏启：《教育制度改革与城乡教育一体化——打破城乡教育二元结构的制度瓶颈》，《教育研究》2010 年第 11 期。

加速，各种文化思潮与价值观念开始汇集、碰撞，甚至发生冲突，使农村学校文化的现实样态呈现多元性与复杂化。

（一）存在升学的意向追求与现实可能、片面教学与完整育人的矛盾

受应试教育的影响，目前农村学校的教学目标主要集中于一点：让学生考上大学，离开农村。相关研究调查数据显示，在被调查的 3484 名农村学生家长中，92.3% 的家长最大期望是"子女毕业后升学"，在被调查的 3584 名农村学生中，也有 89.2% 的学生初中毕业后的愿望是升学。① 笔者在对某乡初中二年级的学生访谈过程中，一位女孩说道："我在学校所学的知识对我毫无用处，像英语、数学和物理等，但我还是努力把它们学好，因为我知道我为什么学习：为了考大学，离开农村。"可见，这种升学主义价值取向仍然是当前农村学校文化的主要表现形态。而实际上，农村学生升入大学的比例还是比较低的。就全国整体水平而言，2005 年高校入学率已达到 22%，大中城市达 30%—40%，北京、上海达到 60% 以上，而广袤的农村只有 10% 左右。从根本上说，农村教育是围绕 10% 的孩子设计的，是精英教育，90% 的人在陪 10% 的人读书。② 很多家长与学生，明知升学无望，但也不甘心放弃，形成了对升学的意向性追求大于考试的现实性的局面，无形中忽略了教育要培养完人的本真之意。因此，农村学校文化处在升学的意向性与现实性、片面教学与完整育人的矛盾中。

（二）陷入移植城市现代文化与传承农村传统价值的困境

与城市教育相比，农村教育具有特殊性、差异性和不平衡性，这就决定了其教学内容也应该具有特殊性与多样性。但随着城市化进程的加快，目前农村教育仍然以升学主义为主要价值取向和教学目标，这决定了农村学校在教学中以移植城市主流文化、远离农村生活的城市化倾向文化为主要内容，以应试教育为主要特点。农村教育的课程设计、教材编写都与农村生产生活、经济社会发展的实际需要相脱节。例如，笔者

---

① 洪俊：《农村义务教育课程改革的价值取向——兼论农村教育必须坚持为"三农"服务》，《东北师范大学学报》（哲学社会科学版）2006 年第 4 期。

② 解飞厚：《基础教育要为建设新农村培养新农民》，《湖北大学学报》（哲学社会科学版）2006 年第 4 期。

在对 S 乡初中的部分教师访谈过程中，有老师说道："目前我们农村中小学的教材无论在插图还是课文内容，都表现出一种城市生活的倾向，与我们生活的环境相去甚远，导致学生无法身临其境，无法很好地感受和理解教材内容。"这使得一部分农村学生既无法理解城市主流文化，又逐渐失去了对农村文化的认同感和自信心。而城乡教育一体化要求城乡教育保持各自特色，要求农村学校回归乡土，在移植城市主流文化的同时，更要传承传统农村文化，重建农村文化价值，培养农村学生对传统农村文化的认同感和自信心，不再把城市文化看作现代化的唯一标杆。当前农村学校注重城市主流文化而忽视农村传统价值的现实与城乡教育一体化要求存在脱节。

（三）面临"离乡脱农"与"留乡为农"的纠结

"离乡脱农"与"留乡为农"一直是农村学校文化的两种价值取向，农村学校文化也不断在二者之间钟摆。"离乡脱农"价值取向认为农村学校教学应该为学生升学服务，培养离开农村进入城市的人才。"留乡为农"价值取向认为农村学校教学主要是培养新型农民，为农村经济社会发展服务。新农村文化建设需要大量有文化、懂技术并立志于服务新农村建设的富有乡土文化内涵的新型农村人。这就要求农村学校教育立足于农村经济文化社会发展实际，增强农村学生对农村文化的认同感、归属感和服务于新农村建设的责任感。当前，受"离乡脱农"取向影响，许多进入城市大学接受教育的农村学生不愿意再回到农村，这使得投身于农村文化生产和文化活动的人越来越少，造成农村文化建设人才的大量流失。另外，由于我国目前还没有实现普及高等教育的条件，会有一大部分学生因为达不到升学标准而放弃学业，而这些学生往往学用分离，无法对农村文化产生亲和力、归属感，而城市生活又十分遥远，最终导致他们就业无门、创业无术，无法很好适应社会生活。当前农村学校文化仍面临"离乡脱农"与"留乡为农"的纠结，不利于城乡教育一体化目标的实现。

（四）遭遇发展普通教育与提供职业技能的困惑

农村学校既具有普通教育的属性，又兼具职业教育的职能。当前农村教育基本是以发展普通教育为主体，而与职业教育、继续教育之间缺乏联系。从我国高等教育规模来看，虽然我国高等教育规模逐渐增大，但教育部发布的《2008年全国教育事业发展统计公报》显示，2008年全国高等教育毛入学率达到23.3%，但在农村地区高等教育毛入学率更低，大部分农村学生没有接受高等教育的机会。在贫困落后的农村地区初中生升学率只有50%左右，有一半左右的农村学生接受完义务教育之后便离开学校，有些农村地区义务教育阶段辍学现象还比较严重。① 此外，近年来大学毕业生面临严峻的就业形势也让不少农村学生意识到考大学并不是改变命运的唯一途径，于是他们更多地开始考虑就业问题。由此看来，农村学校单纯发展普通教育是不现实的，不能满足农村学生的多元需要。东北师大课题组在全国十几个省的调查发现，约有90%的教师认为学生的职业意识、基本劳动技能、态度等应在义务教育阶段开始培养；92%以上的农村初中生认为，小学、初中阶段应该对学生进行一定的职业意识、技能等方面素质的培养；80%以上的小学生和90%以上的农村初中生希望或非常希望学校开设职业技术方面的课程。② 因此，农村学校教学应将普通文化课程的学习与农村生产生活实际密切联系起来，加强普通教育与职业技术教育的联盟，摆脱二者相互脱离的困境。

三 城乡教育一体化背景下农村学校文化的价值取向

基于城乡教育一体化对农村学校文化发展的要求以及当前农村学校文化的现实形态，农村学校文化的建设要利用城乡教育一体化发展的契机，重新确立其价值取向。

（一）提高农村学生基础素质、培养合格公民

城乡教育一体化要求我们公平地对待农村教育，要用与城市教育相同的水平来要求和发展农村教育，使农村学生拥有与城市学生公平的受教育机会，农村学校文化首先要为提高农村学生基础素质服务、培养合格公民服务。联合国教科文组织于1970年提出了基础教育的目标，即人们为能生存下去、为充分发展自己的能力、有尊严地生活与工作、充分参与发展、改善自己的生活质量、做出有见识的决策并能继续学习所需

---

① 张磊：《城乡一体化背景下农村基础教育培养目标定位研究》，《河北师范大学学报》2010年第4期。

② 王景英：《农村义务教育整体办学模式与评价》，北京大学出版社2008年版，第162页。

要的基本的学习手段（如读、写、表达、演算和问题解决）和基本的学习内容（如知识、技能、价值观念和态度）。① 在城乡教育一体化背景下，农村学校教学首先应通过积极传授现代社会主流科学文化知识，让农村学生掌握一定的基本知识和基本能力，并具备终身学习的能力，提高农村学生基本素质，使学生无论将来学业是否成功，无论"离农"还是"留农"，都能够适应生活的环境，适应未来的生活和工作，成为一个合格的公民。

（二）培养农村学生对乡土文化的认同和自信

随着城乡一体化进程的加快，农村区域会逐渐减少。但是，农村作为一种具有独特地域特征与文化特征的存在，在一定的时期内必将长期存在，在此背景下，在强调多元文化的今天，农村文化与农村教育的独特性就显得尤为重要。② 这就要求在城乡教育一体化背景下，农村学校在以开放的心态接纳并吸收当前社会多元文化的同时，更要传承农村几千年来形成的有价值的文化传统，消除学生的文化自卑心理，培养农村学生对传统乡土文化的认同感和自信心，从而重建农村文化的价值和尊严。有研究者指出，重建农村学校文化，一是要有意识发掘、培植、提升目前还存留着的或者可能恢复的农村文化种子，使其具备生存和发展的能力，扩大传统农村文化生存的空间；二是建立合适的机制，鼓励文化下乡，以丰富和拓展农村文化的内涵。③ 培养农村学生对传统农村文化的认同感和自信心，是让学生通过文化濡化来培养农村文化自觉意识，使农村学生能够适应并融入自己所处的农村生活世界，对本地区的历史文化产生亲切感与自豪感。

（三）满足农村学生多元发展需求

城乡教育一体化要求城乡教育各自保持、发展自身的特点与优势，具体到农村学校来说，要求从农村的实际出发，尊重农村教育的特性，考虑到农村学生多方面发展的可能性，为农村儿童、青少年提供不同特

---

① 赵中建：《教育的使命——面向 21 世纪的教育宣言和行动纲领》，教育科学出版社 1996 年版，第 15 页。

② 崔玉婷：《近代中国乡村教育的不同路向——邹平教育模式与延安教育模式比较研究》，教育科学出版社 2011 年版，第 201 页。

③ 刘铁芳：《乡土的逃离和回归》，福建教育出版社 2008 年版，第 43 页。

点、不同层次的教育服务，以满足他们的不同需求，为他们一生的发展打好基础。农民及其子女接受教育的现实需要并不是唯一的，大体有三种，"一是升学，改变农民身份；二是掌握些文化知识，以应生活之需；三是学得一技之长，作为谋生的手段"①。因此，农村学校文化在为提高学生基础素质服务的同时，也要为学生升学、就业及创业等多元化的需求做准备。在城乡教育一体化背景下，要实现这一价值取向，需要改革相应的教学目标与教学内容：在教学目标上改变过去升学至上的应试教学目标，重新确立促进农村学生全面和谐发展的素质教育目标；在教学内容上既要保证实现国家对义务教育阶段学生规定的基本要求，又要联系农村实际，突出乡土特色，适当增加职业教育内容，加强普通教育与职业技术教育的沟通与融合，为农村学生在提高基本素质的同时，或继续升学或选择就业和创业做好准备。

（四）服务于城乡教育与文化共同发展

城乡教育一体化要求就是把城乡教育作为一个大的系统，作为一个整体，不要就农村说农村，就城市说城市，要改变"城乡两策，重城抑乡"的思路，从城乡各自的小循环、小系统走向城乡统一的大循环、大系统，树立城乡一盘棋的总体思想，发挥城市辐射带动优势和城乡之间的关联优势，使城乡资源共享，共赢共荣。② 在城乡教育一体化背景下，不管是城市教育还是农村教育，都要为国家的经济建设和社会主义现代化建设服务，其教育发展目标都是培养社会主义现代化的建设者，培养合格公民。在这一点上，城乡没有差别，是一致的。城乡一体化背景下城乡之间的对立正逐步消解，农村人口向城镇迁移与新农村建设是并存的，因此，城乡教育一体化要求树立一体化思维，把城乡教育和农村教育作为一个整体来对待。农村学校文化将价值取向定位在为城乡教育与文化共同发展服务上，承担为城市建设和农村发展共同培养人的任务，"建立新农村学习型学校社区，提高农村学校教育质量和社区成员素

① 王本陆：《消除"双轨制"：我国农村教育改革的伦理诉求》，《北京师范大学学报》（社会科学版）2004 年第 5 期。

② 李广舜：《国内外城乡经济协调发展研究成果综述》，《地方财政研究》2006 年第 2 期。

质"①，逐步实现城乡教育与文化一体化均衡发展。

第二节 问题表征与路径重构

根据农村学校文化转型的价值取向，重新审视当前农村学校文化特征，发现农村学校原有的文化特征与城乡教育一体化的文化建设要求逐渐显现出不和谐表征。

一 当前农村学校文化的特征

（一）崇尚权威、差异显著的地域文化特征

当前农村学校文化表现出一种崇尚权威和差异显著的地域文化特征。一方面，受传统文化思想和家庭本位的影响，崇尚权威一直都是我国传统文化的一个显著特征。调查发现，这一点在农村学校文化中体现更为突出，农村课堂教学中教师本位现象依然严重。在对 1200 份针对农村教师的调查问卷统计中，有 70.8% 的农村教师认为自己在教学活动中具有至高无上的权威，教学活动主要围绕自己的预设展开。有 74% 的农村教师认为，学生缺乏主动性，必须督促才能学。另一方面，农村学校文化是在农村这一特定的地域范围内形成和发展的，与城市学校相比，由于地理位置、生活环境和社会背景等因素不同，农村学校文化较之城市学校文化而言，有其自身的特殊性，存在显著的地域差异特征。此外，即使同样是农村，由于经济发展程度和人民生活水平存在差距，学校文化也存在显著的地域差异。

（二）相对封闭、较为保守的文化氛围

学校教学在文化传承与创新过程中扮演着重要的角色，但农村学校受其地域限制、交通不便、获取相关信息困难等因素影响，其文化具有相对封闭性。再加上农村学校文化与自身乡土情怀有着不可分割的亲密性，对其他外来文化具有一定的天然敏感性和排斥性，因而又表现出相对保守的一面。长期生活在这种文化氛围中的教师也难免形成相对保守

---

① 王鉴、杨鑫：《"新农村学习型学校社区"项目实施评价——来自教师的声音》，《当代教育与文化》2010 年第 2 期。

的群体文化，调查中发现，农村学校有些教师之间相互疏远、缺乏合作与交流就是这种特征的体现。

（三）升学至上、趋于功利的文化追求

受应试教育的影响，当前农村学生及其家长仍然将学校教学视为改变未来命运的跳板，认为考上了大学就可以鲤鱼跳龙门，从此跳出落后的农村，导致升学至上、趋于功利的文化追求仍然是农村学校文化的突出表现之一。调查表明，当前农村地区的绝大多数学校仍然是以升学为目的，从小学到初中再到高中，都必须经过考试，教学的目的就是为了应试。有些农村学校条件差、基础弱，但学校工作的中心却始终是千方百计地争取升学率。正如一位农村教师所言："我们教师的任务就是围绕教材、教学参考书和考试大纲对学生进行系统的知识传授，学生的任务就是围绕中高考的指挥棒和考试大纲进行题海战术。"这种追求升学至上、功利化的文化忽视了学生自身的知识经验和农村现实的需要，也忽视了学生综合素质的提高和身心全面和谐发展。

（四）离农明显、竞争激烈的文化取向

从理论上讲，农村学校教育目标定位一直存在"留农"和"离农"的争论，"留农"目标认为农村学校教育主要是培养新型农民，为农村经济社会发展服务；[①]"离农"目标认为农村学校教育应该与城市一样培养合格公民，为学生升学服务。[②] 但在实际调查中发现，"离农"取向在农村学校文化中存在一边倒的倾向。所调查的 1200 名农村教师中有 75% 的农村学校教师赞同学校教育主要为升学服务，有 72% 的农村教师支持学生升学后能够离开农村有更好的发展。在升学至上、趋于功利走向的农村学校文化影响下，当前农村绝大多数学校只考虑到为精英学生升学做准备，忽略了为未升学学生就业打基础。由于我国目前还没有实现普及高等教育的条件，会有一大部分学生因为达不到升学标准而放弃学业，而在激烈的升学竞争中被淘汰的大量学生往往学用分离，最终导致就业

---

① 解飞厚：《基础教育要为建设新农村培养新农民》，《湖北大学学报》（哲学社会科学版）2006 年第 4 期。

② 阎亚军：《论当前我国农村基础教育的目标定位——对一种目标定位的质疑》，《江西教育科研》2005 年第 1 期。

无门、创业无术，无法很好适应社会生活。

（五）高期望与高压力并存的文化危机

农村学校文化表现出高期望与高压力并存的文化危机。农村学校肩负着发展农村教育，提高学生文化素养和科学知识水平的艰巨任务。而农村教师则被寄予更高的期望，他们是知识的拥有者和传播者，也是学生的培养者和农村文化的发展者。在被寄予高期望的同时，农村教师也面临很大的压力。一方面，农村教师面临来自学校、家长和学生的压力，即千方百计传授知识，提高学生成绩，保证升学率。另一方面，随着新课程改革在农村地区的深入实施，农村学校教师还面临新课程改革的挑战，即改变过分注重传授知识的倾向，培养终身学习的愿望和能力。调查中一位农村教师无奈地说："现在很纠结，既要学习和运用新课程理念，还要想方设法提高升学率，又要为新农村发展做贡献，真不知道怎么做才能完成这些任务。"这种高期望与高压力的并存使得农村学校教师难免陷于心有余而力不足、理念与行为相脱离的危机中。

二 当前农村学校文化的问题表征

农村学校文化的实然状态与城乡文化一体化、新农村文化建设、新课程教学理念的要求等存在着一定落差，产生了一系列冲突，具体表现在以下五个方面：

（一）差异显著的地域文化特征与城乡文化一体化要求的冲突

城乡文化一体化要求以城乡一体化的思维方式，着力改变文化领域的城乡二元结构，实现城乡文化权利平等、文化政策一致、文化资源共享，缩小城乡文化差距，促进城乡文化事业统筹规划、协调发展、共同繁荣。具体体现在农村学校中即要求农村学校教学既要传播优秀城市文化，又要继承和发展乡土文化，使城乡文化在教学中相互融合、相得益彰。但当前农村现有的文化特征与城乡文化一体化的要求存在着一定的距离，有时冲突明显。同时，不同地区的农村之间由于经济发展程度和生活环境的不同，学校文化也表现出显著的地域差异。城乡之间、不同农村学校之间的这种文化发展差距成为当前农村学校文化形态与城乡文化一体化冲突的表现之一。

（二）离农文化取向与新农村建设文化要求的背离

新农村文化建设需要大量有文化、懂技术并立志于服务新农村建设的富有乡土文化内涵的新型农村人。这就要求农村学校教育立足于农村经济文化社会发展实际，培养农村学生的文化根基，增强他们对农村文化的认同感、归属感和服务于新农村建设的责任感。当前随着农村城市化进程的加快，城乡收入的差距，大量农村人口流入城市，许多进入城市大学接受教育的人更不愿意再回到农村，他们之中的成功者更成为农村教育的典范和农村学生的榜样，这使得投身于农村文化生产和文化活动的人越来越少，造成农村文化人才的大量流失，这一现象导致的直接后果便是农村学校教学离农文化取向逐步突出，更注重为农村学生升学到城市学校进一步深造和将来工作做准备。这一文化取向与农村实现小康和建设新农村的任务不相适应，更与新农村建设的文化要求存在着明显冲突。

（三）升学至上的文化追求与新课程教学理念的脱节

新课程教学理念体现了素质教育的目标和要求，依据人的发展和社会发展的实际需要，面向全体学生，全面提高学生的基本素质，从学校和学生实际出发设计教学活动，使学生将外部教育影响自觉内化为自己的身心素质，实现全面发展。当前农村很多学校仍然推行应试教育，单纯为了应对考试、争取高分，鼓励学生考上大学甚至是重点大学，借以改变自己的社会生活和将来命运，学校利用一切可利用的资源狂热追求升学率，教学活动紧紧围绕中高考指挥棒展开。这种升学至上的文化追求与新课程教学理念相冲突，不利于学生的全面发展。

（四）封闭保守的文化氛围与现代新型教师文化理念的落差

现代新型教师文化是一种开放、合作的群体文化，强调以现代教育价值观为核心，与现代教师角色相适应。现代新型教师文化理念要求农村学校教师要走出孤立、封闭的文化拘囿，走向开放、合作的文化氛围。因为"合作给予教师之间开放、互信和支持，合作的态度不仅有利于资源共享，形成教育合力，而且可以促进合作团队中积极的人际关系和社会支持，缓解教师的工作压力"①。但是，当前农村学校教师长期生活在相对封闭保守的群体文化氛围中，在自我封闭的状态下各行其是、各自为战，这种封闭保守的文化氛围与现代新型教师文化理念相冲突，不利于教师专业化发展和教师合作意识、合作动机的培养。

（五）高期望与高压力的文化危机与安于现状的文化情结的对立

农村学校教师在长期的生活与教学中形成了安于现状的文化情结，主要表现为他们习惯于按照一套符合自己习惯和经验的、安全稳妥的方式和方法对待周围的人和事，喜欢过着平安和稳当的生活，对待教学表现出不同程度的得过且过思想，对待新课程改革表现出一定的惰性心理。当前农村学校教师面临的高期望与高压力的文化危机与安于现状的文化情结表现出明显的冲突，使农村学校教师处于进退两难的境地：一方面高期望与高压力的并存使农村学校教师承认新课程改革的新理念是先进的，是符合学生全面发展的，内心也渴望不断学习和创新，尝试新的教学理念和方式，提高自身的专业素质，另一方面却安于现状，不愿和不敢冒险，既不愿面对新的挑战，又害怕尝试新的方式会影响学生的成绩和升学率。

三　农村学校文化重构的路径

（一）以新农村建设为契机，根植于乡土文化自觉，明示农村学校文化的价值取向

在实现现代化的进程中，"大陆不可能走单一农村城市化的道路，必须同时进行新农村建设"②。文化在社会主义新农村建设中起着主导作用，要以新农村建设为契机，大力推进新农村文化建设，不断满足农民群众对文化生活的需求。农村学校是新农村文化建设的重要阵地，这就要求农村学校教育立足于乡土实际，综合考虑广大农民和农村学生多方面的现实的需要，重建和弘扬农村文化价值，树立农村学生对农村文化的自信心和认同感，逐步形成文化自觉。但是，"文化自觉是一个艰巨的过

---

① 吴薇、杜学元：《论我国文化变迁对教师专业化的影响》，《重庆邮电大学学报》（社会科学版）2007年第1期。

② 钱理群、刘铁芳：《乡土中国与乡村教育》，福建师范大学出版社2008年版，第14页。

程，只有在认识自己的文化，理解所接触的多种文化的基础上，才有条件在这个已经形成的多元文化的世界里确立自己的位置，然后经过自主的适应，和其他文化一起，取长补短，建立一个有共同认可的基本秩序和一套各种文化都能和平共处、各抒所长、联手发展的共处守则"①。要实现农村文化自觉，就需要首先明示农村学校文化的价值取向，发挥农村学校的文化堡垒作用，改变过去单纯为升学服务或单纯为当地农村发展服务的"离农"与"为农"的单一价值取向，重新确立既为提高学生基础素质服务，也为学生升学、就业及创业做准备的多元价值取向，使所有学生都能很好地适应社会的发展。

（二）以城乡教育一体化为背景，立足于农村学校文化再造，突出农村学校文化的特性

城乡教育一体化要求整合城乡教育资源，打破城乡二元经济结构和社会结构的束缚，构建资源共享、优势互补、动态平衡、双向沟通、良性互动的城乡教育格局，缩小城乡教育差距，促进城乡教育均衡发展、协调发展、共同发展。实现城乡教育一体化关键在于农村学校自身的改进和发展，农村学校文化再造是农村学校改进和发展的核心。"学校文化的再造是一个发展新的价值、信念、规范的过程；是一个变灌输中心教学为对话中心教学，变专制独裁关系为平等合作关系，变资源掠夺关系为资源共享关系的过程。"② 农村学校文化的再造要以城乡教育一体化为背景，既要传承农村几千年来形成的有价值的文化传统，又要与时俱进，以开放的心态接纳并吸收当前的多元文化，实现古今中外各种文化中精华元素的贯通。具体来说，即走出过去从城市文化角度研究农村学校文化，用城市学校文化来同化农村学校文化的误区，要在对我国城乡教育整体把握、观照全局的同时，深思农村学校文化应有的特质，从农村文化的发展入手来把握农村学校文化的定位。城乡教育一体化不等于城乡教育一样化，由于城乡之间天然的地域差异特征短期内不可能消除，并在一定时期内将长期存在，这就要求农村学校文化在适应城乡教育一体化发展要求的同时，保持自身的特点与优势，弘扬农村优秀传统文化，

---

① 费孝通：《文化与文化自觉》，群言出版社 2010 年版，第 195 页。
② 钟启泉：《课程改革的文化使命》，《人民教育》2004 年第 8 期。

突出农村自身文化的特性。

（三）以新课程改革为依托，着眼于农村学校文化更新，促进农村学校文化的转型与适应

新课程改革目标在于营造一个宽松的鼓励创造的文化环境和氛围，使教学改革发生于教师的教学第一线，发生于每一所学校。以新课程改革为依托，着眼于农村学校文化更新，就是要改变农村学校应试教育的现状，改变农村学校升学至上、趋于功利的文化追求，树立素质教育的目标，促进农村学校文化的转型与适应，即促进以往农村学校教学中形成的以升学为唯一追求的考试文化、优胜劣汰的竞争文化和安于现状的保守文化逐渐转型，使之与新课程教学理念要求的使农村学校教师逐渐形成开放合作、追求自身专业发展和能力提升、尊重学生主体地位、促进学生全面发展的积极文化相适应。具体来说，要求农村学校管理者从事务型领导转变为学习型、创作型和战略型领导，管理方式由执迷于控制转变为鼓励创造，营造合作的组织氛围。① 在教学目标上改变过去升学至上的应试教育目标，确立促进学生全面和谐发展的素质教育目标；在教学内容上既要保证实现国家对义务教育阶段学生规定的基本要求，又要联系农村实际，突出乡土特色，适当增加职业教育内容，为农村学生在提高基本素质的同时，或继续升学或选择就业和创业做好准备；在师生关系上农村学校教师在课堂教学中从知识的传授者转向学生学习的促进者和合作者，学生从知识的接受者转向学习的探索者和参与者，师生在此过程中开展平等对话、合作交流。

（四）以学习型学校建设为着力点，建立学习共同体，搭建农村学校文化繁荣与创新平台

学习型学校是与学校发展的较高层次阶段相适应的一种学校管理模式，与科层制学校相对应，学习型学校建设"关键在于组织成员间的组织学习，让组织成员融入组织学习中，进行对话，追求差异，挖掘信息，形成强大的学习动力，最后形成共识"②。学习型学校的学习主体是团队

---

① ［美］胡弗曼：《学习型学校的文化重构》，贺凤美译，中国轻工业出版社 2006 年版，第 6 页。

② 孟繁华、周举坤：《试论学习型学校》，《教育研究》2004 年第 12 期。

或学校本身，要求加强团队协作，学习内容除专业知识外，还包括人际关系和合作学习的方法。建设学习型学校需要通过建立学习共同体和促进知识流动来实现。这就要求农村学校教师之间加强交流与合作，增强教师团队的学习能力和整个学校的学习能力，并树立教师自我专业发展和价值实现的强烈愿望。具体来说，就是要建立能够适应学习型学校建设要求的农村学校文化，即走出过去封闭保守、安于现状的文化氛围，走向开放、合作、创新及积极实现自我专业发展的文化氛围，为农村学校文化搭建繁荣与创新的平台。农村学校要为教师提供不断学习的机会，建立学习共同体，促进教师之间进行合作学习、知识共享和反思对话，互相交流在教学中遇到的问题和挑战，交流他们的教学实践及反思，使教师在学习过程中保持竞争与合作的平衡，在合作交流中共同成长，形成以学为主、合作共享和积极寻求自身发展的新型的农村学校文化。

（五）以特岗教师工程为切入点，服务于教师专业发展，形成新型农村学校教师群体文化

特岗教师工程是中央实施的一项对西部地区农村义务教育的特殊政策，通过公开招聘高校毕业生到西部地区"两基"攻坚县县以下农村学校任教，引导和鼓励高校毕业生从事农村义务教育工作，创新农村学校教师的补充机制，逐步解决农村学校师资总量不足和结构不合理等问题，提高农村教师队伍的整体素质，促进城乡教育均衡发展。当前农村学校教师由于所处生活环境和文化氛围的相对封闭、保守，在工作中往往相互提防，对自己的长处秘而不宣，对自己的短处处处遮盖，形成封闭孤立的文化氛围；他们满足于按部就班的工作，视野仅仅局限于传统经验之中，缺乏创新意识，形成安于现状的文化情结；他们的专业发展需求没有得到最大程度的满足，在开发校本课程的意识和能力、教学的反思意识和能力以及行动研究能力等方面还比较欠缺，总体素质还不太适应新课程改革的需要。在这种情况下，农村学校应继续实施特岗教师工程，为农村学校注入新的师资力量，农村学校要充分发挥特岗教师的优势，如年轻，有活力，对工作有热情，自身起点高、接受过正规师范教育，知识水平和能力素养比较高，在培训上既可以缩短上岗时间，又能很快进入角色等，并推动整个农村学校教师专业发展和整体素质的提高。以特岗教师工程为切入点，服务于农村学校教师的专业发展，有助于农村

学校改变过去封闭保守、安于现状等与现代新型教师文化理念不相适应的文化形态和氛围，形成开放合作、勇于创新、追求自我发展的新型农村学校教师群体文化。

第三节 矛盾冲突与调适方略

随着城乡教育一体化的强力推进，农村学校文化的现实形态和问题表征将会逐步消解。但不容忽视的是，影响和制约农村学校文化转型的深层次问题逐步显露出来，随之产生的矛盾与冲突会更加激烈与持久。鉴于此，重新辩证对待城乡一体化与农村学校文化转型关系、深度聚焦与挖掘矛盾冲突根源，寻求破解方略，成为不可回避的研究难题。

一 城乡教育一体化对农村学校文化转型的要求

《国家中长期教育改革和发展规划纲要（2010—2020 年）》中正式提出"建立城乡一体化义务教育发展机制"，明确了当前我国发展城乡义务教育和处理二者关系的新价值追求，指明了农村学校改革与发展的方向。它虽言简意赅，但却内涵丰富，对今后我国农村学校教育发展会产生深远影响。一方面，它是对"城乡一体化"内涵的丰富与发展。自 2007 年党的十七大首次提出了"城乡一体化"的命题，2008 年党的十七届三中全会系统阐述了"城乡一体化"的内涵。在此背景下，"城乡教育一体化"的提出既是对"城乡一体化"的具体描绘，也是对"城乡一体化"这一宏观政策的积极回应，基于城乡一体化的总体目标，进一步缩小城乡教育差距，逐步实现城乡教育共同发展。另一方面，"城乡教育一体化"的提出也是对城乡教育统筹与均衡发展目标的完善与超越。由于我国城乡一体化建设分为初级、中级和高级阶段，与此相适应，我国城乡教育一体化进程也应有城乡教育差异发展、城乡教育统筹与均衡发展、城乡教育一体化发展三个主要历史阶段。① 城乡教育统筹与均衡发展阶段主要是针对教育的城乡发展不均、教育公平问题日益突出而提出的；城

---

① 刘海峰：《我国城乡教育一体化改革的若干理论问题》，《教育理论与实践》2011 年第 11 期。

乡教育一体化更侧重于将城乡教育看成一个统一的大系统，基于城乡一体的总体思路，发挥城乡各自优势，促进城乡资源共享，逐步实现城乡教育共荣互赢。可见，二者体现了国家在不同发展阶段对城乡教育问题的科学研判和制度回应。

学校教育的变革与转型最容易在学校文化中体现出来，城乡教育一体化的推进对农村学校文化而言，意味着一场文化的洗礼与重新定位，在这一过程中，它首先对农村学校文化转型提出了具体要求。

（一）厘清一体化的建设思路

一体化的建设思路不是指特定的具体的模式，而是指农村学校文化建设的整体思路，具有统摄全局的宏观性和方法论意义。它包括以下几个方面：其一，一体化发展思维。农村学校将文化建设视作城乡学校文化整体的一部分，共同发展，而不是自我孤立与封闭。其二，一体化培养目标。城乡教育一体化的本质是缩小城乡教育差距与促进教育公平，因此，农村学校与城市学校一样，其文化发展最终目标都是培养合格公民。其三，一体化发展途径。农村学校在尊重自身历史、突出自身特点的基础上，在制度文化建设、精神文化建设、行为文化建设和物质文化建设等方面与城市学校达成整体上的一体发展。

（二）坚持渐进式的发展模式

城乡教育一体化是一个渐进的过程，不能急于跃进，需要科学稳健地发展。与此相适应，城乡学校文化走向一体也必然要经历不同文化的碰撞与融合的过程。在此过程中一般也要经历几个不同的阶段，大致可经历被动适应期、主动调适期和自觉整合期。在每一个阶段都会有一个不同的目标指向，最终以城乡文化走向一体为目标归属。前一个阶段是后一个阶段的前提与基础，后一个阶段是对前一个阶段的总结与超越，三个阶段逐阶递进，有序并遵循着其渐进性的发展规律。同时，我们也必须谨慎地面对着不能忽视的事实是，城乡天然存在的差距将在一定时期内长期存在，城乡教育的二元机制亦不可能在短期内完全破解。城乡学校文化的互适、融合以及差异或特色发展也需要一定的时间，需要经历一定的阶段，具有长期性与复杂性，这就客观上要求农村学校文化的建设要坚持渐进式的发展模式。

（三）开展本土化的文化服务

城乡教育一体化要求农村学校开展本土化的文化服务，含义有二：其一，要求农村学校进行本土化文化选择。城乡教育一体化本身就蕴含着农村学校文化本土化改造的深意，它要求承认城乡不同学校文化的特点差异，尊重差异，鼓励农村学校根据自身实际情况创造性地探索有特色的文化发展道路，最终实现特色发展。同时，具有多样性的本土文化也极大地丰富了城乡教育一体化的内涵。其二，要求农村学校基于本土化文化改造进行本土化的文化服务。农村学校文化本土化改造应该是双向的，不仅仅局限于对外来文化的改造、调适与转化过程，更应该立足本校实际，挖掘农村丰富的历史素材与文化资源，创生具有自身特点和适合自身发展的文化过程。这就决定着其文化服务主要是弘扬乡土文化价值、培养学生乡土文化认同和开展不同层次的文化教育服务。从这一角度而言，本土化的文化服务也是农村学校文化的一个基本功能。

（四）突出超前性的价值引领

"超前"是指学校教育不但要承担传递人类已有文化的使命，而且要承担构建为未来社会培养新人的新型文化的使命。[①] 可见，学校教育使命的实现情况很大程度上取决于学校文化的发展状况。因此，农村学校一方面需要对原有的文化进行反省和重新评价，肯定其中先进的和有价值的元素，排除其中落后和过时的成分，甚至打破原有的文化格局；另一方面需要在新旧文化冲突与交融中，建构新型的与时俱进的文化机制。在我国强力推进的城乡教育一体化背景下，农村学校要建构适合城乡教育一体发展的文化。基于城乡一体文化，重构农村学校的教育目标、教育内容与教育方式，结合一体文化与地方文化的辩证关系，形成独特的具有乡土基础和农村特色的学校文化，这样的文化能够达成城乡学校的对话与共享，具有可持续的生命力。

二　当前农村学校文化面临的问题与冲突

（一）一体化建设思路与二元教育机制的冲突

城乡教育一体化要求农村学校文化要树立一体化的思维、一体化的

---

① 叶澜：《世纪之交中国学校教育文化使命之思考》，《教育改革》1996年第10期。

培养目标和发展途径等建设思路，要实现这些目标，就要意识到当前亟待破解的城乡二元教育机制对其形成的影响，易言之，城乡教育观念的不同、教育机会的不平等、教育资源的差距都会影响着一体化的建设思路。在一定程度上而言，二元教育机制成为城乡教育一体化的根本制度束缚，而要突破城乡二元教育机制并非一蹴而就，需要一个过程。因为城乡二元教育机制的形成有着深刻的社会与历史背景，"经济功能取向"的地方政府职能定位、"城市决定农村"的权力结构关系、农村产权缺失导致的城乡单向一体化、城乡区隔化的城市主流社会态度等表现，[①] 都是导致教育二元机制最终形成的重要影响因素。因此，城乡教育一体化所要求农村学校文化的一体化建设思路与现实的城乡二元教育机制产生的问题不可避免地存在着冲突。

通过对天津、河北等地区农村学校的走访调查得知，由于城乡二元教育机制的影响，一体化的建设思路存在着诸多需要破解的难题：其一，由于教育投入不到位、教育资源严重缺乏，导致一些农村学校在物质文化建设方面与城市学校距离越来越大，有些学校仅能维持基本的日常工作，教师专业发展、学校校园建设等方面则不能也无法开展。其二，由于教育观念、教育机会的不同，一些农村学校在精神文化建设方面显得相对乏力，"离乡脱农"文化取向越发明显。在对农村学校学生关于理想的调查中，有62%的学生"理想是考上大学，离开农村"，在这种文化取向影响下，农村学校的课程设计与教育内容的选择也以与农村生产生活实际相脱离的城市倾向文化为主，农村学校文化的自主发展与特色建设无从谈起。

（二）渐进式发展模式与跨越式变化的不适

城乡教育一体化自身的发展规律与城乡二元教育机制的存在决定了农村学校文化发展要走渐进式的发展模式，分阶段逐步发展与提升，逐渐与城市学校文化由差异发展到均衡发展，最终实现一体化发展。从这一角度而言，所谓的农村学校文化渐进式发展其实质是一种科学与稳健的发展模式。然而，由于我国农村学校布局调整和发展迅速的城镇化进

① 邬志辉：《城乡教育一体化的制度束缚与破解》，《华南师范大学学报》（社会科学版）2013年第1期。

程，其带来的跨越式变化对农村学校文化的渐进式的稳健发展形成了一定的冲击。这种变化与冲击主要体现在两个方面：其一，农村实行"撤点并校"，农村学校急剧减少，农村学生辍学率回升，在校师生数量锐减，文化建设主体受到削弱。其二，进城务工人员增多，农村学校留守儿童数量增多，其文化生活相对贫乏，文化教育培养难度相对较大。

根据 21 世纪教育研究院发布的《农村教育布局调整 10 年评价报告》，在 2000 年到 2010 年间，农村小学减少 22.94 万所，减少 52.1%；初中减少 1.06 万所，减幅超过 1/4。10 年间，农村小学生减少 3153.49 万人，初中生减少 1644 万人。除去农村人口出生率下降、学龄儿童减少、进城务工子女外流等客观因素，农村学生辍学率大幅回升也是不容忽视的客观事实。不容置疑，农村学校是农村文化传播、文化服务和文化发展的堡垒与中心，农村学校师生则是农村文化传播、服务和发展的主体。农村学校的快速减少和新学校配套设施的有待完善、农村师生的流失和留守儿童的增多无疑对农村学校文化发展形成一定的阻碍；进城务工人员增多，农村文化传承出现断层，农村社区文化面临荒漠的困境，也削弱了参与农村学校文化建设的力量，使农村学校文化建设后劲不足，这使农村学校渐进与稳健的发展模式面临着一定的挑战。

（三）本土化文化服务与现代化追求的剥离

城乡教育一体化也蕴含着农村学校文化现代化改造的意蕴。在城乡教育一体化过程中，农村学校将吸收先进的教育理念、教学方式、育人模式和评价机制，也将获得一定的物质资源和技术支持，进行现代化提升。这种现代化提升是学校发展过程中的一个升级阶段，也是学校发展进步需要持续追求的过程。但不可忽视的是，现代化提升与本土化改造需要同步进行。因为现代化与本土化虽然指向不同，也不在一个层面和维度上，但二者有着相互依存的关系。一方面，现代化提升要基于本土化改造。任何地区和学校进行教育现代化提升都必须经历教育本土化改造。农村学校文化建设亦是如此，在追求现代化的过程中，"不仅需要考量农村文化自身固有的价值元素，同时也要超越西方工业文明和城市文化的负面影响与消极因素"[1]。只有将那些外来文化根据自身实际情况进

---

[1] 赵霞：《传统乡村文化的秩序危机与价值重建》，《中国农村观察》2011 年第 3 期。

行消化与吸收，并从中探寻出一条适合自己的道路，才能实现真正的现代化。另一方面，本土化改造不排斥现代化提升。现代化程度越高，其本土化特色就越明显，其内涵越丰富。由此可见，现代化提升不能离开本土化改造，本土化程度影响着现代化进程，进而也影响着城乡教育一体化的进程。

现代化提升与本土化改造相互依存与相互影响，并不意味着二者始终能同步发展。在当前城乡教育一体化过程中，由于历史传统、思维范式等因素的影响，存在着盲目追求和过度推崇现代化，而忽视本土化改造的现象。笔者通过对天津、河北等地区农村学校的调查发现，一些农村学校非常注重在校舍、教学设备与资源等硬件方面的更新和投入，急于追求表面的现代化，对学校传统文化、办学理念等软实力方面关注不够。学校大力引进与推行城市文化，忽视对其的改造和本土优质文化的提炼，导致文化服务缺乏本土效应，造成现代化追求与本土化改造和文化服务事实上的剥离。

（四）价值引领的超前性与原有文化的保守性的错位

文化的超前价值引领功能体现在对现实文化的超越，预见未来，指明前进的方向。它代表着文化发展的趋势和潮流。同时，它也含有对旧文化的否定，对不合时代的旧有文化制度和文化观念进行革新，其目的是为了促进新型文化的生成和发展。但这种超前性有时不会一帆风顺，它会受到原有文化观念和机制的抵触和阻挠，曲折前进甚至停滞不前。在城乡教育一体化进程中，农村学校新型文化的超前性与原有文化的保守性相遇，新型文化的引领功能受到消解，但旧有文化的阻碍与滞后效应却凸显，导致二者功能的错位。

笔者通过调查得知，当前农村学校文化受其传统惯习、地域和信息资源等因素影响，再加上农村学校文化与自身乡土情怀有着不可分割的亲密性，对其他外来文化具有一定的天然敏感性和排异性，因而表现出相对保守的一面。这种相对保守的文化形态使得农村学校长期处于相对封闭和保守的视野下，学校师生固守着自身原有的心理状态，逐渐形成安于现状的文化情结，缺乏创新的激情。在这种状态下，文化超前的价值作用受到一定影响，其引导功能也无法有效彰显。

三　农村学校文化转型发展的调适方略

（一）构建文化共同体，消解二元机制束缚

在城乡教育一体化发展进程中，农村学校要构建文化共同体，按照一体化思维来开展建设。其一，遵循整体性布局。农村学校要将文化发展与建设放置到一个大的文化系统中，树立城乡一盘棋的系统思想，并保持各自的优势和特色，既不是消灭农村文化，也不是削弱城市文化，而是要改变重城抑乡的二元思路。其二，尊重多元性发展。农村学校文化发展目标应该具有多元性，特别是鼓励开发一些具有地方民族特色和乡土特色的文化。其三，秉承包容性原则。中华民族5000年文明与文化绵延持续的一个重要原因就是文化的包容性。它既包括对本地多元文化的整合与借鉴，也包括不同文化之间的交流与互动。当前农村学校要依托文化共同体开发乡土文化，加强城乡文化的交流与互动，实现城乡文化资源共享。

构建一体思维的文化共同体的同时，还要采取一定措施有效消解城乡教育二元机制的束缚。由于长期以来形成的城乡二元经济社会结构，人们已经习惯于把城市和农村看作两个相对独立的系统，对城市和农村学校教育问题也加以区别对待，形成了事实上的城乡教育二元机制，严重阻碍了农村学校教育与文化的发展。当前，农村学校要抓住城乡教育一体化建设的有利契机，依托政策优势，转变观念，主动寻求和尝试解决方案与对策，充分利用现有资源，发展适合城乡教育一体建设的农村学校新型文化。

（二）坚持渐进式发展模式，建立科学稳健的转型机制

农村学校文化的特色发展与建设一般都要经历酝酿阶段、起始阶段、成长阶段和成熟阶段，因此，坚持渐进式的发展模式，尽量避免跨越式变化带来的各种影响显得尤为重要。为了更好地坚持渐进式的发展模式，需要建立与之相适应的科学稳健的转型机制，这也是农村学校特色文化打造的基础和学校特色文化形成的支持性条件。其一，建立文化濡化和涵化机制。农村学校既要传承优秀传统文化，又要以开放的心态接纳并吸收外来多元文化，更要注重传承乡土文化价值，在本土传统与文化多元之间寻求平衡的价值理念，保证文化的传承、守正、创新和与时俱进。

其二，依托差异合作，发展特色。城乡学校和不同农村学校之间的文化差异是客观存在的，要正视和尊重这些差异，进行差异合作。每所参与合作的学校既是优质文化资源的提供者，同时也是公共资源的分享者。农村学校在差异和特色基础上进行合作，利用自身优势资源，形成自身发展特色。其三，利用政策优势，优化资源与吸引生源。利用城乡教师定期相互流动或双向流动机制的契机，优化农村学校师资队伍，吸引优秀大学毕业生到农村学校支教和任教，形成人才支持网络。在此基础上，整合优质资源，改善办学条件，丰富留守儿童的文化生活，吸引学龄儿童入学和减少辍学率。在可能的情况下，带动和辐射周边农村社区文化生活，拓展农村学校文化发展与建设的支持系统。

（三）强化本土化文化服务意识，彰显现代化改造意蕴

在城乡教育一体化进程中，本土化的文化服务是农村学校文化建设的义不容辞的使命。其一，弘扬乡土文化价值。农村学校在吸收城市流行文化的同时，更要传承乡土文化，挖掘乡土文化特色，弘扬其价值，在平等的基础上追求差异化发展。其二，进行乡土文化认同教育。乡土文化教育与城市文化教育相对应，与农村文化教育相关联，与地方传统文化教育相衔接。教育内容既包括对具有地方特色的自然和人文景观的传承，也包含人与人、人与自然交互作用而衍生出来并得以长期传承的有形和无形、物质和非物质文化。通过教育，培养农村学生的乡土文化认同感。其三，开展不同层次的文化教育服务。村民子女接受教育的现实需要并不是唯一的，大体有三种，"一是升学，改变农民身份；二是掌握些文化知识，以应生活之需；三是学得一技之长，作为谋生的手段"①。因此，农村学校在发展普通文化教育的同时，也应适当增加一些职业技术文化课程和民族特色文化知识。这样，既为继续升学的学生基本素质的提高打基础，又可以为就业和追求自身发展的学生做好准备，同时也体现"多元一体化教育方向发展是社会发展的必然趋势"②。

---

① 王本陆：《消除"双轨制"：我国农村教育改革的伦理诉求》，《北京师范大学学报》（社会科学版）2004 年第 5 期。

② 王兆璟、易晓琳：《理念自觉与政策自觉——美国多元文化教育理论与我国民族教育理论的行动路径》，《西北师大学报》（社会科学版）2008 年第 5 期。

农村学校本土化文化服务离不开现代化改造与提升。现代化改造是指对传统教育的改造和超越，使其向现代教育转化①，这个转化是一个整体的进步过程，既有对传统教育文化的继承和改造，也有对现代先进思想和技术的吸收与选择。可见，真正的本土化文化服务是高度现代化的教育文化思想和实践的凝练，也是现代化成果的转化与应用。因此，农村学校既要强化本土化文化服务意识，又要注重现代化改造，本土化提升与现代化追求是当前农村学校文化建设与发展的双重选择。

（四）开展实验践行超前理念，推行改革消除保守观念

理念是行动的先导，有了超前和科学的理念，才有可能造就有特色的学校文化。但超前的理念不能仅仅停留在人们的观念层面，需要通过系统实验来加以逐层转化，通过实践来检验理念的科学性和先进性。农村学校要牢树特色文化品牌发展的战略性理念，充分发挥其价值引导功能，带动学校在精神文化和物质文化建设方面不断发生质的变化。例如，山东省苍山县车辋镇中心小学基于苍山县总结的"三种境界、四个系统"的学校文化建设模式，本着"质量立校、铸造精品"的理念，始终坚持"读书立品、格物追真"的校训，突出"扎根苍山，立足多元；发掘潜力，彰显个性"的办学特色，在先进办学理念的引领下，经过多年的全力打造，先后被授予"山东省规范化学校""山东省素质教育先进单位"等称号，② 成为农村学校文化创新实验的成功典范。

为了保证创新实验的顺利进行，农村学校还要从内部改革学校管理模式，转变文化结构，构建有利于变革的文化生态环境，逐步消解封闭保守观念的影响。相关实践表明，建设农村学习型学校就是最有效的方法之一。学习型学校是与学校发展的较高层次阶段相适应的一种学校管理模式，与科层制学校管理相对应，构建新型的组织结构和知识载体是关键，将学习转化为全体成员的共同职责，并与工作不可分割地联系起来，实行扁平化管理，目的是凝聚学校的核心精神——共同愿景。因为一所学校的生存与发展并不仅仅是由物质条件和师资水平所决定，学校

---

① 顾明远：《关于教育现代化的几个问题》，《中国教育学刊》1997 年第 3 期。
② 王彦锋：《学校文化建设实用范本》，福建教育出版社 2011 年版，第 227 页。

发展的关键指标——学校的核心精神，往往起着重要的作用。① 通过这种组织模式的变革，逐步引导农村学校师生转变原有保守观念，克服固有的文化惰性，逐渐走出乡土情结误区，树立自主发展和自我价值实现的强烈愿望，进而创造出相对开放、合作、创新与包容的文化氛围，这是农村学校文化转型和实现城乡一体文化的基础与保障。

---

① 孟繁华、周举坤：《试论学习型学校》，《教育研究》2004 年第 12 期。

第 九 章

我国农村学校文化转型：机理与选择

一切事物的进步都要遵循一定的发展机理，它是事物发展变化的运行规则与原理。农村学校文化的转型也要遵循文化发展机理，并通过它来逐步破解表层的问题困惑和消解深层的矛盾冲突。因此，探求学校文化转型发展机理和选择正确发展路径是当前农村学校文化转型的根本任务和终极追求。

第一节　农村学校文化转型的发展机理

从组织文化的视角来分析学校文化，并探求其发展机理，是农村学校文化转型研究的视角突破。它从立体的角度来透析学校文化的结构，勾勒其内部关系和描绘其相互作用状况，并探求新的发展路径，将学校文化转型研究推向一个新的高度。

一　学校文化结构及其转型发展机理

（一）学校文化的结构

学校文化作为文化系统中一个重要的亚文化分支，是一个内部层次复杂、体系相对完整的系统。从文化结构的视角来看，其由观念层、制度层和符号层构成。

观念层。观念层是学校文化的核心层，是学校成员共同遵循的理念。纵观学校文化内涵的发展进程，无论哪个阶段，对学校文化的界定都没有脱离观念层的描述，特别关注学校成员价值观的选择与塑造，体现着观念层文化的核心地位。

制度层。制度层是学校文化的中间层，包括学校成员之间的生活规则、学校管理运行模式等。如果说观念层是学校文化的核心和灵魂，那么制度层则是学校文化的制度保证，它起到承上启下的作用，既是对学校核心价值观念的具体化，也规范着符号层文化的发展。

符号层。符号层是学校文化的表层，包括学校中的各种外在符号，如视觉符号的校徽旗帜、校舍校服，听觉符号的校歌校训，行为符号的仪式典礼等①，在学校日常的教育教学和组织管理工作中形成并表现出来。学校符号层文化最容易被感受到，也正因如此，学校符号层文化建设有时与"校园文化建设"相等同，实际上这也成为"学校文化"与"校园文化"相互混淆的原因之一。

由上可知，核心的观念层、中间的制度层和表面的符号层三个层面构成了一个同心圆结构。由内而外，学校文化的观念得以层层表征，以越来越具体的形式外化出来；由外到内，各层次都反映着观念层的文化内涵。如图 9—1 所示。

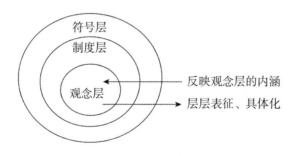

图 9—1　学校文化的同心圆结构

（二）学校文化结构的发展机理

学校文化的发展必然涉及三个层面的相互转化，在动态的过程中实现更新与进步。

1. 观念层文化的转型发展机理

学校观念层文化作为学校文化的核心，是学校文化内涵的集中体现，

---

①　李敏、万正维：《城乡教育一体化进程中的文化建设初探》，《成都大学学报》（教育科学版）2007 年第 4 期。

它以潜移默化的形式作用于学校成员的思维方式和行为习惯。观念层文化的发展既受到外部因素影响，也受到内部因素的制约。外部因素包括社会因素和文化自身流变。文化作为一种历史现象必然受社会因素的影响，是社会的政治经济在观念上的反映。学校不能脱离社会而存在，学校文化也不可能摆脱社会的影响。文化流变表现在文化交流与文化变迁两方面，前者是文化的横向发展，导致不同地区和民族文化的碰撞与融合，有助于文化的变异与创新；后者是文化的纵向进步，推动新旧文化不断更迭与沉淀，影响着学校观念层文化的发展。内部因素包括文化实践的成效和学校文化主体的现状。学校文化实践的成效与问题大多反映在制度层与符号层，但它们直接影响着观念层文化的调适与转型。文化主体的办学理念、工作作风，教师的教育观、人才观和学生观，学生对学校或对知识的认识等都直接影响着学校的观念层文化塑造。这些因素相互作用，推动或阻碍着学校观念层文化的发展。

当现有的学校观念层文化不能适应和满足内外部影响因素的时候就会引发观念层文化的转型。学校立足当前的社会政治经济状况以及社会文化影响，结合学校文化实践现状和文化主体的特点，扬弃学校文化传统，规划学校发展愿景，冲破传统观念的束缚，重新确立起学校观念层文化的理想模式，生成一种新的学校办学取向和教育取向。学校观念层文化的转型总是在动态的过程中不断寻找一定的平衡，在平衡无法维持的情况下开始新的变革。调整转型后的学校观念层文化能够较好地适应学校文化发展的内外部因素，实现了暂时的平衡。

学校观念层文化的发展机理如图9—2所示。

2. 制度层文化的转型发展机理

制度层文化作为学校文化的基础，它承接观念层，将高度凝练的理念物化为具体的管理制度和组织模式。学校制度层文化的发展机理如图9—3所示。

制度层文化的转型需要在深入理解观念层文化的基础上，建构起制度层文化的理想模型，力求通过具体的实施策略和保障制度践行观念层文化新理念。该模型涉及学校的管理领域，表现为一系列管理制度的重新确立，以及学校组织模式的变革。学校的组织模式涉及教育教学领域和学校师生的发展领域，表现为一种文化格局的重新塑造。在实践中，

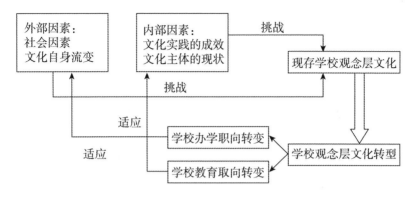

图9—2　学校观念层文化的转型发展机理

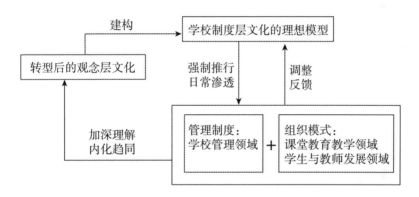

图9—3　学校制度层文化的转型发展机理

可以通过多种途径如宣传教育、领导示范、实践改进、环境渲染等将理想模型渗透到学校中，也可以通过制度规范、文件章程等形式在学校范围内强力推行。理想模型在现实的运行中必然产生各种各样的适切性问题，及时反馈并对制度层文化的理想模型予以调整，使得理想与现实达到一个动态平衡，起到相互协调的作用。

制度层文化的发展需要经历一个从"外在制度文化"向"内在制度文化"转变的过程。所谓"外在制度文化"通常是在学校文化转型的起始阶段，并在很长一段时期内存在的带有约束性的文化，主要表现为制度规范与文件章程等。所谓"内在制度文化"是指经过长期文化适应之后，学校成员对规章行为制度等有了认可和接受，这时就会将"约束"转化为"自觉"，将个人行为方式与学校价值观念内化趋同，制度文化的强制性减弱，更多表现为约定俗成的习惯，反过来加深了对学校观念层文化的理解。

3. 符号层文化的转型发展机理

符号层文化作为学校文化的外在表现，是一种可观可感的客观存在，体现着制度层文化的设计方案，反映着观念层文化的理念内涵，是学校文化存在和发展的物质基础，是学校主体对象化活动的结果。符号层文化发展机理如图9—4所示。

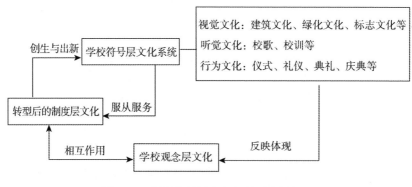

图9—4 学校符号层文化的转型发展机理

学校符号层文化是一个庞大的整体，表现为多种不同类型的文化符号。如视觉文化包含学校的建筑文化、绿化文化和标志文化（如校服校徽校旗）等；听觉符号包含校歌校训等；行为文化包含仪式（如少先队入队仪式）、礼仪（如校园礼貌）、典礼（如毕业典礼）、庆典（如"六一"儿童节晚会）等。不同类型的文化符号，从制度层文化中创生提炼出来，又反过来服务于制度层文化的建设，体现着它的变革需要，进而观照着观念层文化的理念内涵，形成一个联动的循环作用机制。

二 农村学校文化结构现状透视

基于对学校文化结构与发展机理的理解，结合笔者对天津、河北、山东等地农村学校文化的实地考察，梳理了在城乡教育一体化进程中农村学校文化面临的共性难题，并加以分析，以求促进农村学校文化结构的优化与发展。

（一）农村学校观念层文化

1. 办学取向应试而非发展

农村学校在办学取向上更多地关注学生的升学率，具体表现在对"高分数"的追求和期待。这样的办学取向在学校的课程设置、课时安排、校规校纪等方面表现得更为直接。有些农村学校在课程安排和设置上重视基础学科的学习，对不影响升学科目的课时有缩减或取消的现象，诸如体育、计算机等课程时常被其他课程替代。校规校纪方面的内容也多涉及学生的作息时间和学习要求，应试目的集中明确，自然对学生个性发展的关注就相对较少。

2. 教育取向唯城市化而非兼顾乡村自身

农村学校虽然身处乡村，但在授课内容、课程资源等方面却"文化离农"，在城乡一体化的进程中唯城市化倾向明显。例如，笔者走访的乡村小学几乎都与城市小学一样，使用的是六年制人教版教材，除此之外并没有开设面向优秀乡土文化的校本课程。农村学校没有很好地挖掘乡土文化浓厚底蕴的空间，处处效仿城市却丢掉了自身的个性和优势，面临着严重的文化困境。

（二）农村学校制度层文化

1. 教师工作日渐程序化，尽职而非尽责

农村学校的教师队伍规模较小，且年龄、学历、职称参差不齐。例如，山东某乡村小学，全校24名教师需要负责来自学区11个自然村的445名学生的日常教育教学工作。有的教师要负责两个年级、共计6个自然班的教学任务，同时负责学生的安全保卫和学校秩序的维持。教师的日常事务非常繁忙，教师的创造性劳动沦为简单的机器化运作程序，尽管在教学和管理上保证了稳定有序，但整个教师队伍压力较大，工作上虽能尽职，却未能尽到一个好教师应有的育人之责。面对新课程改革对学生综合素质的提升要求，乡村教师感到无助乏力，培养个性化发展学生的重任对乡村教师来说是一个巨大的挑战。

2. 管理模式面临僵化，有序而非高效

农村学校在当前学校的组织管理结构上较多采用科层制的管理模式。

例如，管理模式从上到下分为校长层、年级层和教师层，教师层内部也有不同的等级，如学科组长、年级组长、普通教师等。这种金字塔式纵向的管理结构比较传统，稳定有序，自上而下的统领关系使得工作安排得以顺利进行。然而，严密的上下级关系阻碍了成员之间的人际交往，处理突发事件时的弊端也较为明显，管理模式有序但非高效。

（三）农村学校符号层文化

1. 学校典礼和仪式活动因袭传统而非锐意创新

学校典礼仪式作为学校的行为符号，承载着学校的历史，是学校文化内涵传承发展的重要载体。一些农村学校的典礼仪式主要有新生开学典礼、每周的升国旗仪式、少先队员入队仪式以及每年的"六一"儿童节演出等。这些典礼仪式因因袭学校历史传统得以保存，以全校为规模在历届学生中进行。除此之外并没有开展以年级或班级为单位进行的仪式活动，学生对学校典礼仪式的参与度不高，积极性不大。可见，对外在文化符号建设漠然无为，未能利用好乡村优势出奇出新，无形中给农村学校文化发展带来了很大的危机。

2. 校园建设漠然置之而非物尽其用

农村学校由于教育资金投入受限等客观现状，短时期内无法构建和城市学校一样的教学楼与绿化带。不仅如此，在微观的校园环境建设细节上也欠缺针对性考虑，例如，学校"文化宣传栏"的设置是为宣传学校文化服务，却因欠缺合理布置和后期管理变成了一块尴尬的废弃栏，没能做到积极挖掘乡土文化的优秀成分物尽其用。与城市学校相比，农村学校有更多机会面向传统乡土文化，如果善于从传统乡土社会中汲取营养，保存、完善、发扬优秀的乡土文化，必然能从中受益。然而调查发现，当前农村学校似乎并没有很好地利用这一优势，表现出漠然不过问与消极无作为。

三 基于文化转型发展机理的路径优化

城乡一体化将城乡教育看成一个统一的教育共同体，强调优质教育资源的城乡学校共享，发挥城乡学校各自的优势与特色，实现城乡学校人员、信息、资源等各方面的相互流动，这为农村学校文化结构的更新与发展孕育了无限的生机与愿景。

（一）规划发展愿景，重塑观念层文化

城乡一体化的推进为农村学校带来新文化气息的同时，也使其面临着新旧文化的冲突，具体表现在学校观念文化层面。由于农村学校在长期的历史积淀中形成的文化往往具有相对稳定性，对它变革和转型的阻力会相对较大。很多农村学校文化的改革很少甚至根本没有触动观念层，导致一些看似轰轰烈烈的改革并未实现真正的文化转型。文化转型与发展绝不仅仅是文化形式的局部调整或累积叠加，它必须经历不同文化内质的转换和替代，即文化观念层内部的革新。因此，只有变革了观念层文化的改革才是真正的文化改革，在学校文化转型的过程中，应该把更新观念层文化作为学校文化转型的核心。

当前在农村学校，应试和唯城市化观念是阻碍学校文化转型的两座大山。学校应遵循城乡一体的教育思维和发展路径，重新确立观念层文化。其一，办学取向上立足学生本位，变应试为发展。城乡一体化背景下，农村学校办学价值取向与城市学校一样，以发展人与培养合格公民为目标，重视学生全面发展。其二，教育取向上立足特色学校构建，打破唯城市化倾向，向乡土文化开放。城乡一体化要求城乡学校基于自身特色的一体发展，并非绝对意义上的同质与同步发展。农村学校更贴近乡土社会，从乡土生活中汲取营养挖掘特色就显得更为重要，因此必须向乡土社会敞开大门，由向城市倾向转为向乡土开放。

（二）构建新型文化格局，创新制度层文化

制度层文化在学校文化建设中有着举足轻重的地位，但许多农村学校文化的建设都面临着一种过度"务虚"的尴尬困境：过分注重更新观念层文化，没有从制度层落实到位。这启示我们，应该不断思考"我们将要创设的文化格局是不是基于学校发展的需要，能否反映观念层的文化定位，在实际操作中能否适应学校现有的变革能力"① 等若干问题。通过不断反馈和调整，力求制度层文化建设不脱离观念层文化的导向，确保制度层建设的成果服务于观念层文化的革新。只有这样才能保证制度层文化在学校文化转型中的基础和载体作用。

城乡一体化给原有学校制度文化带来了挑战，构建新型制度层文化

---

① 易丽：《文化生成：营造学校发展"新生态"》，江苏教育出版社 2011 年版，第 56 页。

格局，并在实践中务实践行是促进学校文化转型的关键所在。其一，培养有责任、有素质和有活力的教师群体。教师是学校对外展示的旗帜，他们能够以卓越的人格和学术成就作为学校内部成员的榜样。因此，新型学校文化格局中教师队伍建设十分重要。其二，构建学校非行政性组织。"由教师以研究、改进工作和自我发展为宗旨，通过自愿组合而形成非行政意义的组织"①，这样的组织能够增强教师群体的向心力，提高对教师角色的自我认同，对学校的校风建设具有重要的积极意义。其三，构建平面化管理制度，加强组织融合。"制度是为建立必要的秩序而产生而存在的，为了秩序的形成与保持，制度会对人的行为产生制约，但是制度并不限制人的创造与发展，而是为了人更好地发展而规范人。"② 因此，学校应逐步改变科层制管理模式，实行平面化管理，适当将管理权限下放。这样可以更好地调动教师的工作积极性，提高工作效率，也能够消解中层机构冗职或过劳的弊端，是一种值得推广和借鉴的创新。

（三）利用乡村本土优势，彰显符号层文化

苏联教育学家苏霍姆林斯基曾说："教育的艺术在于，不仅要使人与人之间的关系、成人的榜样和语言以及集体里精心保护的种种传统能教育人，而且也要使器物——物质和精神财富——能起到教育作用。"③ 这里实际强调了学校符号层文化在彰显学校文化理念上的重大作用。同时，"人是物质文化的受用者，不管其自身是否意识到，环境中的人时时刻刻在特定的环境中受到熏陶和感染"④。正因如此，学校符号层文化的建设容易受到过度重视，走进一种误区，即把物质建设等同于文化建设，简单地认为物质建设越好，学校文化就越先进。作为学校文化构成的最外层，符号层文化确实体现着所有层面文化变革的成果，一经建设能在最短时间里收获最明显的效果。但是，过度重视和盲目建设符号层文化而忽视其内在的文化理念，其结果必然只是徒有其表，无法真正实现文化转型。

---

① 叶澜：《新基础教育论——关于当代中国学校变革的探究与认识》，教育科学出版社2006年版，第350页。

② 杨小微：《转型中的学校组织变革与制度》，《基础教育》2006年第3期。

③ ［苏］苏霍姆林斯基：《帕夫雷什中学》，教育科学出版社1983年版，第122页。

④ 姜永杰：《论学校物质文化》，《南京邮电学院学报》（社会科学版）2001年第4期。

　　城乡一体化进程中，农村学校要充分利用乡村资源优势，加强乡土性凝练，开发校本文化，展现农村学校独有的乡土文化价值和校本文化内涵，彰显符号层文化。学校应本着"无中生有，有中出新，互通有无"的原则，实现符号层文化转型。"无中生有"是指学校应积极作为，弥补学校符号层文化建设无为的现状，挖掘文化新生点。"有中出新"是指弘扬新文化要对旧文化辩证地扬弃，对学校原有的符号文化加以改造和创新，营造新的面貌。"互通有无"是指农村学校之间、农村学校与乡村之间、农村学校与城市学校之间的交流沟通。敞开校门，让乡村文化走进校园，培养学生对学校、对乡土文化的认同感和归属感。学校还要充分利用城乡资源相互流动的契机，积极美化学校环境、创新典礼仪式、生成校歌、凝练经典校训等具有标志性的符号层文化，并逐渐彰显其特色。

　　综上，城乡一体化进程中，农村学校文化的发展与转型是一个由内而外的长期而艰巨的过程。它以观念更新为先导，突破原有理念束缚；以制度建设为平台，变革文化组织和制度体制；以文化符号重塑为切入点，转变文化的外在形态。经由这一动态整合的过程，农村学校文化才能由内而外地更新与进步，适应城乡一体化进程。

第二节　农村学校文化的本土化选择

　　依据学校文化转型发展机理，结合农村学校文化现状，同时借鉴邹平教育模式对农村学校发展的文化启示，在我国城乡教育一体化积极推进的背景下，农村学校文化应该选择本土化发展道路，这是当前农村学校文化转型发展过程中的不二选择。

一　教育本土化与城乡教育一体化

　　教育本土化相对于教育国际化或教育一体化而言，一般指教育要基于本国、本民族或本地区的实际而进行的改革实践活动。其内容有二：一是外来文化理念与教育理论在本土被批判、改造、认同与转化的过程；二是立足本土实际，因地制宜、挖掘和彰显本地特色内涵，生成与创造本土理论与文化的过程，这包括对我国传统思想文化和教育观念的选择与更新。可见，教育本土化路径不是单向的，而是双向的，即由外及内的本土化和由内及外的本土化。教育本土化中的"本土"是一个区域性概念，也是一个相对发展性的概念，不同语境指向范围不同，可以指一个具体国家，也可以指一个特定地区。在城乡教育一体化背景下聚焦农村学校文化本土化选择问题，这里的"本土"指的是乡村地区；"本土化"是指农村学校要依据乡村的文化背景和现实生态，挖掘乡村丰富的文化资源与历史素材，并诠释、吸收和应用城市文化和国外文化的先进精髓，创生具有自身特点和适合自身发展的文化过程。

城乡教育一体化其实质是教育的城乡一体化，一体化不等于一样化，它是保持城乡教育各自优势和特色的一体化。因此，城乡教育一体化需要农村学校本土内涵的彰显。"在城乡教育一体化过程中，要承认城乡不同区域、不同学校的特点差异，尊重差异，彰显差异，鼓励城乡学校根据各自的实际情况创造性地探索有特色的发展道路，最终实现特色发展、优势互补、整体提升。"① 我国城乡教育有其各自的发展空间与文化积淀，因承载着不同的文化而拥有不同的特性。城乡天然的差异短期内不可能消除，在此基础上形成的城乡学校文化差异也将在一定时期内长期存在，这就要求在城乡教育一体化视野下，农村学校要突出自身本土特性，凝练和彰显乡村本土文化内涵。因此，城乡教育一体化蕴含着农村学校本土化的深意，本土化成为农村学校文化发展的首要选择。

城乡教育一体化为农村学校的发展提供了更远大的前景和更宽阔的视野，也为农村学校文化的本土化选择提供了有利的契机和广阔的空间，有助于城乡不同文化的彼此理解与相互吸收，也有利于城乡资源的双向流动与共享。从这一角度而言，城乡教育一体化是农村学校文化本土化的拓展与延伸。农村学校文化本土化的彰显构成了城乡教育一体化的丰富性与多样性的内涵，正是这种多样性和丰富性才能使城乡教育均衡发展成为可能。可以说，农村学校文化的本土化是城乡教育一体化建设的出发点和追求目标。易言之，如果没有农村学校文化的本土化，就没有城乡教育的各自优势与特色，就不可能真正实现城乡教育一体化。

---

① 褚宏启：《教育制度改革与城乡教育一体化——打破城乡教育二元结构的制度瓶颈》，《教育研究》2010 年第 11 期。

二　本土化缺失与农村学校文化的发展困境

本土化是农村学校发展的必经阶段。本土化融于过程之中，"是外来文化与本民族传统文化相互沟通、融合的过程；是外来文化及传统文化改变自己的初始形态以适应社会文化发展要求的过程；也是两种不同的文化发生碰撞必然要出现的一个阶段"①。在农村学校文化选择与建设过程中，"不仅需要考量乡村文化自身固有的价值元素，同时也要超越西方工业文明和城市文化的负面影响与消极因素"②。只有将那些外来文化根据自身实际情况进行消化与吸收，并从中探寻出一条适合自己的道路，才能实现真正的本土化。本土化程度高，域内外文化就会相互补充、相助相长和相得益彰。反之，如果本土化程度不高或被淡化，很可能使外来事物水土不服，难以入乡随俗而发挥效用。

考察我国教育改革与发展历程发现，农村学校文化由于缺乏本土化改造而不同程度地陷入发展困境。我国早期教育改革的尝试出现在清末时期，具体体现在科举制的废除和一系列新式学堂的创立，如清政府1862年设立了京师同文馆，1898年设京师大学堂，传授西式知识。这些新式学堂的设立在教育领域表现出了一定的现代性，这些都是早期中国教育向现代化改革的萌发。然而事实上，在此转型过程中，广大的乡村成了被遗忘的角落。科举制的废除，乡村学子仕途之路被阻断。由于新式学堂的冲击，传统乡村私塾教育基本处于瘫痪，所谓的新式学堂"不仅没有很快取代私塾成为乡村的主导教育模式，而且长期难以得到乡村社会的认同，各种形式的教育冲突也随之频频发生"③。这样的结果说明新式教育由于缺乏本土改造而无法在乡村立足，但导致的严重后果是传统乡村教育亦处于失常状态，农村学校文化的创造与传承受到影响，并开始处于危机中。20世纪二三十年代，由于受西方新教育思潮的影响，我国的教育改革均是借鉴西方发达工业国家的模式，这种对教育体制的移植出现了许多弊端，在中国乡村社会之中反应尤为强烈，也导致乡村

---

① 郑金洲：《教育文化学》，人民教育出版社2002年版，第374页。
② 赵霞：《传统乡村文化的秩序危机与价值重建》，《中国农村观察》2011年第3期。
③ 田正平：《清末毁学风潮与乡村教育早期现代化的受挫》，《教育研究》2007年第5期。

和城镇之间的差异更为明显。中等以上的学校主要集中在城市，农村学校一般只设立小学，乡村受教育的机会受到严重限制。在国内，以陈独秀、李大钊等为代表的先进知识分子对传统教育进行了全面而又彻底的批判，从根本上动摇了儒家思想的统治地位，触及了传统文化教育的核心所在。本土改造的缺失和对传统儒家文化彻底批判的趋势，导致农村学校文化出现了城市化的发展倾向，失去了自身的地位和发展方向，农村学校文化再次处于发展危机中。

当前，随着城乡教育一体化进程的不断推进，大量从国外引进的办学理念和办学方法涌入农村学校，其中很多学校就是以城市学校为模板，课程设置和教学内容选择上，盲目追求所谓的城乡教育一体化，许多农村学校脱离乡村实际需求和本地实际情况，导致农村学校文化发展过程中缺少乡土文化的支撑，造成"乡村学生在成长过程中缺少接受本土文化教育的机会，又在客观上接受了大量非本土化的东西，必然导致其本土化情结的淡漠"①。这就是本土化缺失或本土化程度不高的直接结果。究其原因有二：其一，缺乏对城乡教育一体化的全面理解。简单认为城乡教育一体化就是要实现农村学校的现代化，而又盲目追求和过度推崇物质现代化，忽视了本土化改造。通过对天津、河北部分农村学校的调查发现，一些农村学校在学校文化建设过程中，简单认为在教育教学的物质方面加大投入，如校舍、教学设备等硬件方面不断高标准改善就可以实现教育一体化了，忽略了对学校文化、教学理念等软件方面的本土改造与提升，而这些正是决定能否实现教育一体化标准的重要影响因素。很多农村学校的教育资源偏向城市化，教学内容、方法、教材、评价等盲目追求表面的现代化，忽视了城乡之间优秀资源双向流通，造成现代化内容与本土化特色沟通不畅。真正的现代优秀文化资源难以为乡村所理解吸收。不仅如此，过度推崇现代媒介却忽视了行之有效的本土方法。例如，有时过于强调所谓图书馆、网络以及多媒体教学等现代化的教学方法，而实际上在农村学校，很多文化的传承可能更多采取一种口耳相传的较原始的方法，这些所谓的现代化教学方法并非完全适合农村学校教学实际。其二，将本土化与城乡教育一体化对立起来。认为追求农村

---

① 辛丽春：《乡村教育现代化进程中的本土文化自觉》，《教育导刊》2012 年第 8 期。

学校文化的本土化与城乡教育一体化二者是不能同时存在的，既然要缩小城乡学校教育差距，实现城乡教育一体化，就要学习城市先进文化，尤其是迷恋国外引进或移植而来的时尚文化，忽视甚至抛弃旧有的乡村文化。或者走向另一极端，盲目保守，排斥和拒绝除本土文化以外的其他文化。这种过于固着本土而不注重对先进文化进行吸收和交流的倾向，在一定程度上限制了农村学校文化的深入发展，拉大了与城市学校之间的差距。由此可见，缺乏对城乡教育一体化的全面理解及对其与本土化关系的误判造成了本土化程度不高甚至缺失，直接导致农村学校文化陷入发展困境。

三　农村学校文化的本土化选择

城乡教育一体化是针对城乡教育二元结构提出的新发展思路，其建设的关键在于促进农村学校文化的发展，其差异性原则要求农村学校文化要突出乡土文化特性。这就客观上要求农村学校文化在城乡教育一体化的整体布局下，基于自身优势与现实生态，进行文化发展的理性选择，以此来促进农村学校文化的本土化提升。

（一）加强乡土性凝练

"乡土性"乃为"乡土"之特性或特质，较之"本土性"更为具体，特指农村学校独有的发展资源，这是农村学校的文化发展根基，也是农村学校本土化的基础。在城乡教育一体化的背景下，农村学校都要不同程度地进行本土化提升，在改造与提升的过程中，一定要将乡村几千年蕴藏的文化积淀和历史底蕴凝练和传承下来，如乡村的历史名人、民俗风情、民间艺术、宗教文化等，还有和谐的文化、自然的生态以及简单直观的教学方式，将这些代表着中国农业文明的文化因子，加以凝练并进行现代化提升，展现出农村学校独有的传统文化特色、文化价值和文化魅力。在对天津、河北部分乡村中小学的走访调查中发现，在农村学校建设中，那些既能够顺应城乡教育一体化潮流不断推动学校现代化发展，又善于依托乡土文化特色，挖掘优秀乡土资源，将二者有机融合并创生出独有文化特色的农村学校，往往处于地区农村学校发展的领头地位，并肩负了该地区文化建设的重任。调查中也发现，一些农村学校追随城市文化的脚步，在城乡一体化的进程中盲目跟风，唯城市化倾向明显，有失去自身特色和优势的危险。因此，农村学校文化建设一定要注重文化发展根基，立足农村学校文化的乡土特性，在进行本土化改造时要保证乡土内涵的传承。

（二）开发校本文化

校本文化是立足本校，挖掘与提炼本校传统的文化基因，加以提升与放大，体现本校内涵特色的学校文化。农村学校的校本文化体现了农村学校的内涵发展，是一种独具特色的学校文化的写照。它不仅充分体现了一所农村学校的历史沿革、精神风貌、价值取向与发展走向，还能重拾乡村文化发展的灵魂，承担起传承与更新乡村文化的重任。在城乡教育一体化的整体布局下，城乡一体文化不是同质化与同步化，而分别是大系统中的一个有机组成部分，农村学校文化的发展直接影响和制约着一体化的建设进程，农村学校校本文化的开发成熟度反映着城乡一体文化发展的进步程度。因此，农村学校要着力开发校本文化。农村学校的校本文化不仅是对本校传统的挖掘，也是对乡村文化的记录和传承，开发校本文化的过程是对本校传统和乡土价值的高度凝练过程。例如，作为我国皮影之乡的河北省乐亭县就有很多农村学校通过对传统皮影戏的开发来构建有特色的农村学校文化，并取得了一定的成绩。向传统老皮影艺人与教育专家取经的同时，学校教师融合本校特色，通过开展皮影制作、演唱、伴奏、操作、剧本创作等相关课程，将乡土历史文化传统与现代先进文化融合创生，形成了具有乡土气息的校本文化，彰显了乡土特色。

（三）健全外来文化本土化的转型机制

农村学校文化的建设要基于深厚的文明基础，文明基础的进化给予学校文化以精华，而文明基础的转换又给学校文化带来考验。农村学校文化地位的历史演变阶段足以证明这一点。在封建社会时期，农村学校文化建立在农业文明的基础上，以儒家道德为核心的伦理观发挥着重要作用，虽发展滞缓，却相对稳定。虽然农村学校文化教育的内容多与生产生活无关，如《三字经》、"四书五经"等，但农村学校文化在当时却占有重要地位和发挥着重要影响。当前，随着城乡教育一体化的推进，农村学校文化教育的内容城市化取向明显，也与乡村生活实际相脱离，农村学校文化却出现逐渐被边缘化的倾向。例如，在对人教版语文教材七年级上册至九年级下册进行细致统计发现，文章的选择上能基本反映乡村文化的篇目只有 7 篇，占 4.1%，而直接阐述乡村文化或以乡村文化为主题设计的探究活动几乎没有，在表达与交流中亲近自然的主题也只占 6%。可见，伴随工业文明而来的城市文化主宰甚至取代了乡村文化，城市学校文化强势地挤压着农村学校文化发展的空间。这无形中对原有的农村学校文化生态形成了一定的冲击与影响。对农村学校而言，原有的生态价值与文化模式被打破，新的价值秩序还未完全建立。换言之，一些农村学校还没有做好迎接工业文明的准备，在承载工业文明为基础的多元文化诉求时显得不堪重负，更无法进行本土化改造了。可见，文明基础发生转换，相应地，农村学校就要进行必要的文化机制调适，以适应文化适应与改造的需要。因此，要建立健全适合农村学校文化的转型机制，灵活进行改造、管理与评价。一方面，平稳度过农业文明向工业文明转换的过渡期，最大限度消解由于文明基础转换而带来的冲击；另一方面，为农村学校进行本土改造外来文化提供保障。教育的城乡一体化也要求文化的城乡一体化，同样，文化的一体化并非文化的一样化。农村学校文化要基于自身内涵与特点，对涌入的城市文化和一些国外文化进行本土改造和提炼，以保持和突出农村学校文化的本土内涵。

（四）开展本土创新实验

农村学校文化建设是一个系统工程，它是集理念转变、思维创新、实践到位、实验笃行于一身的集合体；它同时也是一个渐进的不断优化的提升过程，经历着学校文化转型到突出学校文化特色，再发展到形成学校文化品牌的过程。关于这一点，江苏省泰兴的洋思中学的做法很值得借鉴。洋思中学曾是一所"三流的条件，三流的师资，三流的生源"的乡村薄弱中学，经过多年努力发展成现代化示范校，从默默无闻到闻名遐迩，取得了"上帝般令人敬畏"的效绩，依靠的是什么？毫无疑问，依靠的是卓有成效的创新实验。无独有偶，山东省聊城的杜郎口中学，这所曾经连续十年教学质量在全县倒数的农村学校，1997 年面临被撤并的危险，经过近十年的改革实践，却成为全市乃至全省教学质量名列前茅的学校，成为农村学校文化教育改革的典范。其成效之大，影响之广，很值得借鉴与深思。由此可见，"纸上得来终觉浅，绝知此事要躬行"。当前，在城乡教育一体化背景下，农村学校拥有了创新实验的政策支持和资金保障，农村学校文化的建设要突破与超越局部调整，开展系列与系统文化创新实验，从实践与试验中提炼学校文化特色、形成农村学校文化品牌，凸显农村学校文化的本土化效应，消解城乡学校文化差距，促进城乡教育一体化的进程。

第三节　农村学校文化的适切性选择

"适切性"源自英文 relevance，联合国教科文组织于 1995 年发表的报告书《关于高等教育的变革与发展的政策性文件》中涉及该词，当时被译为"针对性"，后来被译为"适切性"。适切性主要指某事物与其他相关因素的协调统一程度，通常表现为适当、恰当或适合需要等方面的特征。

在我国城乡教育一体化进程中，城乡文化有着各自丰富的内涵与特点，这是选择走本土化道路的重要基础。然而，由于受我国长期以来的城乡二元体制政策的影响，乡村文化逐渐走向边缘化的境地，作为乡村文化缩影的农村学校文化也遭遇着发展的瓶颈与困境。依据发展机理，在选择本土化道路的同时，农村学校作为文化发展的主体，还要积极地进行自身调适与转型，以保持城乡学校文化发展的平衡性与和谐性。

一　加强农村学校的领导层，从方向上提高适切性

农村学校领导作为学校文化建设的"火车头"，对学校的发展起着方向上的关键作用。农村学校领导层的发展理念以及对城乡教育一体化的把握程度，就决定了其学校的文化建设程度以及适应程度。因此，提高城乡教育一体化进程中农村学校文化的适应性，应该首先从以下几个方面着手：

（一）树立全角建设理念，平衡物质文化与精神文化建设

在城乡教育一体化进程中，很多农村学校只注重物质文化建设忽视精神文化建设，最普遍的做法就是重视校舍的修建、多媒体设施的引进、校园环境的美化等，这些层面是最浅显的，但同时也是最直接的。因为精神文化建设是无形的，需要长期的过程，而物质文化建设容易立竿见影，一些农村学校领导往往会采取这种方式以迅速实现农村学校硬件配

置的现代化。从长远看，农村学校领导应该平衡物质文化与精神文化建设，不应只在外在形象上下功夫，更应该重视内在的丰富，即学习先进的管理文化、制度文化和价值观文化等精神文化内容，营造良好的精神文化氛围，增强全体师生的归属感，明确办学理念与建设方向，使农村学校在城乡教育一体化过程中定位准确，发展科学。

（二）传输正能量，培育文化自信

城乡教育一体化是城乡一体化中的重要组成部分，由于城乡一体化过程的惯性作用，即由城市支援乡村，导致在教育一体化过程，产生这样的文化惯性，即城市学校文化统摄农村学校文化。乡村及学校接受着城市的强势支援，村民接受的学校教育脱离了乡村本土文化，是城市化的内容，这样的教育一体化容易导致乡村教育以及村民文化自卑心理。因此，农村学校领导层在推进城乡教育一体化的进程中，应该充分尊重乡土文化，肯定优秀的乡村本土文化，积极为乡村教育传输正能量，培养农村学校本土文化自信，破除城乡文化的割裂，"弱化城乡差别，强调共性与共享，尊重与平等"①，推动一体化进程的和谐进行。

（三）用足政策优势，细化开发方案

长期以来，农村学校本土文化的缺失并非是绝对缺失，而是相对缺失。优秀的乡村本土文化包括历史、自然环境、习俗、方言、文字等在质与量的层面并不匮乏，之所以乡村文化走向边缘化，一个重要的因素就是缺乏细致的文化开发。在城乡教育一体化进程中，农村学校领导应该深入考察本土优秀文化，凭借政策的扶持力度，发挥自身优势，带领农村学校开发校本文化，使农村学校文化具体化、系统化以及可感知化。例如，可以将优秀的乡土文化编纂成教材，以具有本土文化气息的主题，配合现代教育设备，以声光电多种媒体形式呈现给学生，使学生在学习过程中树立本土文化认同。

（四）跟进示范推广，加强文化交流融合

农村学校文化建设是一个系统工程，它是集理念转变、思维创新、实践到位、实验笃行于一身的集合体；它同时也是一个渐进的不断优化

---

① 李敏、万正维：《城乡教育一体化进程中的文化建设初探》，《成都大学学报》（教育科学版）2007 年第 4 期。

的提升过程，经历着学校文化转型到突出学校文化特色，再发展到形成学校文化品牌的过程。因此，农村学校领导要集思广益，建立适合本土的示范模式，以灵活多样的形式推广本土文化，形成本土品牌文化。在此基础上，与其他农村学校、城市学校文化进行交流，扩大文化交流范围与规模，促进农村学校文化与其他优秀文化的交流与融合。

二　调整农村学校的中坚层，从关键点上提高适切性

农村学校教师作为学校文化建设的"中坚层"，对学校的发展起着中流砥柱的重要作用。农村学校教师通过言传身教，对学生有着直接的影响，其自身的业务素养以及思想品格决定了学生主体的发展基调，也奠定了学校文化的发展基础。因此，提高城乡教育一体化进程中农村学校文化的适应性，农村学校教师应该充分发挥其中坚作用。

（一）厘清迎合与突破关系

农村学校教师是农村学校文化建设的主体，作为农村学校的中坚力量，发挥着重要的作用。农村学校教师受到学校领导文化的影响，根据自身的理解，自觉地在教育活动中发挥对学生的影响。在传统印象当中，农村学校教师身上总是被贴上"教书匠"的标签，"在教学工作上，我们的教师普遍存在这样一种认识，即教学本身就是传播知识文化，平时能教出好成绩就是功劳，升学率高就是贡献。至于研究如何营造利于学生全面发展、如何培养学生的创新精神和能力意识则考虑得不多"①。在城乡教育一体化进程中，乡村教师往往采取迎合的方式来适应这一变化。所谓迎合的方式，是指乡村教师在平时的教学工作中依然保持原有的、传统的教学方式，在公开课、评级、检查的过程中，才去采用符合"标准"的教学模式、方法，使课堂在探究、合作、活动的浓烈氛围中进行。这种迎合不利于教师自身专业发展，不利于学校的文化建设，同时还会影响到农村学校在城乡教育一体化进程中的适应性。农村学校教师应该加强交流与学习，从消极迎合逐步过渡到积极突破，正确把握一体化内涵，学习先进理念与方法，形成科学的教学观和学生观，推动农村学校文化建设，从而加强农村学校文化在一体化进程中的适应性。

---

① 王瑞森：《中小学学校文化建设研究》，硕士学位论文，华中师范大学，2007年。

（二）理性流动与坚守选择

在城乡一体化进程中，由于城乡教育资源分配不均衡，这也造成了乡村教师的向城性流动。一部分农村学校教师开始不满足于现状，纷纷离开了乡村的教育岗位。"教师流动率高与拖欠教师工资有很大关系。教师拿不到与所付出劳动相应的报酬，就会离开所在岗位，造成农村学校基础教育发展不稳定，基础教育发展停滞的状况。"① 农村学校教师的流动方式主要有：考研、改行、调动、升职等。在城乡教育一体化进程中，乡村教师的流动对农村学校文化建设有着重大影响。这不仅是教师自身的损失，也是乡村教育的损失。农村学校教师的空缺，影响到农村学校正常的运作，不利于学生接受连贯、系统的教育，同时，引入的新教师难以在短时间内完全适应学校文化以及本土文化。城乡教育一体化是城乡一体化的重要组成部分，乡村教师的处境会在这一进程中得到改善。因此广大乡村教师应该立足于农村学校文化建设，坚守自己神圣的职责，实现理念的转变。

（三）转变工作重心与中心

在农村学校中，长期以来教师文化处于主导地位，这主要体现在教师的课程设计与教学权威层面。乡村教师主导教学过程，以知识传授为中心，以考试分数为重心，很少关注学生的兴趣以及个性、能力的全面发展。这样的理念对于少数能够进入高等学府的学生或许有一定帮助，但是对于多数学习困难，难以进入更高层次学校学习的学生来说，其弊端是显而易见的。在城乡教育一体化进程中，农村学校教师应该转变理念，从过去的知识中心转变为学生中心，从分数重心转变为能力重心。这样培养出的学生才是全面发展的，对于其以后的升学、就业是十分有益的。这促使农村学校文化建设更加人性化，突出以人为本，增强学校的凝聚力以及在乡村中的影响力，从而更好地加强城乡教育一体化进程的适应性。

三　引导农村学校的主体层，从实效性上提高适切性

农村学校的广大学生作为学校文化建设主体层，对学校文化的发展

---

① 金晶：《现阶段农村基础教育的问题及对策》，《北方文学》2012 年第 6 期。

起着重要作用。在文化建设过程中，虽然他们形式上处于被动地位，但农村学校文化建设主要还是依靠学生，因为学生这一主体基数最大，而且又是学校文化建设的落脚点，所以提高城乡教育一体化进程中农村学校文化的适应性，应该发挥学生的主体作用，加强对学生思想层面的引导。

（一）审慎离农与认同本土

农村教育的起点是乡土逃离，之后的变迁更加凸显了乡土逃离的趋势。[1] 农村学生对乡土社会的远离，不仅表现在空间的疏远上，更表现在情感、态度、价值观的疏离方面。[2] 学生受到脱离乡土文化的学校教育，使其自身的离农倾向增强，最典型的表现就是农村学校学生的流失加剧。这主要有两个流向：一是经济条件较好、学习意愿较强的学生转学入城，二是受城市文化吸引的学生选择辍学，入城工作，融入城市生活。农村学校文化发展需要学生的支持与共同建设。作为乡村学生，应该充分认识本土文化的重要性，辩证地看待城市文化，盲目地离农，未必是利大于弊。珍惜与发掘本土文化，以积极的姿态参与到城乡教育一体化进程中，推动农村学校文化建设，是乡村学生的重要责任。

（二）彰显主体与消解被动

在传统的农村学校教育中，学生一直是被忽视的重要主体。他们被动地接受知识的传授、活动的安排、班级管理等。在城乡教育一体化进程中，农村学校文化建设应该重视学生主体的作用，培养学生的主人翁意识，使学生主动地参与到学校的环境文化、班级文化、教学文化、管理文化等诸层文化建设当中，改变以往的被动地位。在教学活动过程中，要尊重学生的主体地位，发挥学生的能动性与创造力，培养学生发现问题、分析问题、解决问题的能力，从而为农村学校文化建设注入新鲜的血液，发挥农村学校文化在城乡教育一体化进程中的作用。

（三）重塑目标与开阔视野

农村学校的学生，在传统的教育过程中，学习目标不够明确，视野

---

① 闫世贤：《农村教育乡土逃离及归因分析——以前村小学近 20 年的变迁为例》，《当代教育与文化》2013 年第 2 期。

② 李伯玲：《布局调整中乡村学校文化的复归》，城乡教育一体化与教育制度创新—2011 年农村教育国际学术研讨会，2011 年，第 23 页。

不够开阔。他们通常以考高分与升学为学习目的。在城乡教育一体化进程中，农村学校文化应该注重对学生学习的引导，尤其是对学习目标定位与开阔视野的引导，使他们明确自身的文化需求以及未来的发展规划，在升学或者选择就业之前就能够获得相应的文化知识与技能，为未来做好充分的准备。只有这样，才能使农村学校文化的作用发挥到最大程度，从而更好地适应一体化进程。

四　完善农村学校的制度层，从运行机制上提高适切性

（一）建立完善的领导机制

在城乡教育一体化进程中，农村学校文化建设首先需要的是坚强有力的领导体制做保障，从总的方向上掌舵。农村学校领导在一体化进程中不仅扮演着上传下达的角色，还是整个学校文化建设的总指挥。一旦农村学校领导出现领会错误，学校的文化建设就会陷入"乱弹琴"状态。在以往的过程中，不乏这样的案例。因此，必须建立完善的领导机制来确保一体化的一致性。笔者认为应该注意以下几点：首先，农村学校领导要在"上传"上下功夫。认真学习、领会上级指示，避免理解的随意性与主观性，同时要真正面对其中的问题，切忌避重就轻、迎难而退。其次，农村学校领导要在"下达"上做文章。领导层的理解程度决定了教师及学生的领会程度，领导层的重视程度决定着教师和学生的重视程度。学校领导在下达工作时应该一丝不苟，实事求是，以身作则。再次，农村学校领导还要进行广泛的理论学习，提高理论素养与培养问题意识。最后，还要形成民主治校的和谐氛围，为学校文化建设适应一体化进程铺平道路。

（二）构建科学的培训机制

在城乡教育一体化进程中，农村学校文化建设还要靠教师这一重要主体的支持。农村学校教师在知识水平、能力素质等各方面都与城市学校教师存在一定差距。因此，需要建立科学的培训机制，从实质上确保一体化的有效性。笔者认为应该注意以下几点：首先，农村学校教师要增强专业理论基础。乡村教师一般学历不高，专业基础薄弱，实践经验比较丰富。通过理论素养的提升来实现与实践经验的衔接，是农村学校教师提升专业文化素养的重要措施。其次，农村学校教师应该与城市学

校教师建立交流平台。与同学科、同年级的教师交流有助于乡村教师直接经验的活动。最后，将理论与直接经验内化为实践指南。只有将学来的东西真正地领悟，才能在实践中发挥效用。

（三）健全合理的引导机制

在城乡教育一体化进程中，农村学校文化建设还离不开学校最重要的参与主体——学生。虽然学生主动参与学校文化的意识不强，但是由学生建立起来的学校文化是最具稳固性的。因此，需要建立合理的引导机制，促进学生广泛地参与学校文化建设。首先，要从学校制度文化入手，引导学生遵守学校的规章制度，使学生树立学校文化意识。其次，在教学文化方面，要引导学生发挥主体作用，增强学生在学习过程中的角色认同感。同时用积极的乡土文化加强对学生的熏陶，培养学生的文化归属感。最后，在班级文化中，要引导学生的自我管理意识，在增强班级凝聚力的同时，增强学生的主人翁意识。

综上，城乡教育一体化进程中农村学校文化建设是一个复杂而又长期的过程，农村学校应该理性审视和选择符合自身特征的学校文化，从领导、教师、学生和制度层面入手，提升农村学校文化层次，从而提高对一体化进程的适应性。

参考文献

［1］［英］爱德华·泰勒：《原始文化》，连树声译，上海文艺出版社 1992 年版。

［2］崔玉婷：《近代中国乡村教育的不同路向——邹平教育模式与延安教育模式比较研究》，教育科学出版社 2011 年版。

［3］丁钢：《文化的传递与嬗变——中国文化与教育》，上海教育出版社 1990 年版。

［4］费孝通：《文化与文化自觉》，群言出版社 2010 年版。

［5］顾明远：《中国教育的文化基础》，山西教育出版社 2004 年版。

［6］顾明远：《教育大辞典·第六卷》，上海教育出版社 1992 年版。

［7］侯岩：《学校文化研究概论》，河南人民出版社 2008 年版。

［8］［美］胡弗曼：《学习型学校的文化重构》，贺凤美译，中国轻工业出版社 2006 年版。

［9］黄坤明：《城乡一体化路径演进研究：民本自发与政府自觉》，科学出版社 2009 年版。

［10］李建中：《中国文化概论》，武汉大学出版社 2005 年版。

［12］李庆霞：《社会文化转型中的文化冲突》，黑龙江人民出版社 2004 年版。

［13］梁漱溟：《中国文化要义》，上海世纪出版集团 2005 年版。

［14］梁漱溟：《乡村建设理论》，上海人民出版社 2006 年版。

［15］廖其发：《中国农村教育问题研究》，四川教育出版社 2006 年版。

［16］刘铁芳：《乡土的逃离和回归》，福建教育出版社 2008 年版。

［17］［英］雷蒙德·威廉斯：《文化与社会》，吴松江、张文定译，中国

人民大学出版社 1991 年版。

[18] 庞朴：《文化的民族性与时代性》，中国和平出版社 1988 年版。

[19] 钱理群、刘铁芳：《乡土中国与乡村教育》，福建师范大学出版社 2008 年版。

[20] ［美］R. 沃斯尔诺等：《文化分析》，李卫民等译，上海人民出版社 1999 年版。

[21] 石欧：《学校文化学引论》，气象出版社 1995 年版。

[22] ［苏］苏霍姆林斯基：《帕夫雷什中学》，教育科学出版社 1983 年版。

[23] ［英］托马斯·莫尔《乌托邦》，戴镏龄译，商务印书馆 2008 年版。

[24] 王景英：《农村义务教育整体办学模式与评价》，北京大学出版社 2008 年版。

[25] 王彦锋：《学校文化建设实用范本》，福建教育出版社 2011 年版。

[26] 许苏民：《文化哲学》，上海人民出版社 1990 年版。

[27] 许莹涟：《全国乡村建设运动概况》，邹平：山东乡村建设研究院，1935 年。

[28] 闫德明：《现代学校管理学》，人民教育出版社 1999 年版。

[29] 《严复集》，中华书局 1986 年版。

[30] 杨全印、孙稼麟：《学校文化研究——对一所中学的学校文化透视》，教育科学出版社 2005 年版。

[31] 易丽：《文化生成：营造学校发展"新生态"》，江苏教育出版社 2011 年版。

[32] 于发友：《通向教育理想之路：县域义务教育均衡发展研究》，山东人民出版社 2008 年版。

[33] 俞国良：《学校文化新论》，湖南教育出版社 1999 年版。

[34] 余永德：《农村教育论》，人民教育出版社 2000 年版。

[35] 翟博：《中国基础教育均衡发展实证分析》，人民教育出版社 2007 年版。

[36] 张力：《面对贫困——中国贫困地区教育发展的背景·现状·对策》，广西教育出版社 1988 年版。

[37] 郑金洲：《教育文化学》，人民教育出版社 2000 年版。

［38］朱颜杰：《学校管理论》，辽宁教育出版社 1990 年版。

［39］中国文化书院学术委员会：《梁漱溟全集》第 2 卷，山东人民出版社 1990 年版。

［40］中共中央马克思、恩格斯、列宁、斯大林著作编译局：《马克思恩格斯选集》第 2 卷，人民出版社 1995 年版。

［41］扈海鹂：《全球化与文化整合》，《哲学研究》2000 年第 1 期。

［42］纪德奎：《城乡教育一体化进程中乡村学校文化的本土化选择》，《中国教育学刊》2013 年第 10 期。

［43］纪德奎：《乡村学校文化发展研究》，《天津师范大学学报》（社会科学版）2014 年第 3 期。

［44］李玲等：《城乡教育一体化：理论、指标与测算》，《教育研究》2012 年第 2 期。

［45］李潮海：《美日韩城乡教育一体化发展的经验与启示》，《沈阳师范大学学报》（社会科学版）2012 年第 6 期。

［46］林建：《西部农村学校文化建设的特点》，《教育理论与实践》2009 年第 9 期。

［47］刘海峰：《我国城乡教育一体化改革的若干理论问题》，《教育理论与实践》2011 年第 11 期。

［48］田正平：《清末毁学风潮与乡村教育早期现代化的受挫》，《教育研究》2007 年第 5 期。

［49］汪怿：《美国农村学校的多种文化教育》，《外国中小学教育》1999 年第 2 期。

［50］邬志辉：《城乡教育一体化的制度束缚与破解》，《华南师范大学学报》（社会科学版）2013 年第 1 期。

［52］于海波：《俄罗斯农村教育现代化及其启示》，《外国教育研究》2007 年第 12 期。

［52］闫世贤：《农村教育乡土逃离及归因分析——以前村小学近 20 年的变迁为例》，《当代教育与文化》2013 年第 2 期。

［53］杨小微：《转型中的学校组织变革与制度》，《基础教育》2006 年第 3 期。

［54］叶澜：《世纪之交中国学校教育文化使命之思考》，《教育改革》

1996 年第 10 期。

[55] 张旺：《城乡教育一体化：教育公平的时代诉求》，《教育研究》
2012 年第 8 期。

[56] 张武升：《论学校教育的文化内涵》，《教育研究》2009 年第 11 期。

[57] 张武升:《试论学校文化与学生创造力开发》，《中国教育学刊》
2012 年第 2 期。

[58] 褚宏启：《教育制度改革与城乡教育一体化——打破城乡教育二元
结构的制度瓶颈》，《教育研究》2010 年第 11 期。

后　记

　　《国家中长期教育改革和发展规划纲要（2010—2020 年）》中正式提出"建立城乡一体化义务教育发展机制"，党的十九大报告中，将推动城乡义务教育一体化发展作为优先发展教育事业的主要内容之一。可以预见，城乡义务教育一体化发展是今后一段时期我国教育发展的基本走向，会对我国农村教育发展产生深远影响。在此背景下，农村学校文化如何定位与转型以适应城乡教育一体化的发展需要，是教育理论界需要关注的问题。基于主持和完成的教育部人文社会科学规划课题"城乡教育一体化进程中乡村学校文化适切性问题研究"相关成果，在 2015 年又申请并获批天津市哲学社会科学规划课题"城乡学校文化一体化发展与机制创新研究"，继续对农村学校文化转型问题进行深化研究。

　　在课题研究过程中，得到学校各级领导、学界同仁的支持与帮助。研究团队成员赵恕敏、赵晓静、张海楠、姚军、郭彩霞、刘可心、孙嘉、郭子奎等，与我一起查阅文献和实地调研，不辞劳苦、忘我工作。正是得益于团队成员的辛勤努力，课题得以顺利完成，成果质量得以不断提升，相关成果内容陆续以论文形式在不同刊物上发表。

　　本书的写作正是基于这些课题研究成果。其中，第五章、第六章、第七章分别基于赵晓静、张海楠、姚军的专题研究修改而成。书稿能够顺利出版，感谢天津师范大学各级领导的指导与关心，感谢天津师范大学教育科学学院的帮助与资助，感谢中国社会科学出版社王茵博士和马明编辑的指导与帮助！

纪德奎

2017 年 10 月